기 후 극 장

기후 극장
연극으로 만나는 우리 공동의 과거와 미래
Copyright © 황승미 2025

장회익 선생님께

우리의 삶은 아무것도 없는 무에서 시작하는 것이 아니다. 내가 태어나는 순간 이미 내 몸을 비롯하여 내 삶을 가능하게 해주는 내 주위의 많은 것들이 함께하고 있다. 그리고 이것은 단순히 부모 혹은 그 위의 몇몇 선조들에게서만 물려받은 것이 아니다. 이것은 적어도 수십억 년에 이르는 장구한 세월에 걸쳐 만들어지며 지구와 태양, 그리고 그 안의 전체 생태계가 하나로 엮여 기능하고 있는 커다란 한 생명체, 곧 온생명의 일부이다.

장회익, 『생명을 어떻게 이해할까?』, 한울아카데미, 2014, 247쪽

연극으로 만나는
우리 공동의 과거와 미래

기 후 극 장

황승미 글·그림

에디토리얼

차례

일러두기

1. 《기후 극장》 속 모든 이야기는 현대 문명, 지구달구기, 기후위기에 관한 사실들을 쉽고 재미있게 전달하기 위해 연관된 역사적 사실과 문학 작품 등에서 일부 내용을 빌려 와 지어낸 이야기입니다. 실존 인물들의 대사 역시 모두 꾸며낸 것임을 밝힙니다.

2. 이 책에서 다루는 실제 사건, 사실, 인물, 단체, 현상, 문학 작품 가운데 어깨에 '◇' 표시가 붙은 항목은 부록 '배경과 용어 설명'에서 더 자세한 내용을 알아볼 수 있습니다.

3. 이 책에 수록된 그림과 기사의 출처는 부록 '그림·기사 출처'에 밝혔습니다.

3. 이 책의 중심 소재인 '기후위기'와 연결된 여러 현상, 단체명, 협의체, 국제 조약 등의 띄어쓰기는 2015년 개정 교육과정에 따른 교과용 도서 개발을 위한 편수 자료의 지침을 따르지 않고 붙여 썼습니다. 예를 들면, 기후변화, 기후위기, 지구온난화, 유엔 기후변화협약 당사국총회 등입니다.

서막

등장인물

파우스트 단장의 스승. 역사인류학자.
단장 극단의 단장이자, 파우스트 박사의 제자.

때는 현재, 장소는 파우스트◇의 서재. 무대 가운데 테이블이 있고 파우스트
와 단장이 마주 보고 소파에 앉아 있다. 무대 한쪽에는 파우스트의 책상과
의자가 있고, 뒤로 책이 가득 꽂힌 책장이 보인다.

파우스트 그래, 극장을 닫기로 했다고? 그동안 운영하느라 고생이 많았
겠구먼. 단원들과는 이야기가 잘됐나?

단장 오늘 모두 만나서 마지막으로 의논을 해보기로 했는데 아무래도
계속하기는 쉽지 않을 것 같습니다. 내용이든 방식이든 새롭지 않으
면 관객들도 언론도 관심을 보이지 않아요. 게다가 요즘 세상에 누
가 연극을 보러 작은 극장까지 오겠습니까? 그런데 선생님, 오늘 꼭
보자고 하신 이유가⋯⋯?

파우스트 (책 한 권 두께는 되어 보이는 종이 뭉치를 건네며) 이것 때문
이네. 내가 쓴 〈기후 극장〉 대본인데, 이걸 자네 무대에 좀 올렸으면
해서 보자고 했네. 극장 문을 닫는 것도 다시 생각해 보면 좋겠고. 대
본은 극단의 작가 선생이 손을 좀 봐야 할 거야.

단장 기후⋯⋯ 극장이요? 기후변화가 심각하긴 하지만 역사인류학자
인 선생님도 기후 연구를 하시는 건가요? 그런데 극장에서 이걸

왜……?

파우스트 '기후변화'가 아니라 '지구데우기'라고 해 주게. '기후변화'나 '지구온난화'라는 말로는 실제 상황을 파악하기 어려워. 변화는 좋은 쪽으로도 나쁜 쪽으로도 일어날 수 있고, 온난화라는 표현은 긍정적인 어감마저 가지고 있지. '지구온난화(global warming)'는 '지구데우기'로, 더 나아가 '지구 가열(global heating)'은 '지구달구기'라고 해야 우리가 현재 비정상적인 상황에 놓여 있구나 하는 걸 알 수 있어.◇ 인류가 화석연료를 대량으로 이용하면서 200여 년 동안 대기 중으로 온실기체를 쏟아부었고 그 결과로 지구가 달구어지고 있으니까 말일세. 이제는 지구가 끓고 있다(global boiling)고 해야 하는 상황에 이르게 되었지만. 자네에게 한 가지 물어보겠네. 자네는 지구달구기의 원인이 무엇이라고 생각하나?

단장 예? 그야, 이산화탄소 같은 온실기체가 만들어내는 온실효과 때문 아닌가요? 대기 중의 이산화탄소 농도가 높아져서 지구가 더워지고 그래서 이상 기후가 더 많이 발생하고 생물종도 멸종하는…….

파우스트 온실기체는 원인이라기보다는 '원인 물질'이지. 이산화탄소만 해당하는 것도 아니고. 메테인이나 오존, 이산화질소와 프레온 같은 다른 온실기체도 있으니 말일세. 그리고 온실효과는 대기 중의 온실기체들이 만드는 물리적인 현상이지. 자네, 온실기체가 지구를 데운다는 사실을 알아낸 지 얼마나 되었을 것 같나?

단장 반세기가량 되지 않았을까요?

파우스트 과학적으로 합의를 본 때부터 따지면 그 정도 되겠군. 1979년 스위스 제네바에서 세계기후회의가 처음으로 열렸으니까. 자네, 푸리에 기억하고 있나? 프랑스의 물리학자이자 수학자였던 조제프 푸리에(Joseph Fourier)가 계산해 보니, 태양에서 오는 열만으로는 지구의 현재 온도가 설명이 안 됐던 거야. 푸리에는 태양열이 지구 대기에 오래 머무르면서 지구를 데우기 때문에 현재와 같은 온도를 유지할 수 있다고 설명했네. 그게 1824년이었지.

단장 그렇다면 우리가 지금 '온실효과'라고 부르는 현상을 알게 된 지는 상당히 오래됐네요!

파우스트 그렇지, 200년이 넘었으니까. 그 후 1856년에 미국의 물리학자 유니스 뉴턴 푸트(Eunice Newton Foote)가 이산화탄소와 수증기 같은 기체가 기온을 상승시킬 수 있다는 것을 밝혀냈지. 이어 1859년에는 아일랜드의 물리학자 존 틴들(John Tyndall)이 지구에서 방출되는 열적외선을 온실기체가 흡수했다가 방출한다는 것을 알아냈고. 하지만 우리가 산업 활동에 사용하는 화석연료와 온실효과를 직접적으로 연결시킨 것은 그로부터 30여 년이 지난 1896년이 되어서였네. 스웨덴의 과학자 스반테 아레니우스(Svante Arrhenius)가 계산했지.

온실효과, 그러니까 특정한 기체들이 태양열을 붙잡아 지구 대기 기온을 높이는 것 자체는 자연의 물리 법칙이야. 오랜 시간에 걸쳐 지구와 지구의 생명체들이 상호작용하면서 지금과 같은 환경을 만든 거지. 온실효과가 없었다면 현재 지구 평균기온은 15도가 아니라 영하 18도가 됐을 거야. 하지만 그 온실효과가 이제는 큰 위기를 초래하는 역설적인 상황이 되었네. 인류가 이산화탄소뿐만 아니라 메테인, 아산화질소, 불소계 화합물 같은 훨씬 더 강력한 온실기체를 대기 중으로 배출하면서 지구가 뜨거워지고 있으니 말일세.

중요한 건 왜 우리는 알면서 멈추지 못하는가 하는 것이네. 우리가 대규모로 온실기체를 내뿜고 그것이 빠르게 지구를 가열시켜 이제는 위기 수준의 상황이 되었다는 걸 알면서도 왜 그것을 멈추지 못하는가 하는 것이야. 인류의 책임을 인정하고 온실기체 배출을 줄이자고 국제적으로 합의한 지 반세기가 넘도록 말이지. 오히려 더 심각해지지 않았나? 그래서 그 근본적인 이유를 들여다봐야 한다는 걸세. 그런 것을 바로 원인이라고 하는 거지.

단장 온실기체를 만들어 내는 건 화석연료 아닙니까, 선생님? 그리고 대규모로 공장식 가축 사육을 하면서 메테인 배출량이 계속 늘어나고, 이산화탄소를 흡수하는 숲과 토양을 파괴하고 있고요. 그렇다면 이산화탄소와 마찬가지로 화석연료도 근본 원인이라고는 할 수 없지 않나요?

파우스트 이제 말을 알아듣는군. 그런데 말일세, 일부 거대 석유 기업은 화석연료를 이렇게 태우면 지구가 뜨거워질 거란 사실을 이미 수십 년 전부터 알면서도 철저하게 감추었어. 오히려 기후위기를 부정◇하는 거짓 뉴스를 퍼뜨리고 정치인에게 로비를 하고 기후 대책 반대 운동을 노골적으로 벌였다네.

단장 미국의 석유화학 기업 엑손모빌 말씀이군요. 엑손의 내부 보고서 내용이 폭로되면서 엄청난 파장이 일었던 기억이 나네요. 십 년이 지난 지금까지도 소송이 이어지고 있지만요.

파우스트 그렇지, 바로 그 얘기야! 지금으로부터 무려 40여 년 전에 엑손의 과학자들이 정확하게 예측했지. 2019년이 되면 이산화탄소 농도가 415ppm이 될 것이고, 이산화탄소 배출량이 두 배로 증가하면 2050년 지구 대기의 평균기온이 1~3도 높아질 거라고 말이야. 거대 석유 기업이 엄청난 예산을 써서 대기 중의 이산화탄소 농도가 증가할 경우 지구 평균기온이 얼마나 높아질지 직접 나서서 조사한 이유는 문제에 선제적으로 대응하기 위함이었네.

(벌떡 일어나 방을 왔다 갔다 하며 점점 목소리를 높이며) 하지만 그들은 지구달구기가 가져올 피해와 위험을 막으려 하지 않았어. 조사 결과가 너무 충격적이었기 때문에 차라리 문제가 불거지기 전에 석유를 더 많이 채굴해서 최대한 이윤을 남기는 것으로 전략을 수정할 수밖에 없었던 거야. 자신들이 밝혀낸 과학적 사실을 숨기고, 과학자들을 해고하고, 오히려 석유를 판 돈으로 기후위기 부정론을 퍼트렸지. 시간을 더 벌어야 했으니까. 그들의 궁극적인 목적을 우리는 정확히 직시해야 해. 그들이 지키려는 건 석유가 아니야. 이익, 성장, 막대한 부 그리고 권력과 영향력 그 자체야.

이른바 '청정'한 에너지, '재생 가능'한 에너지를 사용해서 지금처럼 한다면 아무런 문제가 없을까? 내일도 태양이 뜨고 바람이 불고 파도가 치기 때문에 '재생 가능' 에너지라고 하는 것이지, 우리가 무한정 그런 에너지를 쓸 수 있다는 게 아니란 말이야. 그런 자연의 힘을 이용해 산업용 에너지를 생산하려면 또 다른 자원이 필요하다는 것을 그들은 은근슬쩍 감추고 있어. 거대 석유 기업들이 너나없이 재생 가능 에너지 기술과 산업으로 뛰어들어 막대한 돈을 투자하는 것을 보게. 매년 열리는 유엔 기후변화 협약의 당사국 총회가 2023년, 2024년 연속으로 산유국에서 열린 것을 보란 말일세!

단장 저, 선생님, 이 〈기후 극장〉 대본에 그런 내용이 들어 있는 건가요?

파우스트 아…… 그렇지. (진정하며 다시 소파에 앉는다.) 우리가 지금 〈기후 극장〉 얘기를 하고 있었지. 자, 좀 자세히 들여다보세. 우리는 지금 탄소 줄이기에만 몰두하고 있어. 목표 연도를 정하고 그 전까지 배출하는 이산화탄소량과 흡수하는 이산화탄소량을 같도록 만드는, 즉 '탄소 순 배출량 영점화(Net Zero)'를 달성하려고 하지 .

매일 엄청난 화석연료를 태워 대기로 온실기체를 뿜어 내는 거대 기업들, 화석연료가 없으면 그 즉시 멈춰 버릴 도시의 시스템, 그리고 잘살기 위해 성장과 경쟁은 필요악이라고 호도하는 자본주의적 세계관은 뒤로 감춘 채 온실기체만 두들기고 있는 거야. 온실기체만 줄이면 문제가 다 해결될 것처럼. 그러다 보니 멀쩡한 숲을 없애지 않으면 그만큼 탄소를 흡수한 것으로 쳐서 그만큼 탄소를 더 배출할 수 있다는 놀라운 셈법까지 등장했지.

자본주의는 근본적으로 성장에 의존한다는 걸 명심해야 해. 우리는 모두 동일한 성장 논리 위에 있어. 그러니 정치인이든 기업이든 개인이든 성장해야 한다는 원칙에서 벗어나지 못하고 온실기체를 줄이는 일도 그 테두리 안에서만 하려고 드는 거야. 자네는 성장이 우리의 목표라고 생각하나?

단장 성장……이 목표가 될 수는 없겠죠!

파우스트 그러면 무엇이 목표가 되어야 하나?

단장 아무래도 삶과 관련된 게 목표가 돼야 하지 않을까요? 좋은 삶, 의미 있는 삶, 보람된 삶…… 이런 거요.

파우스트 성장이 볼모로 잡은 것이 바로 그것일세. 우리 삶을 더 낫게 만들기 위해 성장이 필요하다는 논리지. 하지만 그건 사실이 아니야. 소득이 증가하면 삶의 질이 높아진다는 말은 절반만 맞아. 소득이 어느 지점을 넘어서면 삶의 질이나 만족도와는 상관없어져.

단장 그러면 성장이 일정 수준을 넘어서면 그 성과들은 삶의 질과 무관한 다른 곳으로 간다는 건가요? 아니면 '좋은 삶'에 필요한 부를 위해서는 성장을 계속하지 않아도 된다는 건가요?

파우스트 둘 다 맞는 얘길세. 애당초 우리가 행복하게 잘 먹고 잘 살기 위해서는 성장이라는 개념이 필요 없어. 우리가 좋은 공연을 보기 위해 무한히 더 큰 극장, 더 화려한 무대, 더 큰 제작사가 있어야만 하는 게 아닌 것처럼.

단장 어쩌다가 이렇게 된 거죠? 우린 도대체 어딜 향해 가는 걸까요?

파우스트 그래서 우리는 과거로 돌아가 봐야 해. 동시에 미래를 상상해야 하네. 우리가 어떻게 '성장'이라는 신화를 만들어 왔는지 과거의 경험 속에서 차근차근 살펴보자는 거야. 현대 문명의 뿌리가 바로 그 안에 있어. 그리고 미래에 투영해 보는 거지.

단장 옳은 말씀입니다만, 선생님 말씀이 좀 추상적인 것 같습니다. 극장에서 그런 일을 해낼 수 있을까요? 지구온난화, 그러니까 지구달구기가 얼마나 심한지, 지구 시스템과 여러 생명체에 어떤 영향을 얼마나 주는지 우리는 그런 것들을 정확하게 파악하고 그에 맞게 대처해야 하는 것이 더 중요하고 급한 일일 것 같은데요.

파우스트 정확히 알고 있네. 자네 말이 맞아. 바로 그 일, 그러니까 지구가 뜨거워지면서 지구 시스템이 어떻게 변화하고 있는지 많은 과학자가 연구하고 있지. (대본을 집어 들어 한 면을 보여 주며) 이걸 보게. 과학자 1만 1000명이 2019년에 함께 발표한 논문에 수록된 그래프야. 그 논문◇에는 1979년부터 2019년까지 40년 동안 인구, 국내총생산(GDP), 온실기체 배출량과 해수면 높이 변화, 육류 소비량, 온실기체별 배출량 증감 추세 등 29가지 부문이 어떻게 변화해 왔는지 상세히 나와 있네. 과학이 아니라면 지구달구기가 무엇 때문에 일어나고 있는지 우리가 어디에 있는지 밝히는 것조차 쉽지 않을 거야. 내가 오늘 자네한테 준 이야기 속에 기후위기와 관련된 역사와 과학적 사실들을 접목시키려고 애를 썼네. 무대 위에서 이런 이야기를 펼치는 거지.

단장 그런데요 선생님, 이 연극이 선생님의 역사 연구의 어떤 결과물 같은 건가요? 주신 대본을 보니 제1막 1장의 제목이 '석탄의 변론', 제2막이 '유토피아로 간 베니스의 상인', 제3막이 '프랑켄슈타인의 탄생'…… 모두 흥미로운 제목들이군요.

파우스트 그렇지? 자네 극장에 올릴 만할 걸세. 그리고 이건 내 연구라기보다는, 기후위기와 관련해서 내가 중요하다고 생각하는 여러 사람의 연구 결과를 많은 이들과 나누려고 엮은 것이네. 우리에게 익숙한 이야기를 뼈대로 삼아 기후와 자본주의, 식민주의와 제국주의, 과학과 기술 문명 같은 중요한 주제 그리고 우리가 알아야 할 지식들을 덧붙인 것이지.

자네가 더 잘 알겠지만, 우리는 이야기를 아주 좋아하지. 그건 인간의 본능적인 속성 같은 거야. 우리는 가상의 이야기를 지어내어 거기에 과거를 비추어 보고 미래를 예상함으로써 교훈을 얻고 실수와 실패를 줄이려고 하는 거네. 그리고 그건 아주 흥미진진한 일이지.

서막

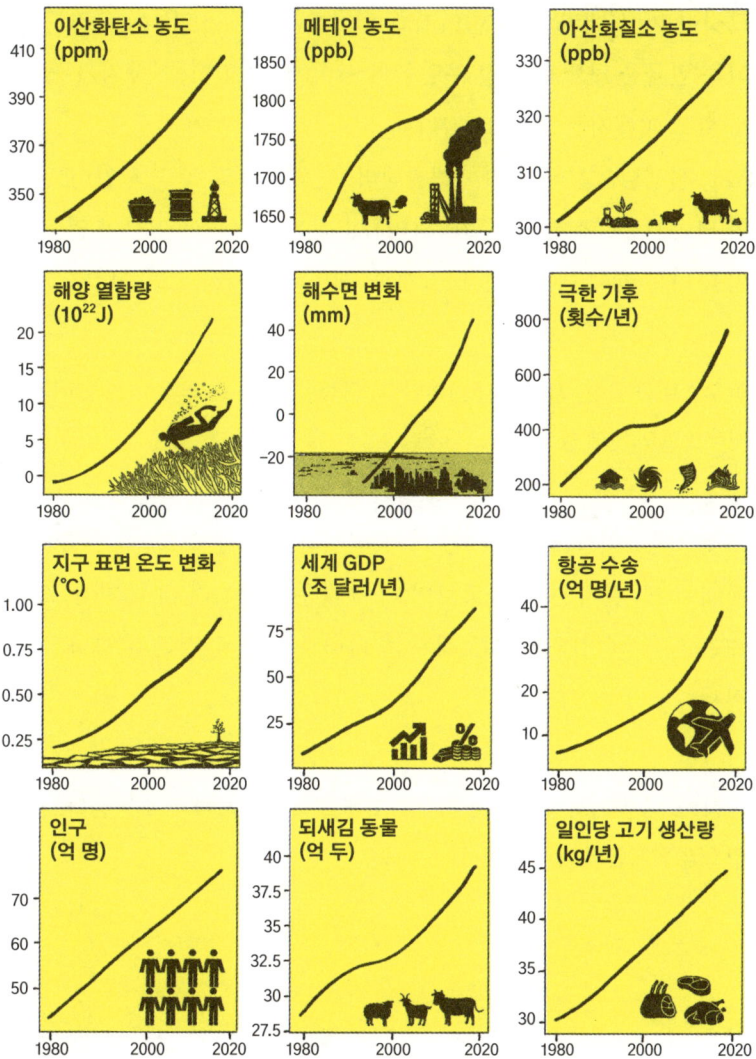

가로축: 연도, 괄호: 단위

2019년에 발표된 〈기후 비상 사태에 대한 과학자들의 경고〉라는 논문에는 이산화탄소 농도, 해수면 변화, 인구, GDP 등 주요 환경, 사회 지표들이 지난 40년 동안 급격히 변화해 왔음을 보여 주고 있다.

그것이 바로 내가 기후 이야기를 연극으로 만든 이유네. 그리고 우리는 연극을 하면서 직접 주인공이 되어 볼 수 있어. 가해자가 될 수도 있고 피해자도 될 수도 있다네.

단장 저, 선생님. 그만 가 봐야겠습니다. 단원들과의 약속 시간이 얼마 안 남아서요. (소파에서 일어나며) 이 대본은 단원들과 같이 읽고 얘기를 나눈 후에 다시 말씀드릴게요. 제안해 주셔서 고맙습니다.

파우스트와 단장, 자리에서 일어난다. 단장, 인사를 한 후 돌아서 걸어가다 파우스트의 말에 돌아본다.

파우스트 (목소리를 조금 높여) 작가 선생과 의논해 보고 내 연락처도 전해 주게. 같이 대본을 고치면 더 괜찮은 이야기가 나올 거야. 요즘에는 기후 얘기라면 기본 장사는 되니까 너무 걱정하지 않아도 될 걸세.

단장, 무대 끝에서 알았다는 뜻으로 고개를 숙여 인사한 뒤 퇴장한다. 조명이 어두워지면서 막이 내린다.

(서막 끝)

서막

제1막

변론

등장인물

석탄 지구를 달군 주범으로 지목된 피의자 1.

석유 지구를 달군 주범으로 지목된 피의자 2.

탄소 지구를 달군 주범으로 지목된 피의자 3.

제임스 와트(James Watt, 1736~1819) 스코틀랜드의 발명가, 기계공학자. 증기 기관의 구조를 개선해 에너지 효율을 획기적으로 높였다.

미친 모자 장수 영국의 모자 장수. (이상한 나라의) 앨리스를 만난 적이 있다.

조제프 푸리에(Jean Baptiste Joseph Fourier, 1768~1830) 프랑스의 수학자, 물리학자. 지구 대기의 온실효과를 처음으로 밝혔다.

유니스 뉴턴 푸트(Eunice Newton Foote, 1819~1888) 미국의 대기과학자. 대기 중의 이산화탄소가 기온을 높이는 구실을 한다는 것을 실험을 통해 증명했다.

스반테 아레니우스(Svante Arrhenius, 1859~1927) 스웨덴의 화학자. 대기 중 이산화탄소 농도가 2배가 될 경우 지구의 온도가 얼마나 오르는지 처음으로 계산했으며, 화석연료 사용으로 지구의 온도가 높아질 수 있음을 밝혔다.

찰스 데이비드 킬링(Charles David Keeling, 1928~2005) 미국의 대기과학자. 1958년부터 2005년까지 하와이 마우나로아 관측소에서 지구 대기 중의 이산화탄소 농도를 측정했다.

존 D. 록펠러(John D. Rockefeller, 1839~1937) 미국의 석유 재벌. 원유 정제와 유통을 독점하면서 엄청난 부를 쌓았다.

헨리 포드(Henry Ford, 1863~1947) 미국의 기업가, 기술자. '포드 자동차 회사 (Ford Motor Company)'를 설립했고 생산 공정을 단순화, 기계화, 자동화함으로써 가격을 낮춰 자동차 대중화 시대를 열었다.

벅민스터 풀러(Buckminster Fuller, 1895~1983) 미국의 엔지니어, 건축가, 미래학자, 발명가, 시스템 이론가, 철학자. '에너지 노예(energy slave)', '우주선 지구호(Spaceship Earth)', '다이맥시온 지도(Dymaxion Map)' 같은 독창적인 개념과 디자인, 설계로 유명하다.

법정 진행 요원

제1장
석탄의 변론

무대 가운데 증인석(테이블과 의자)이 놓여 있다. 머리부터 발끝까지 검은색 옷을 입은 사람이 무대로 걸어 나온다. 가슴과 등에 흰색으로 '석탄'이라고 쓰여 있다.

석탄 여러분! 오늘 이 재판정에 오신 분 대부분은 아마 저에 대해 편견을 가지고 계실 거라 생각합니다. 저를 비난하는 모진 말들이 매일 언론에 도배되고 있으니까요. 기후위기의 원인은 화석연료이고, 개중 특히 구시대 에너지원인 저, 석탄을 당장 퇴출시켜야 한다는 얘기를 귀가 따갑게 듣다 보니 저도 제가 그런 취급을 받아 마땅하다고 생각하기에 이르렀습니다. '아, 나는 인류에 해만 끼치는 존재구나, 내가 사라져야만 인간을 포함해 지구상의 모든 생명체가 생존할 수 있고 번영할 수 있겠구나' 하고 말입니다.

그런데 이런 말들이 아주 일부만 옳고 대부분은 틀렸다는 것을 알게 되었습니다. 저는 이 사실을 깨닫자마자 제가 무죄임을, 그러니까 '거의' 무죄임을 스스로 변론◇해야겠다고 결심했습니다. 그리고 저를 위해 증언해 줄 분들을 찾기 시작했지요. 저의 깨달음이 너무 늦은 바람에 몇 사람밖에 만나지 못했지만, 그분들의 증언만으로도 저의 무죄, 그러니까 '거의' 무죄는 명명백백히 밝혀질 것입니다.

그 전에 먼저 퀴즈를 하나 내겠습니다. 여러분! 제 나이가 몇 살일까요? (손을 한쪽 귀에 대고 관객석 쪽으로 귀를 기울이며) 몇 살이라고요? 500만 살이요? 5000만 살? 모두 틀렸어요. 여러분, 제 나이는 무려 3억 살이 넘습니다. 제가 만들어지는 데만 6000만 년 넘게 걸렸지요. 그리고 3억 년이라는 기나긴 세월을 저는 땅속에서 찍소리 없이 조용히 지냈습니다. 아주 가끔 땅 위로 드러나 사람들 눈에 띄기는 했지만요.

기록상 서양에서 저를 처음 사용한 것은 기원전 320년 그리스에서였지요. 고대 그리스 철학자 테오프라스토스(Theophrastus)가 남긴 기록에 따르면 고대 그리스의 대장장이들이 저를 사용했다고 합니다. 하지만 중국인들은 이미 6000년 전부터 난방과 요리에 저를 사용하기 시작했습니다. 땅 위로 드러난 저를 알아보고 이들은 저를 태워 도자기를 구웠고, 심지어 제게서 천연가스를 추출해 불을 밝히는 데도 썼지요.

제가 영국의 산업혁명 시기가 돼서야 처음 등장했다고 생각하는 분들이 이제는 없겠지만, 예전엔 저를 무슨 신생 광물인 양 바라보는 사람이 많았습니다. 사실 중세 초기 유럽 사람들도 저를 사용했지요. 검댕과 연기 때문에 저를 '검은 돌'이라며 비하했지만요. 말이 나왔으니 말인데 저는 아주 독특한 광물입니다. 저는 자연 상태에서 탄화된 일종의 퇴적암입니다. 뭐가 탄화됐냐고요? 당연히 식물입니다. 제가 만들어지던 석탄기에 지구는 아주 따뜻했고 대기 중 산소 함량도 21퍼센트인 지금보다 훨씬 높은 35퍼센트가량이어서 식

석탄기의 주요한 식물상을 그린 에칭화. 석탄기는 약 3억 5900년 전에서 2억 9900년 전까지의 지질시대로, 19세기 영국 지질학자들이 붙인 명칭이다. 석탄기 주요 식물은 고사리 같은 양치 식물(1, 4번)과 잎이 작은 석송류(2, 6, 7번), 잎이 층층이 배열되고 마디가 있는 속새류(5, 8번), 오늘날 침엽수의 기원이 되는 코르다이테스(3번) 등이었다. 당시 대기 중 산소 농도는 약 30~35%로 현재(약 21%)보다 훨씬 높아 식물이 빠르게 성장했다. 그러나 식물의 목질을 효율적으로 분해하는 미생물이 아직 진화하지 않아, 죽은 식물들이 쉽게 썩지 않고 쌓여 갔다. 이런 죽은 식물이 당시 흔했던 늪지와 저지대에 분해되지 않은 채 퇴적되어 오랜 시간 압력을 받아 석탄층으로 변했다. 현재 인류가 사용하는 석탄 대부분은 석탄기에 만들어진 것이다.

물이 신나게 자랐죠. 지금은 한두 뼘밖에 안 되는 쇠뜨기도 그때는 20미터는 자랐으니까요. 그래서 에너지 역사학자 롤프 페터 지페를레(Rolf Peter Sieferle)는 저를 가리켜 '지하의 숲(The Underground Forest)'이라고 부르기도 했습니다. 네, 멋진 이름이죠!

이미 눈치챘겠지만 저는 성격이 급해서 아주 빨리 산화됩니다. 그러니까 불이 잘 붙는다는 뜻이죠. 일단 캐내기만 하면 나무 같은 녀석들보다는 보관하기 훨씬 쉽고 운송하기도 편리합니다. 장점이 아주 많아서 제가 이런 자리에 오를 수 있었던 겁니다. 하지만 지금은 모두 저를 싫어하고 오명에 시달리고 있죠. 다시 말하지만 이건 누명, 거의 누명입니다.

제 소개는 이쯤 해 두고, 저의 누명을 벗겨 줄 첫 증인을 모시겠습니다. (무대 안쪽을 향해 소리친다.) 와트 선생님, 제임스 와트 선생님. 이쪽으로 좀 나와 주시죠. 네, 선생님. 지금이요.

제임스 와트, 무대 위로 걸어 나온다.

석탄 네, 증인석에 앉으시고요, 이제 증언해 주시면 됩니다.

제임스 와트, 증인석에 앉는다.

제임스 와트 안녕하십니까, 제임스 와트입니다. 증언을 해 달라는 석탄의 요청을 받고 오늘 이 자리에 나오게 되었습니다. 먼저 오해 없으시기 바랍니다. 저는 석탄의 무죄를 증언하러 온 것은 아닙니다. 저

제1막 변론

의 증언으로 지구달구기에 대한 석탄의 책임이 조금 가벼워질지 모르겠습니다만, 사실 저와 저의 선대 연구자들이 개발하고 개선한 증기기관이 없었다면 석탄이 이렇게까지 광범위하게 대량으로 사용되기는 어려웠을 겁니다. 이미 석탄이 밝혔듯 석탄의 존재는 수천 년 전부터 알려져 있었으니까요. 그 석탄이 차고 있던 족쇄를 우리 인류가 풀어 버린 것에 대해 반성해야 한다고 생각합니다.

저는 오늘 제 전공인 증기기관에 대해 주로 말씀드리려고 합니다. 증기기관은 18~19세기 산업 발달에 핵심적인 역할을 했기 때문입니다. 당시 공장의 구조와 입지, 철도와 증기선 같은 운송 수단, 광업과 철강 산업의 발달은 석탄과 증기기관을 빼놓고는 설명할 수 없습니다. 그 전에 한 가지 밝혀 둘 것이 있어요. 많은 분들이 제가 증기기관을 발명했다고 알고 있지만 그것은 사실과 다릅니다. 먼저 왜 증기기관이 필요했는지부터 설명드리겠습니다. 그 과정에서 자연스럽게 제가 한 일도 드러날 겁니다.

알다시피 석탄을 연료로 쓰기 전에는 나무나 목탄, 숯을 썼습니다. 나무를 산소가 거의 없는 상태에서 고온으로 가열하면 수분, 메테인, 목재 타르 같은 휘발 성분은 날아가고 순도 높은 탄소만 남게 되는데 이것이 목탄과 숯이죠. 목탄과 숯은 만드는 방식, 용도가 조금 다를 뿐 본질적으로는 같습니다. 석탄으로도 이런 과정을 거치면 코크스라는 연료를 만들 수 있는데, 중국에서는 유럽보다 거의 700년 앞선 11세기에 이미 코크스로 용광로를 돌려 철과 강철을 생산했습니다. 석탄이 산업에 이용된 건 17~18세기 영국에서였지요. 산업이 확대되면서 쓸 수 있는 나무는 거의 다 잘라 냈고 값도 천정부지로 올라서 어쩔 수 없이 석탄으로 눈길을 돌린 측면도 있습니다.

처음에는 지표면에 드러난 석탄을 이용했습니다. 당연히 금세 바닥나고 말았죠. 결국 땅속으로 석탄을 찾아 들어갈 수밖에 없었는데 큰 문제가 발생했습니다. 탄갱에 지하수가 들어차면서 광부들이 익사하는 사고가 생긴 겁니다. 인부들은 수동 펌프나 심지어 양동이로 물을 퍼내기도 했죠. 그러던 중 기계공학자 토머스 세이버리(Thomas Savery) 씨가 1698년에 증기기관, 즉 증기를 이용해 물을 뽑아내는 놀라운 기계를 발명했지요. 석탄을 태워 끓인 물로 증기를 만들어 실린더 안으로 넣으면 실린더는 고압 상태가 되고, 이를 식히면 실린더 속은 진공 상태가 됩니다. 탄광에서 솟아오르는 지하수가 이 실린더로 들어가도록 연결하면 압력차에 의해 물이 빨려 들어가게 됩니다. 혁신적인 기계였죠. 세이버리 씨는 자신이 만든 기계를 '광부들의 친구', '불로 물을 끌어올리는 엔진'이라고 불렀습니다. 하지만 적은 양의 물을 퍼내는 데에 에너지가 너무 많이 들어서 매우 비효율적이었죠.

그로부터 10여 년 후인 1712년, 당시 철물상이자 전도사였던 토머스

"불로 물을 끌어올리는 엔진!"

사람들은 내가 만든 기계를 '광부들의 친구'라고 불렀어요.

토머스 세이버리

세이버리 씨의 증기기관에 피스톤을
도입해 대기압을 이용할 수
있었습니다. 당연히 효율이 높아졌죠.

토머스 뉴커먼

뉴커먼(Thomas Newcomen) 씨가 세이버리 씨의 증기기관을 개선
해 효율을 크게 높였습니다. 피스톤을 도입해 대기압을 이용할 수 있
도록 개선했는데, 그것이 바로 뉴커먼 증기기관입니다. 실린더 안의
증기를 찬물로 식히면 그 안은 진공 상태가 되고, 실린더 속의 피스
톤은 대기압에 의해 아래로 내려갑니다. 바로 이 피스톤에 기계를 연
결해서 탄갱의 물을 퍼올릴 수 있도록 한 거죠. 하지만 뉴커먼 씨의
증기기관도 증기를 응축하는 과정에서 열손실이 아주 컸습니다. 찬
물을 뿌려 수증기를 냉각시켜야 했기 때문이죠. 그래도 출력은 좋아
서 석탄 광산이 물에 잠기지 않도록 하는 데 큰 도움을 주었습니다.
저는 그때로부터 약 50년 후인 1765년부터 증기기관에 관심을 두기

나는 수증기를 응축시키는 공간을
따로 만들어 열효율을 4배나 끌어올릴
수 있었죠. 그 결과 증기기관이 널리
사용되었고, 역설적으로 우리는 석탄을
더 많이 사용하게 되었습니다.

제임스 와트

시작했고 4년 후 특허권을 획득했습니다. 어떻게 하면 열손실을 막을 수 있을지 고민하면서, 제가 생각해 낸 방법은 수증기가 응축되는 공간을 분리하는 것이었습니다. 실린더 안에 찬물을 뿌리지 않고 별도의 응축기를 사용함으로써 실린더를 고온 상태로 계속 유지할 수 있었고, 열효율은 거의 4배 높아졌습니다. 제가 만든 이 기계는 널리 사용되었고, 제가 증기기관을 발명했다는 오해도 기계와 함께 퍼지게 된 거랍니다.

본론으로 다시 돌아가죠. 중요한 것은 이후 증기기관의 상하 피스톤 운동을 회전운동으로 바꿈으로써 훨씬 더 다양한 산업에 이용할 수 있었다는 것입니다. 광산 펌프로만 사용되던 증기기관이 야금 산업, 증기 기관차, 증기 자동차, 증기선에도 사용되었고, 증기 트랙터와 탈곡기 그리고 증기 크레인에도 도입되었습니다. 결국 석탄은 증기기관을 타고 산업 현장을 넘어 가정 난방에도 사용되었고, 유리 산업, 벽돌과 타일 산업, 소금 제조와 설탕 정제, 맥주 양조, 제빵에도 필수인 연료가 되었습니다.

솔직히 말씀드리자면, 저는 잘 모르겠습니다. 소위 산업혁명 과정에서 그리고 산업주의라고 하는 문명의 양식에서 석탄이 핵심적인 역할을 하기는 했지만, 더 큰 그림에서 근대 문명을 만들어 간 진짜 힘은 무엇이었을까요? 기술자로 평생 기계를 만들고 개선하는 일만 생각하며 살아 온 저로서는 그 힘이 무엇이었는지 정말 모르겠습니다. 증기기관과 그 이후 이루어진 과학기술의 발전을 통해 얼마나 많은 석탄이 사용됐고 그 석탄 사용이 얼마나 지구를 달구는 데 영향을 미쳤는지는 저보다 여러분이 더 잘 알 것입니다. 그리고 그것이 진보라는 이름 아래 얼마나 많은 사람을 가난과 고된 노동과 비참함 속에 빠뜨렸는지는 아마 '미친 모자 장수'가 잘 설명할 것으로 믿습니다. 제가 드릴 수 있는 말씀은 여기까지입니다. 감사합니다.

와트 퇴장한다. 퇴장하는 와트를 따라가던 조명이 한쪽 구석에 놓인 의자에 앉아 졸고 있던 '미친 모자 장수'에서 멈춘다. 모자 장수는 모자로 얼굴을 반쯤 가리고 팔짱을 낀 채 졸고 있다.

석탄 모자 장수님! 미친 모자 장수님!! (졸던 모자 장수가 고개를 들어 어리둥절해하며 손가락으로 자신을 가리키자) 네, 선생님이요. 얼른 나오세요.

미친 모자 장수 (구석 자리에서 걸어 나와 증인석에 앉으며) 아, 벌써 제 차례군요. 와트 선생님이 어려운 얘기를 너무 오래 하셔서…… 죄송합니다, 선생님. 그런데 증기기관이 그래서 어떻게 됐다는 거죠?

석탄 증기기관 얘기는 끝났고요, 이제 모자 장수님이 증언할 차례예요. 노동자들이 가난하고 비참하고 장시간 노동에 고통받게 된 것이 저, 석탄 때문인지 아니라면 자본가나 산업가, 정치인 그리고 그들과 공모한 국가 권력과 제국주의 때문인지 그런 것을 증언해 주세요.

미친 모자 장수 네? 그걸 제가 어떻게 알아요? 전 그냥 모자를 만들었을 뿐인데요. 저는 지하 공장에서 하루 16시간씩 일만 했다고요. 공장은 증기기관으로 돌아갔고…… 와트 선생님 감사합니다, 가스등을 쓰면 지하도 대낮처럼 훤하게 밝힐 수 있었어요. 사실 공장 밖이 더 어두웠답니다. 공장 굴뚝에서 검은 연기가 24시간 뿜어져 나왔지요. 우리 공장 옆 철물 작업장에서는 매연과 먼지가 엄청나게 나왔어요. 하늘도 시커멓고 하천도 시커멓고 온 세상이 짙은 회색이거나 검은색이었죠. 그래서 새로 생긴 산업 중심지를 '블랙 컨트리(Black Country)'라고 불렀죠. 아주 딱 맞는 이름 아닌가요?

사실 저는 햇빛을 본 적이 별로 없어요. 어린아이들이 햇빛을 못 봐서 병에 걸린다는 얘기 들어보셨죠? 멕시코나 페루에 사는 애들과 달리 영국의 공장에서 일하는 아이들이 병에 잘 걸리고 제대로 자라지 못한다는 거예요. 몇 살부터 일을 하냐고요? 대부분 열 살이 되기 전부터 시작하죠. 당연히 자기 먹을 건 자기가 벌어야 하지 않겠습니까? 무슨 식물도 아니고 햇빛을 못 본다고 자라질 않는다니, 사실 미친 소리라고 생각합니다.

우리가 사는 곳, 일하는 곳이 어떤지 말해 달라고요? 더러운 거 말고는 별로 얘기할 게 없는데…… 더럽긴 진짜 더러워요. 공장들이 들어찬 도시는 땅도 물도 정말 더러워요. 하천에는 배설물과 하수가 마구 흘러 다니죠. 그냥 쓰레기장이라 생각하면 돼요. 그 '대악취 사건(The Great Stink)' 기억하시죠? 네, 정말 대단했어요. 냄새가 사람을 죽일 수 있다고 누가 상상이나 했겠어요. 우리는 온갖 병에 다 걸렸죠. 무슨 병이냐고요? 병 이름이야 제가 어떻게 알겠어요. 그것 말고도 공장에서 쓰는 납, 인, 수은 이런 것들도 별로 좋은 것 같지는 않았어요. 제가 미친 것도 그런 것 때문일 거라고 누가 그러더군요. 어느 철학자가 우리를, 그러니까 딱 우리를 두고 한 말은 아니겠지만, 하여튼 사람을 수단이 아니라 목적으로 대하라는 말을 했대요. 그 똑똑한 척하는 이상한 앨리스가 누구라고 했는데…… (귀에 손을

제1막 변론

대고 관객석으로 귀를 기울이며) 네? 칸트라는 철학자가 한 말이라고요? 역시 법정이라 그런지 똑똑한 분들이 많네요. 그 사람이 왜 그런 하나 마나 한 말을 했는지 궁금해서 제가 앨리스한테 물어봤죠. 그 애가 한 말이 무슨 말인지 모르겠지만 기억은 나니까 들은 대로 전할게요.

우리가, 그러니까 사람이 이미 목적이라면 이런 말을 할 필요가 없다는 거예요. 다시 말해서 실제로는 사람이 목적이 아니라 수단으로 쓰이고 있어서 그런 말을 했다는 겁니다. 노동자를 더 값싸게 이용해서 더 큰 수익을 내려고 사람을, 그러니까 우리를 수단으로 취급한다는 거예요. 저기 서 있는 석탄처럼 우리도 착취하고 고갈시키고 다 쓰면 버리는 거죠. 뭔지는 몰라도, 우리가 별 볼 일 없다는 말인 것 같아요.

저는 땅도 없고 교육도 못 받았어요. 가진 거라고는 이 두 팔과 두 다리뿐이죠. 공장은 제게는 집이나 마찬가지였어요. 잠자는 시간을 빼

우린 종일 지하 공장에서 일하느라 해를 보는 날이 별로 없어요. 하지만 가스등을 쓰면 지하도 대낮처럼 밝힐 수 있어요. 사실 공장 밖이 더 어두워요. 도시 어디나 증기기관에서 나오는 검댕과 매연으로 가득 차 있기 때문이죠.

미친 모자 장수

1858년 여름, 영국 템스 강의 고질적인 오염, 악취가 극도로 심각해져 질병과 사망이 증가하자 언론은 이를 두고 '대악취'라고 불렀다. 당시 잡지 〈펀치 매거진〉은 이 '대악취 사건'을 빗대 '침묵의 노상강도(The Silent Highwayman)'라는 제목의 삽화를 실었다.

고는 공장에 있었으니까요. 우리는 기계를 돌보는 '기계 목동'이었습니다. 한 치의 어긋남도 없이 기계에 맞춰 기계를 위해 일해야 했고, 기계 부속보다 못한 취급을 받았죠.

파업이요? 해 보기는 했지만 별로 소용이 없었어요. 우리가 파업하면 공장에 더 많은 기계가 들어왔죠. 기계는 파업하지 않으니까요.

진보요? 기계가 늘어나고 기술이 발전하는 게 진보라고요? 글쎄요. 제가 아는 한 제일 똑똑한 앨리스가 그러던데, 빅토리아 시대(빅토리아 여왕이 통치한 1837~1901)보다 13세기가 더 깨끗했었대요. 중세 병원이 더 넓고 더 위생적이었다나? 여가 시간도 더 많았다는데

제1막 변론

저는 잘 못 믿겠어요. 지금보다 몇백 년 전이 더 살기 좋았다는 말을 누가 믿을 수 있겠어요? 앨리스라는 애가 마음대로 지어낸 얘기에 제가 놀아난 것 같기도 해요.

자, 이제 저는 가 봐야겠어요. 토끼를 만나기로 해서…… 토끼 모르세요? 그 이상한 조끼 입고 늘 회중시계를 들여다보면서 뛰어다니는 토끼요. 토끼와 티타임을 갖기로 했는데 이미 좀 늦은 것 같군요. 그럼 전 이만…… (일어서다 말고) 아! 그리고, 석탄! 제 생각에 석탄은 그냥 이용당한 것 같아요. 우리, 그러니까 노동자들처럼요.

미친 모자 장수, 석탄과 함께 퇴장하며 암전된다.

제2장
석유의 변론

검은 비닐로 만든 옷을 입은 사람이 걸어 나온다. 머리에도 검은 비닐로 만든 모자를 썼고 가슴과 등에는 흰색으로 '석유'라고 쓰여 있다.

석유 안녕하십니까, 여러분. 보시다시피 저는 석유입니다. 모두가 저를 필요로 하고 서로 차지하려고 싸우면서도 저를 멀리하는 척 겉과 속이 다르게 행동하는 사람들이 요즘 많아졌지요. 뭐 그건 괜찮습니다. 하지만 제가 지구를 달군 '근본 원인'으로 지목되고 또 이렇게 고발까지 당하는 건 참을 수가 없군요. 저라도 저 자신을 변호해야 할 것 같아서 이렇게 나섰습니다. 기후위기의 시대에 가장 억울한 존재가 있다면 그건 바로 저, 석유일 것입니다.

앞서 석탄이 자신을 변론하면서 증인들을 데려와 무죄임을 증명하려 애쓰는 모습을 뒤에서 쭉 지켜보았습니다. 애처롭더군요. 저도 증인들을 모셔 올 수밖에 없었지만, 사실 그럴 필요가 있나 싶네요. 여기 계신 여러분, 이 도시, 인간의 손이 닿지 않은 곳이 없는 지구 전체가 바로 저의 무죄를 밝혀 줄 증인이고 증거물이기 때문입니다. 무슨 소리냐고요? 제가 없었다면 80억 인구, 전 세계 곳곳에 생겨난 인구 1000만 명 이상의 메가시티와 넓은 도로, 그 도로마다 넘쳐나는 자동차와 전 지구의 하늘을 덮고 있는 비행기, 제가 입은 것과 같은 이 비닐과 수많은 플라스틱 물건, 값싼 의류, 인간의 힘든 노동을 덜어 주는 수많은 도구와 기계, 전자 제품이 존재할 수 있었겠습니까? 그 모든 것들이 저를 갈아 넣어 만든 결과물입니다. 제가 사라진다면 이 도시도 바로 그 순간 멈춘다는 사실을 여러분도 잘 아실 겁니다. 그러니까 현대의 도시 문명은 저, 석유의 분신이나 다름 없다는 겁니다.

아하! 그러니 제가 바로 지구를 달군 주범 아니냐고요? (한숨을 쉬며) 그런 단순한 계산법이나 쓰고 있으니 인류가 수십 년이 지나도록 문제를 해결하지 못하고 기후위기로 치닫고 있는 겁니다. 저에게 죄가 있다면 인류의 욕망이 어디까지 거대해질 수 있는지, 인류 문명이 얼마나 파멸에 가까이 다가갈 수 있는지 아주 짧은 시간 안에 확인하도록 도와준 것뿐입니다.

자, 눈으로 확인하지 않으면 이해하지 못하는 여러분을 위해 증인 몇 분을 모셔 왔습니다. 오늘 저의 변론은 온실효과를 최초로 알아낸 분들을 증인으로 모시는 것부터 시작해, 저에게 지속적으로 씌워진 누명과 모함을 하나하나 밝혀 나가는 방식으로 진행될 것입니다. 변론을 마칠 때쯤이면 이 피고석에 서야 할 존재는 제가 아니라 배심원 여러분을 포함한 인류 전체와 현대 인류 문명, 특히 땅속에 묻혀 있던 저를 대량으로 이 세상에 끌어내 막대한 이익을 챙겨 온 석유 기업, 자본가, 저를 이용해 권력을 차지했을 뿐만 아니라 전쟁도 마다하지 않는 수많은 권력자 때문이라는 사실이 밝혀질 것입니다. 그리고 한 가지 더 있습니다. 지구달구기 문제를 과학의 범위 안에 가두고 온실기체를 제거하기만 하면 된다고 생각하는 그동안의 접근 방식이 문제의 원인을 감추었을 뿐만 아니라 해결 또한 방해해 왔다는 것도 알게 될 것입니다.

먼저 푸리에 선생님을 모시겠습니다. 푸리에 선생님은 대기 중의 온실기체가 지구를 데운다는 사실을 처음으로 밝힌 분입니다. (푸리에, 무대로 등장, 증인석에 앉는다.) 푸리에 선생님, 먼저 간단히 자기소개를 해 주시면 감사하겠습니다.

푸리에 안녕하십니까, 푸리에입니다. 네, '푸리에 급수', '푸리에 변환' 할 때 그 푸리에 맞습니다. 저는 수학자이자 물리학자입니다. 제가 이 자리에 온 이유는 '온실효과'라는 개념 때문일 테니, 제가 어떤 연구를 했는지는 굳이 설명할 필요가 없을 것 같습니다.

석유 선생님이 온실효과라는 개념을 처음 생각하게 된 이유는 무엇이었는지요?

푸리에 저는 지구의 지질학적 역사, 태양과 지구 사이의 에너지 균형 문제에 관심이 있었습니다. 지금은 누구나 지구의 평균 온도를 알고 있지만 당시, 그러니까 1820년대에는 그렇지 않았죠. 그래서 제가 계산해 봤더니 태양으로부터 받는 에너지양에 비해 지구의 온도가 더 높았어요. 이것은 결국 지구가 태양으로부터 받은 에너지를 그대로 우주로 내보내지 않고 일부를 따로 챙겨 놓는다는 의미입니다. 그래야 지구가 지금과 같은 상태로 유지될 수 있는 거죠.

어떻게 이런 일이 일어나느냐? 바로 대기층이 열을 가두기 때문이라고 저는 보았습니다. 잠시 후에 나올 푸트 씨와 아레니우스 씨가 설명하겠지만, 대기 중의 수증기나 이산화탄소 같은 기체가 지구 표

태양에서 오는 열만으로는 지구의
현재 온도를 설명할 수 없었어요.
대기층에서 열을 가두지 않는다면
지구는 훨씬 추울 겁니다.

장 밥티스트 조제프 푸리에

면에서 복사되는 장파장의 적외선을 가두면서 기온을 높이기 때문입니다. 이런 기체를 온실기체라고 하지요. '온실효과'라는 말 자체는 제가 만든 것이 아니고, 스웨덴의 아레니우스 씨가 처음 만든 것으로 알고 있습니다. 하지만 안타깝게도 실제 온실과 대기에서 일어나는 두 현상이 동일한 원리에 따라 일어나는 것은 아닙니다. 온실은 데워진 공기가 외부로 빠져나가는 것을 막는, 그러니까 대류를……

석유 (푸리에의 말을 막으며) 푸리에 선생님, 거기서 멈춰 주시면 대단히 감사하겠습니다. 그러니까 선생님은 대기층에서 열을 가두기 때문에 지구가 현재와 같은 온도를 유지할 수 있게 됐다는 것을 과학적으로 밝혀 냈다는 말씀이지요.

푸리에 그렇습니다. 하지만 저는 이러한 현상을 화석연료 사용과 연결해 다룬 것은 아닙니다. 지구과학적인 연구를 한 것뿐입니다.

석유 잘 알겠습니다, 선생님. 보다시피 온실효과, 즉 지구를 데우는 가장 기본적인 자연 현상은 선생님의 연구 덕분에 밝혀졌습니다. 하지만 1856년 푸트 씨의 연구가 나오기 전까지 과학계 밖에서는 거의 관심을 보이지 않았죠.

정말 감사합니다, 푸리에 선생님. 내려가셔도 좋습니다. (푸리에, 내려가고 푸트, 무대에 등장해 증인석으로 걸어온다.)

자, 이제 두 번째 증인, 푸트 씨를 증인석으로 모시겠습니다. 간단히 자기소개를 해 주시면 감사하겠습니다.

푸트 안녕하십니까. 흠, 저를 어떻게 소개해야 할까요? 아마추어 과학자 유니스 뉴턴 푸트입니다. 1850년대에는 과학자를 '자연철학자'라고 불렀지만 당시 미국에서 여성은 과학자든 자연철학자든 어느 쪽으로도 불리지 못했죠. 수증기와 이산화탄소가 일으키는 기온 상승 효과에 관한 제 논문이 1856년 《미국 과학 저널》에 실렸지만 저 대신 다른 남성이 발표하도록 했던 것도 저널의 신뢰를 떨어뜨릴까 우려했기 때문이었습니다.

석유 맞습니다. 유니스 뉴턴 푸트라는 이름을 아는 사람이 별로 없는 이유가 바로 그 때문이죠. 심지어 푸트 씨 연구가 존 틴들 씨보다 3년이나 앞섰는데도 대부분의 사람이 지금도 온실효과를 증명한 최초의 실험을 틴들 씨가 했다고 알고 있지요.

자, 그럼 푸트 씨, 그 실험에 관해 간단히 설명해 주시겠습니까?

푸트 네, 비교적 간단한 실험입니다. 저는 대기 중에 존재하는 수증기와 이산화탄소가 태양빛을 받아 기온 상승 효과를 얼마나 일으키는지 알고 싶었어요. 저는 조건이 다른 두 개의 유리 실린더에 일정 시간 햇빛을 쪼인 후 온도를 비교하는 실험을 했습니다.

세 가지 실험을 진행했는데요, 첫 번째는 공기를 뺀 유리 실린더와 공기를 꽉 채운 유리 실린더를 비교했습니다. 두 번째는 건조한 공기를 채운 실린더와 수증기를 채운 실린더를 비교했고, 세 번째는 보통의 공기와 이산화탄소를 채운 실린더를 비교했어요. 각각의 실린더에 일정한 시간 동안 햇볕을 쪼인 후의 결과는 잘 아시는 바와 같았고, 저는 제 실험 노트에 "이 기체(이산화탄소)가 들어 있는 실린더가 가장 많이 가열되었다. 다른 기체보다 훨씬 더 민감하다. 태양광을 제거한 후, 이산화탄소가 포함된 실린더가 식는 데 걸리는 시간도 다른 기체에 비해 몇 배 더 길다"라고 기록했습니다.

석유 그러니까 공기가 없는 쪽보다 공기가 많은 쪽, 수증기가 적은 쪽보다 수증기가 많은 쪽, 보통의 공기보다 이산화탄소가 더 많은 쪽의 수은 온도계가 더 높이 올라갔고, 이는 곧 햇빛으로부터 받은 열을 더 많이 흡수했기 때문이라는 거지요?

푸트 네, 정확해요. 하지만 제 실험이 정교하지는 못했습니다. 우선 태양광에 의한 기온 상승이 온실기체의 어떤 특성 때문인지 설명할 수 없었고, 또한 수증기와 이산화탄소가 지구로 들어오는 태양광을 흡수해서가 아니라 지구 표면에서 복사되는 열을 흡수해서 기온 상승이 일어난다는 사실도 보여주지 못했지요. 하지만 저는 이 실험을 통해 오래전 지구의 기후와 이산화탄소 사이에 상관관계가 있다는 생각에 이르렀고 제 노트에 이렇게 써 두었습니다.

"대기 중에 포함된 어떤 기체는 지구 기온을 상승시킨다. 지구 역사에서 대기 중에 그런 기체의 비율이 더 높은 시기가 있었다면, (중략) 필연적으로 당시 대기 기온이 더 높았을 것이다."

저는 틴들 씨가 정교하게 실험을 설계하여 훌륭한 연구 결과를 도출

저는 실험을 통해 대기 중의 수증기나
이산화탄소 같은 기체가 온도를 상승시킬 수
있음을 밝혔습니다. 따라서 지구 역사에서
그런 기체의 비율이 더 높은 시기가 있었다면
당시 지구의 기온은 더 높았을 것이라고
추론할 수 있어요.

유니스 뉴턴 푸트

했다고 생각합니다. 온실기체가 우리가 흔히 생각하는 가시광선이 아니라 지구에서 복사되는 열적외선을 흡수했다가 방출함으로써 지구에 온실효과가 일어난다는 것을 증명했거든요. 하지만 틴들 씨는 온실효과 연구를 앞서 수행한 저에 대해서는 전혀 언급하지 않았고 그 공로를 다른 분에게 돌렸다고 들었습니다.

중요한 것은, 틴들 씨가 제 논문을 보았는지 못 보았는지가 아니에요. 온실효과에 관한 연구 계보가 지금도 여전히 조제프 푸리에, 틴들, 그리고 스반테 아레니우스의 순서로 이어진다는 사실이 저로서는 아쉬울 따름입니다. 대부분의 책에서 제 이름이 들어가야 할 자리를 찾아볼 수 없는 현실을 보면 어쩌면 제가 여성 인권운동가로서 제 시대에 마쳐야 했을 소임을 다하지 못한 탓이 아닐까, 하는 생각이 듭니다. 현대 여성 과학자들에게 응원을 보냅니다.

석유 그렇군요. 그런데 푸트 씨, 여기서 지구를 덥히는 물질이 정확히 무엇인지 다시 말씀해 주시겠습니까? 앞서 변론하러 나왔던 석탄이나 저 같은 석유입니까? 아니면 이산화탄소 같은 온실기체입니까?

제1막 변론

온실기체가 흡수하는 것은 태양으로부터
오는 가시광선이 아니라 지구에서 복사되는
열적외선입니다. 이를 다시 방출함으로써
대기의 기온이 올라가게 되는 거죠.

존 틴들

푸트 정확히 말하자면 이산화탄소 같은 온실기체라고 해야겠지요. 19세
기에 지질학자들은 지구의 기후와 식생이 지금과는 완전히 다른 시
기가 있었다는 사실을 밝혀냈어요. 석탄 퇴적층이 형성되고 있던 시
기에는 지구 대기 중의 이산화탄소 농도가 훨씬 높았을 거라고 본
겁니다. 20세기 이후 급격하게 지구를 가열시켜 온 원인이 화석연료
에서 나오는 이산화탄소라는 건 이미 밝혀진 과학적 사실입니다. 너
무 당연한 얘기이지만 지구가 가열되는 추세를 멈추려면 이산화탄
소와 같은 온실기체를 대기 중으로 내놓지 않아야 하고, 그러기 위
해서는 화석연료를 사용하지 않아야겠지요.

석유 (급히 끼어들며) 감사합니다, 푸트 씨. 여러분, 푸트 씨의 말씀을
잘 기억해 주십시오. 지구의 기온을 높이는 것은 정확히 말해 온실
기체입니다. 자, 이제 스반테 아레니우스 박사님을 모시겠습니다.

푸트, 증인석에서 내려가고 이어 아레니우스가 증인석에 선다.

아레니우스 스반테 아레니우스입니다. 먼저 제 소개를 하죠. 저는 스웨덴의 화학자이고 우연한 기회에 온실효과와 관련된 연구를 하게 되었습니다.

석유 구체적으로 어떤 연구를 하셨죠? 간단히 그리고 되도록이면 알기 쉽게 설명해 주시기를 부탁드립니다.

아레니우스 그러니까 1895년쯤이었죠. 함께 일하던 지질학자 동료가 제게 "대기 중 이산화탄소의 농도가 2배 상승한다면 기온은 얼마나 오를까?" 하고 묻더군요. 저는 강한 호기심을 느꼈습니다.

사실 당시는 과학과 기술이 빠르게 발달하고 있었고 기계를 사용하는 산업이 늘어나면서 석탄과 석유 사용량도 덩달아 증가하고 있었습니다. 당연히 대기 중의 온실기체 농도도 조금씩 올라가고 있었을 테지만 관심을 보이는 이는 거의 없었고 그런 사실도 잘 몰랐죠. 마찬가지로 지질학자였던 제 동료도 그런 문제의식은 없었습니다. 빙하 시대에 일어났던 급격한 기온 변동의 원인을 찾던 중에 제게 그런 질문을 던졌던 것뿐이었죠.

하여튼 저는 만사를 제쳐 놓고 이 문제의 답을 찾으려 연구에 매달렸습니다. 그 결과 이산화탄소의 농도가 2배 증가할 경우 지구의 기온이 5~6도 상승할 것이라는 답을 얻었습니다. 제 추정이 좀 과하기는 했지요. 게다가 화석연료를 연소시키면 이산화탄소 농도가 꾸준히 올라가기는 하겠지만 2배가 되려면 1000년 이상이 걸릴 것으로 예상했습니다. 하지만 저는 두 가지 측면에서 틀렸습니다. 이산화탄소 농도가 증가하는 속도는 과소평가했고, 지구의 평균온도가 증가하는 정도는 과대평가했죠.

화석연료를 연소시켜 이산화탄소 농도가
2배가 되려면 1000년 이상은 걸릴 거라고
봤는데, 제 계산과 달리 이렇게 빨리 높아질
줄은 몰랐습니다.

스반테 아레니우스

석유 선생님 말씀처럼 인류는 화석연료를 너무나 열심히 사용했고 그
　　결과 18세기 산업혁명 이후 200년이 채 지나지 않아 대기 중 이산화
　　탄소 농도는 50퍼센트나 증가했습니다. 그리고 현대의 과학자들은
　　이산화탄소 농도가 2배가 될 경우(산업화 이전 시기 280ppm의 2배
　　인 560ppm) 온도는 5~6도가 아니라 최소 2도, 최대 4.5도 증가하는
　　것으로 예측하고요. 그런데 선생님의 연구 결과에 당시 과학자들은
　　어떤 반응을 보였나요?

아레니우스 그 부분이 가장 아쉽고 안타깝지요. 당시 주류 과학자들은
　　제 주장을 받아들이지 않았을 뿐만 아니라 오히려 배척했습니다. 이
　　산화탄소 농도가 증가하더라도 지구의 거대한 대양이 흡수할 것이
　　니 별문제가 없을 거라고 생각했기 때문이죠. 이해는 합니다. 당시
　　에는 모든 것이 이렇게 폭발적으로 증가하리라곤 예상 못 했으니까
　　요. 그리고 실제로 바다가 이산화탄소를 상당히 흡수하는 것도 사실
　　입니다. 그렇다고 문제가 없는 건 아니지만요. 심지어 사람들은 지
　　구가 더 따뜻해지면 경작할 수 있는 땅이 더 확장되어 농업에도 도
　　움이 되고 살기에도 더 좋은 환경이 될 거라고 생각했으니 제 주장

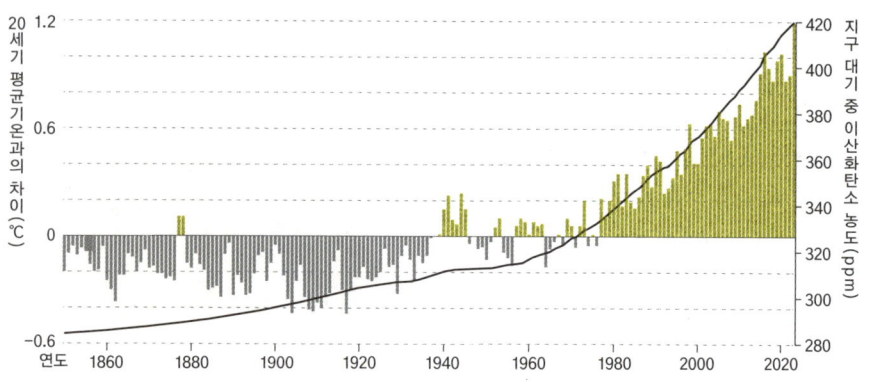

1850년부터 2023년까지 연도별 기온과 20세기 평균기온과의 차이를 표시한 그래프이다.
노란색 막대는 평균보다 따뜻했던 해를, 회색 막대는 평균보다 추웠던 해를 나타낸다. 검은
색 실선은 이산화탄소 농도 변화를 나타낸다. 대양이 열을 흡수하는 등 여러 가지 지연 효과
때문에 이산화탄소 농도 증가가 즉각적으로 기온에 반영되지는 않지만, 그래프의 전체적인
흐름을 볼 때 이산화탄소 농도와 기온 상승은 밀접한 관련이 있음을 알 수 있다. 특히 지난
70년간(1950~2023) 이산화탄소 농도는 거의 100ppm 이상 증가했으며 기온은 2023년 기
준 1.2도 이상 상승했다.

이 받아들여졌다 해도 현대 산업 문명에 대한 반성으로 이어지기는
어려웠으리라 봅니다.

석유 잘 알겠습니다. 그러면 선생님은 지금과 같이 지구가 뜨거워진 원
인이 무엇이라고 생각하십니까?

아레니우스 당연히 이산화탄소와 같은 온실기체가 일차적인 원인 물질
입니다. 대기 중 이산화탄소 농도가 산업화 이전 시기보다 100ppm
이상 증가했으니까요. 하지만 인류가 수백 년 동안 석탄, 석유, 천연
가스 같은 화석연료를 열심히 태웠기 때문에 그만큼 이산화탄소도
발생한 것이니 지금 제 앞에 있는 석유도 책임을 피할 수는 없습니
다. 다른 얘기 할 것 없어요. 화석연료 사용량을 줄여야 합니다. 지구

　　　　　　　　　　　　　　　제1막 변론

를 식히려면 대기 중 온실기체의 농도를 낮춰야 하고, 그중 가장 좋은 방법은 화석연료를 쓰지 않는 것입니다.

석유 네네, 알겠습니다. 아레니우스 선생님의 증언은 이것으로 마치겠습니다. 이제 킬링 선생님을 모시고 이산화탄소가 얼마나 지구달구기에 중요한 역할을 하는지 들어보도록 하겠습니다.

아레니우스 퇴장하고 킬링 박사 등장한다. 킬링 박사가 증인석에 앉는다.

석유 자, 이제 실제로 대기 중 이산화탄소 농도를 측정하는 데 일생을 바친 찰스 데이비드 킬링 박사님을 모시겠습니다. 안녕하십니까, 킬링 선생님. 간단히 소개 부탁드립니다.

킬링 반갑습니다. 대기과학자 찰스 데이비드 킬링입니다. 지구 기온 상승을 연구한 저의 지도교수인 로저 르벨(Roger Revelle) 교수님과 함께 연구하면서 대기 중 이산화탄소 농도를 처음 측정하게 되었고, 이 일이 제 일생의 과제가 되었죠.

석유 르벨 교수님이 대기 중 이산화탄소 농도를 측정해 보라고 제안한 건가요?

킬링 맞습니다. 앞서 아레니우스 박사의 증언 중에도 나왔지만 실제로 바다는 대기 중의 이산화탄소를 상당량 흡수합니다. 그럴더라도 인류가 배출하는 전체 이산화탄소량의 4분의 1 정도에 불과하죠. 르벨 교수님이 이 사실을 입증하려고 제게 대기 중 이산화탄소 농도를 측정해 보라고 하셨죠. 그의 가설이 옳다면 대기 중 이산화탄소 농도는 계속 증가해야 하거든요.

그래서 저는 1957년에 남극으로 가서 남극점에서 이산화탄소 농도를 측정했고, 그 후 1958년에는 하와이의 마우나로아 관측소에서 측정하기 시작했습니다. 그렇게 태평양 한가운데에서 이산화탄소를 측정하는 이유는 주로 유럽과 북미, 아시아 지역에서 가장 많이 배출되는 이산화탄소가 지구 대기 전체에 골고루 섞여 비슷하게 되었을 때의 농도를 재야 하기 때문이죠. 실제로 미국항공우주국(NASA)은 2002년 발사된 아쿠아 위성에 탑재된 '대기 적외선 탐사기(AIRS; Atmospheric InfraRed Sounder)'를 이용해 온도, 습도, 기압, 온실기체 농도 등을 모니터링하고 있는데요, 이 데이터를 보면 남극점과 마우나로아 같은 지점에서 측정하는 농도가 대표성을 띤다는 것을 확인할 수 있습니다.

저는 1958년 이후 43년 동안 하루도 빠짐없이, 제가 퇴직할 때까지 마우나로아 관측소에서 이산화탄소 농도를 측정했어요. 그 결과를 나타낸 그래프가 바로 제 이름을 딴 '킬링 곡선(Keeling Curve)'입니다. 지금도 후배 과학자들이 계속 측정하고 연구하고 있습니다.

석유 엄청난 연구네요, 킬링 박사님. 존경합니다. 그런데 박사님도 지구를 달군 원인이 이산화탄소라고 생각하시나요?

킬링 그렇습니다. 하지만 이산화탄소보다 훨씬 더 강력한 온실기체인 메테인도 있고 다른 여러 물질이 있을 뿐만 아니라 지구달구기를 더 증폭시키는 환경 요인, 억제하는 환경 요인 등 복잡한 다른 요인도 있으니 이산화탄소만 제어한다고 문제를 해결하기는 어려워요. 물론 아레니우스 박사님 말씀처럼 발생량이 가장 많은 이산화탄소를 기준으로 화석연료 사용량을 제어하고 규제하는 방법은 매우 편리

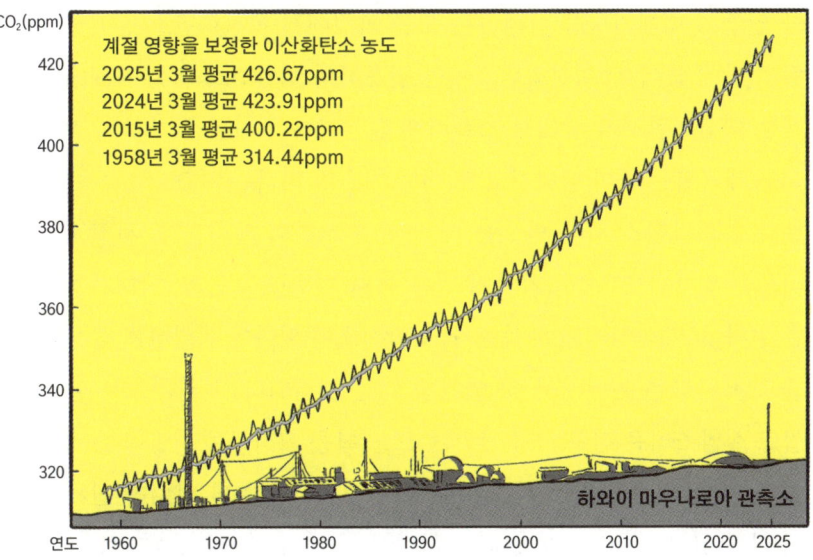

CO₂(ppm)

계절 영향을 보정한 이산화탄소 농도
2025년 3월 평균 426.67ppm
2024년 3월 평균 423.91ppm
2015년 3월 평균 400.22ppm
1958년 3월 평균 314.44ppm

하와이 마우나로아 관측소

연도

하와이 마우나로아 관측소에서 측정한 지구 대기 중 이산화탄소 농도와 연도별 추이를 나타 낸 그래프를 킬링 곡선이라고 한다. 1958년 3월 계절 영향을 보정한 평균값 314.44ppm으로 시작해 2025년 3월 426.67ppm까지 계속 증가해 왔다. 해마다 이산화탄소 농도가 증가와 감소를 반복해 그래프 선이 톱니 모양인 이유는 남반구에 비해 식생이 풍부한 북반구의 여름 동안 이산화탄소 농도가 높아지고, 반대로 겨울에는 낮아지기 때문이다.

할 수 있지요. 그러나 그 방법의 가장 중대한 문제는 이산화탄소만 내보내지 않으면 된다고 생각하게 만든다는 것입니다.

내가, 우리 기업이, 우리나라가 이만큼 배출했으니 그 양만큼 다시 대기 중에서 흡수해서 없애면 된다, 이산화탄소를 발생하지 않는 핵 발전소를 더 세우자, 핵융합 발전으로 무한한 에너지를 얻을 수 있다, 이런 식으로 대응하게 된다는 겁니다. 원자력 발전도 당연히 그 전체 과정에서 이산화탄소가 배출됩니다. 발전소를 세우고 핵연료를 만들고 핵폐기물을 처리하는 모든 과정에서 이산화탄소가 배출될 수밖에 없어요. 이산화탄소에만 집중하니 핵발전소 건물 자체에서는 이산화탄소가 상대적으로 적게 발생한다는 사실을 가지고 진실을 왜곡하는 일이 벌어지고 또 이런 거짓이 먹히는 거죠.

게다가 핵발전소 하나 만드는 데 얼마나 시간이 걸리는지, 사회적 비용은 얼마나 드는지, 지역 주민은 어떤 피해를 보는지, 핵폐기물은 얼마나 오래 격리해야 하는지, 핵발전소가 얼마나 위험한지 같은 중요한 사안은 논의에서 쏙 빠지게 되는 것입니다. 과학자로서 놀랍고 실망스러운 점은 사용 후 핵연료를 최종 처리하는 기술이 현재 없다는 것, 핵융합 발전 기술은 엄청나게 위험할 뿐만 아니라 심지어 아직 실현 가능하지도 않다는 사실을 아는 과학자들이 이것을 문제 삼지 않는다는 것입니다.

석유 그렇다면 지구달구기와 이산화탄소의 관계를 어떻게 보시는 겁니까? 조금 헷갈리는군요. 이산화탄소가 가장 중요한 원인이 아니라면 박사님은 왜 이산화탄소를 측정하는 데 평생을 바치셨나요?

킬링 지구 대기 중 이산화탄소 등 온실기체의 농도가 높아지고 있고 지구가 뜨거워진 것이 그 결과라면, 우리는 온실기체의 농도가 얼마나 되는지 알아야 합니다. 그 농도를 지속적으로 관측하는 일은 기후위기를 해결하는 데 있어서 가장 기본적인 일 중의 하나이고, 저는 그것을 과학자로서의 제 일로 삼은 것이지요.

안타깝지만 저는 인류가 이산화탄소에 집중하면 할수록 지구달구기 문제, 나아가 기후위기를 해결하기 어려워질 것으로 생각합니다. 질병을 치료하려면 그 질병의 원인을 찾아야지 겉으로 드러난 증상만 보고 이 약, 저 약 쓴다고 낫지 않습니다. 예를 들어 화석연료보다 훨씬 더 큰 수익을 가져다주고 국가 경제와 산업에 도움이 되는 물질이 발견되었다고 합시다. 바로 그 물질이 또 다른 혹은 더 심각하게 지구를 달구는 물질일 수도 있습니다. 반대로 빙하기로 만드는 물질일 수도 있고요. 그렇게 된다면 그 문제의 원인이, 근본적인 원인이 무엇이라고 해야 할까요? 지구를 달구는 혹은 지구를 얼어붙게 만드는 그 물질이 원인이라고 말할 수 있을까요?

미국은 세계에서 지구달구기에 가장 앞장선 나라이고, 석유를 이용해 지금도 막대한 부를 획득하고 국제적으로 정치적인 힘을 행사하고 있어요. 이런 마당에 미국 사람인 제가 뭐라 말하는 것이 매우 죄송하고 면목 없지만, 평생 과학자로 산 사람으로서 한말씀 드리겠습니다. 정말 계속 이렇게 살아도 되는지 우리 스스로 끊임없이 되물어야 합니다. 우리가 어떻게 살고 있는지, 어디를 향해 가고 있는지 깊이 숙고하지 않는다면 기후위기는 해결할 수 없다는 걸 꼭 말씀드리고 싶습니다.

석유 감사합니다, 킬링 박사님. 이상, 저의 변론을 마칩니다.

제3장
탄소의 변론

머리부터 발끝까지 초록색 의상을 입은 사람이 무대로 걸어 나온다. 가슴과 등에 검정색으로 '탄소'라고 쓰여 있다.

탄소 저는 생명의 원소, 탄소입니다. 왜 생명의 원소냐고요? 그야 지구 상의 모든 생명을 만드는 데 가장 핵심적인 물질이 바로 저니까요. 제가 없다면 매주 광합성을 통해 만들어지는 수십억 톤에 달하는 유기물도 생겨날 수 없고 곧이어 지구상의 초록 생명체들도 사라질 겁니다. 20~30억 년 전에 시작된 이 과정이 없었다면 석탄도 석유도 존재할 수 없었을 것이고 여러분도 이 자리에서 내 얘기를 들을 수 없었을 테지요.

그런데 그 생명의 작용이 일궈낸 결과물을 인류가 막대한 양으로 무분별하게 사용함으로써 문제가 생겼지요. 그런데 그 책임이 석탄과 석유, 그리고 이산화탄소에 있다는 것이 여러분의 주장입니다. 저 때문에, 정확히 말해 이산화탄소와 같은 온실기체 때문에 지구의 기온이 올라가고 있는 것이 현대 인류의 걱정거리라더군요.

'인류'라는 말에 억울해할 사람이 많을 수도 있겠습니다. 지구를 가열시킨 책임도 없는데 피해만 고스란히 당하는 사람들이 가장 억울하겠네요. 저개발 국가에 사는 사람, 비행기를 한 번도 타 본 적 없는 사람, 자동차가 없는 사람, 냉장고나 에어컨이 없는 사람, 아예 전기가 안 들어오는 집에 사는 사람, 매일 고기를 먹을 수 없는 사람, 이런 사람들 말입니다. 지구가 달궈지면서 더 강하게 더 자주 일어나는 가뭄, 홍수, 산불 같은 재난으로 고통받고 심지어 고향을 잃은 채 '기후 난민'이 된 사람들도 마찬가지이고요. 물론 기후위기를 막기 위해 채식을 하거나, 재활용품을 쓰는 사람들, 에너지를 스스로 만들어 쓰는 사람들도 억울할 수 있겠군요.

한편 대규모 화석연료 기업들은 은근슬쩍 '인류'라는 말 속에 묻어가려고 하겠지요. 1965년 이후 전 세계에서 배출된 온실기체의 3분의 1에 해당하는 약 4800억 톤(여러 가지 온실기체 배출량을 이산화탄소 무게로 환산한 양)을 겨우 20개 기업에서 배출했으며, 그 기업들은 모두 화석연료 기업입니다. 사우디 아람코가 압도적인 일등이고요, 쉐브론, 가즈프롬, 엑손모빌이 2위를 다투죠. 이란 국영석유공사, BP, 로열더치 셸은…… 그만하라고요? 듣기 싫으신가요?

네, 그렇다면 부자들은 어떨까요? 2019년 한 해 동안 세계 최상위 부유층 1퍼센트는 소득 수준 하위 66퍼센트가 배출한 양에 맞먹는 탄소를 배출했습니다. 1퍼센트와 66퍼센트는 몇 명쯤 될까요? 2019년 당시 세계 인구 약 77억 명에 0.01과 0.66을 곱해 보세요. 네, 7700만 명 대 50억 명입니다. 게다가 부유층이 투자하는 오염도 높은 산업, 미디어와 정치, 경제 정책 등에 미치는 영향까지 생각하면 이러한 기후 불평등은 훨씬 더 심각해집니다. 그래서 저는 지구를 뜨겁게 만든 것이 인류 전체의 책임이라고 말해서는 안 된다고 생각합니다. 그런 말에는 정말 책임이 있는 자가 누구인지, 어느 기업이고 어느 나라인지 감추기 위한 의도가 숨어 있기 때문입니다.

화석연료에 기반한 현대 도시 문명의 바탕에는 각자 나름의 목표를 가지고 자신의 일생을 바친 기업가, 자본가, 정치인, 과학자와 기술자가 있습니다. 지금은 당연하게 생각하는 도시, 에너지, 농업과 산업 시스템, 교통과 운송, 물류 시스템도 하루아침에 만들어진 것이 아닙니다. 이들은 석탄을 캐려 광산을 찾아 뚫고 들어갔고, 전 세계를 뒤져 석유를 채굴하려고 자기 목숨을 걸었습니다. 물론 자본가, 기업가의 목숨이 아니라 주로 노동자의 목숨을 걸었죠.

이제는 석탄층이나 석유층보다 더 깊이 지하 2~4킬로미터까지 뚫고 내려가고 있습니다. 셰일층, 그러니까 일종의 점토질 암석층에 갇힌 셰일가스를 뽑아 쓰려고 프래킹(fracking)이라는 놀라운 기술도 개발했거든요. 프래킹이 뭐냐고요? 간단히 설명하죠. 이건 수압 파쇄법이라고도 하는데요, 고압으로 암석을 파괴해 미세한 틈을 만드는 기술입니다. 물과 화학 물질, 모래를 높은 압력으로 지하 암석층에 주입해서 파쇄하고, 그 암석의 미세한 공극에 갇혀 있던 석유나 천연가스를 해방시키는 기술입니다. 네, 놀라운 기술이죠.

저는 현대 문명을 이룩한 선구자들이 자신의 일생을 바쳐 얼마나 열심히 일했는지 밝힘으로써 이들이야말로 지구달구기와 기후위기를 가져온 사람들이며, 그들의 유지를 받들고 있는 기업가, 자본가, 정치권력이야말로 근본적인 원인임을 증명하고자 합니다. '근본적인 원인'이라 함은 그 원인을 해소해야 문제가 해결되는 가장 뿌리 깊고 일차적인 핵심 원인이라는 뜻입니다. 이를 통해 저, 탄소의 무죄가 증명될 것이라 확신합니다.

그럼 첫 증인을 모시겠습니다. 이분은 거대 석유 기업의 첫 모델을 만들었고, 석유를 이용해 권력과 자본을 집중시키는 놀라운 수완을 발휘했습니다. 록펠러 씨, 증인석으로 올라와 주시지요. 간단히 자기소개도 부탁드립니다.

록펠러, 증인석에 등장한다.

록펠러 네, 존 데이비슨 록펠러입니다. 먼저 저를 석유 채굴업자로 잘못 알고 계시는 분이 많을 것 같아 그것부터 좀 바로잡고 시작하죠. 정확히 말해 저는 소비자들이 안전하고 편리하게 사용할 수 있도록 석유를 더 가치 있는 제품으로 만드는 일을 했습니다. 업계 용어로 말하자면 원유를 정제하고 운송, 유통한 것이죠.

탄소 직접 석유를 채굴하지 않으셨군요. 왜 그랬나요?

록펠러 시추 사업은 번거롭고 위험하고 아주 골치 아파요. 처음부터 저는 시추 사업에는 손댈 생각이 전혀 없었습니다. 지금은 어떤지 모르겠지만 당시만 해도 석유 시추 사업은 위험 부담이 아주 큰 일이었지요. 탐사를 미리 하기는 하지만 실패하는 경우가 종종 있었거든요. 큰돈을 들여 광대한 땅을 샀는데 석유가 조금밖에 나오지 않는다면 큰 낭패이지 않겠습니까? 기껏 만들어 놓은 시추 시설이 한순간에 쓰레기가 되는 거지요. 폭발이나 가스 유출로 노동자들이 죽는 일도 비일비재했고요. 그러니 생산자와 소비자 중간에서 사고파는 일을 하는 것이 가장 안전하고 깔끔한 사업이었소.

탄소 초창기 석유 사업을 개척했던 헨리 라우즈(Henry Rouse) 씨도 유정에서 일어난 비극적인 폭발 사고로 사망하지만 않았다면 당신처럼 석유 재벌이 되었을까요?

록펠러 그랬을 수도 있죠. 반대로 파산했을 수도 있고요. 제가 말씀드렸듯이 채굴만으로는 안전하게 큰돈을 벌 수 없습니다. 라우즈 씨는 배럴당 14달러로 팔다가 또 어느 날에는 40센트에 팔기도 했소. 우후죽순처럼 생겨나는 정유회사와 유정들 때문에 석유 가격이 날뛰었고, 게다가 등유는 품질이 들쭉날쭉했어요.

시추 사업 초기에는 안전에 대한 개념이 전혀 없었을 뿐만 아니라 갑자기 석유가 분출되는 일도 많았습니다. 라우즈 씨도 그렇게 희생된 것이고요. 위험이 채굴 현장에만 있는 것도 아니었습니다. 등유 램프는 1853년에 폴란드의 한 약사가 발명했는데, 그 후 수많은 사람이 폭발 사고로 다치고 죽었소. 기름의 인화점이 너무 낮을 경우 쉽게 불이 날 수 있는데, 회사마다 등유 인화점이 제각각이었습니다. 그래서 저는 품질이 일정하고 안전한 등유를 싼 가격에 생산해 누구나 등유 램프로 하루를 길게 쓸 수 있게 했습니다.

탄소 그래서 회사 이름이 '스탠더드 오일(Standard Oil)'이군요.

록펠러 바로 그렇소. 우리 기름은 화재를 일으키지 않는, 이름 그대로 '표준 기름'이었소. 표준 규격을 만들고 그에 맞는 등유만을 생산해 판매했습니다. 자기가 산 등유 때문에 희생당하는 무고한 소비자가 생기지 않도록 말이오. 저는 여러 석유 시추업자에게서 석유를 사들여 정확한 품질의 등유로 정제했습니다. 그리고 이를 운송하고 유통시키는 과정에서 막대한 자본과 권력을 거머쥐었소. 시추업자들은 채굴한 석유를 판매해 줄 사람이 필요하고, 소비자들은 믿고 쓸 수 있는 등유를 제공해 줄 판매자가 필요합니다. 그게 바로 저였고 스탠다드 오일이었던 거요. 하하하.

탄소 그런데 당신이 단기간에 막대한 자본을 축적하고 석유업계의 권력자가 된 데에는 다른 이유도 있지요? 시장을 독점하고 권력을 손에넣기 위해 수단과 방법을 가리지 않았기 때문이 아닙니까? 스파이, 전방위로 뿌린 뇌물, 따돌림, 협박, 사보타주(태업), 세금 공제 등을 이용해 다른 회사들을 경쟁에서 따돌리고 파멸시켜 모든 이익을 스탠더드 오일이 독차지할 수 있었잖아요.

록펠러 다 지난 일이니 부정하지는 않겠소. 하지만 그렇게 하지 않았다면 1880년대에 우리 회사가 정유 사업의 90퍼센트를 점유할 수 없었을 거요. 등유가 미국의 전체 수출품 중 네 번째 품목이 되는 데 내회사가 가장 큰 몫을 했으니까. 플로리다를 개발한 돈도 다 우리 회사에서 마련했다는 사실을 말해야겠군요. 저의 동업자 헨리 플래글러(Henry Flagler)가 1890년대에 플로리다의 습지를 개발하고 철도를 놓아 관광지로 바꿔 놓은 곳이 바로 지금의 마이애미와 팜 해변이오. 누구나 가고 싶어 하는 파라다이스가 바로 석유 자본으로 만들어졌다는 걸 알아 두시면 좋겠군요.

탄소 하지만 록펠러 씨의 독주도 평생 이어질 수는 없었지요. 연방정부가 반독점 소송을 제기했고 1911년 대법원 판결에 따라 스탠더드 오일은 43개 회사로 분할되었으니까요.

록펠러 음…… 내 평생 가장 억울한 일을 끄집어내는군. 그래요, 그때 분할되지 않았다면 석유업계의 판도는 지금과 완전히 달랐을 거요.

당시 내가 10년만 젊었어도 절대로 가만히 앉아서 당하지만은 않았을 거요.

탄소 그때 록펠러 씨가 챙긴 이익을 생각하면 그렇게 아쉬워할 필요는 없을 것 같은데요. 게다가 43개 회사 중 주요 7개 기업과 그 후손들은 여전히 세계의 석유 산업을 장악하고 있지 않습니까? 엑손, 모빌, 셰브론, 걸프, 텍사코, BP, 셸, 바로 '세븐 시스터스' 말입니다.

게다가 석유 제국을 혼자 힘으로 다 만든 것처럼 말씀하시지만 사업 개발과 확장에 정부 보조금은 필수적이었죠. 당시 조명용 오일 램프의 원료로 부자들은 고래기름을 썼고, 그 외에는 송진에서 얻은 테레빈유에 알코올을 섞은 용뇌유, 돼지 기름을 정제한 라드(lard), 양초 그리고 등유를 썼지요. 정부는 남북전쟁 비용을 대려고 당시 가장 많이 팔리던 용뇌유에 갤런당 2달러의 세금을 부과했지만 등유 세금으로는 갤런당 겨우 10센트밖에 부과하지 않았죠.

록펠러 사실 우리는 보조금을 받을 만했소. 고래기름 대신 등유를 쓰면 그만큼 고래를 살리는 거잖소. 게다가 우리는 가난한 사람들도 적은 비용으로 집에 불을 밝힐 수 있도록 해서 그들의 집에 활력이 돌게 하고 일할 수 있는 시간을 더 늘려 주어 이중으로 그들의 살림살이를 나아지게 만들었습니다.

그런데 에디슨 무리들이 그 가소롭기 짝이 없는 전기를 만들어 팔기 시작하자 사람들은 등유를 내팽개쳐 버렸소. 전기가 편리하기는 했지. 그건 인정하겠소. 연기도 없고 냄새도 나지 않았으니까. 하여튼 너도나도 전기 조명으로 바꾸기 바빴지요. 하지만 때마침, 우리 회사에는 너무나도 다행히 내연기관이 크게 개선됐어요. 바로 공장의 보일러에도, 자동차에도 석유가 들어가게 됐죠. 가솔린, 그러니까 휘발유 수요가 폭발적으로 늘어난 거요! 위기의 순간에 완전히 상황이 반전됐던 겁니다. 하하하.

탄소 알겠습니다. 휘발유와 자동차 얘기는 포드 씨에게 듣도록 하죠. 증언해 주셔서 감사합니다, 록펠러 씨.

록펠러 가솔린에 대해선 포드 씨보다 내가 더 잘 알지. 그러니까 휘발유는 그 이름대로 휘발성이 높아서 폭발할 위험이 아주 컸소. 내연기관이 나오기 전에는 그냥 버리거나 갤런당 3, 4센트에 팔던 휘발유가 내연기관에는 아주 딱 맞는 연료였던 거요. 당시 정유업자들은 휘발유를 돈 안 되는 폐기물로 생각해 그냥 강에 버리기도 했지요. 증기선이 운항하다가 불이 난 적도 있었습니다.

탄소 알겠습니다, 록펠러 씨. 이제 증인석에서 내려와 주시죠. (무대 뒤를 향해 소리친다.) 진행 요원! 여기 좀 도와주세요!

록펠러 (무대 위로 등장 진행 요원의 부축을 받아 퇴장하면서 큰소리로) 내가 시카고 대학교를 만든 얘기는 하지도 못했소! 그건 왜 묻지 않는 거요? 사회에 공헌하기 위해 내가 얼마나 노력했는지 아십니까? 내 석유가 아니었으면 우리 대학에서 그 많은 노벨상이 나왔을 것 같아? 어림도 없지!

록펠러, 진행 요원의 부축을 뿌리치며 퇴장한다.

탄소 휴…… 네, 감사합니다. 잠시 휴정을 요청합니다. 조금 쉬었다가 다음 증인인 포드 씨와 풀러 씨를 모시고 변론을 이어 갔으면 합니다.

잠시 암전 후 다시 조명이 켜진 무대. 증인석에 헨리 포드가 앉아 있다. 탄소가 증인인 포드에게 질문한다.

탄소 안녕하십니까, 포드 씨. 너무 유명한 분이라 소개는 생략하겠습니다. 선생님은 처음에 에디슨 씨의 회사에서 일을 하셨죠?

포드 네, 맞습니다. 엔진을 수리하고 제조하는 일을 하다가 디트로이트에 있는 에디슨 씨의 회사에 들어갔지요. 그곳에서 2년 정도 일을 하면서 내연기관을 계속 개발했습니다. 에디슨 씨를 만난 적도 있어요. 제가 만든 엔진을 보여 주기도 했죠. 에디슨 씨는 계속 개발해 보라고 격려해 주었습니다. 이후 회사를 나와서 몇 번의 창업과 실패를 거쳤고 1903년에 드디어 '포드 자동차 회사(Ford Motor Company)'를 설립했습니다.

탄소 포드 씨는 그 엔진으로 효율적이고 저렴한 자동차를 개발했지요. 당신의 자동차가 다른 자동차와 다른 점, 그리고 포드 자동차 회사가 다른 자동차 회사와 달랐던 이유는 뭘까요? 어떻게 그렇게 큰 성공을 거둘 수 있었습니까?

포드 먼저 가솔린, 그러니까 휘발유에 대해 설명할 필요가 있습니다. 록펠러 씨 말씀대로 내연기관에 들어가는 휘발유는 이름처럼 휘발성이 높아서 쉽게 폭발할 수 있어요. 그래서 정유 과정에서 나오는 휘발유는 그냥 폐기물로 버려지거나 헐값에 팔렸습니다. 그런데 내연기관이 개발되면서 모든 게 달라졌죠.

하지만 내연기관도, 제가 만든 엔진도 처음부터 성공적이었던 건 아닙니다. 독일의 엔지니어인 니콜라우스 오토(Nicolaus Otto)가

제1막 변론

1866년에 만든 2행정 기관, 즉 피스톤이 아래로 내려갈 때 공기 흡입과 압축이 일어나고, 올라갈 때 폭발과 배기가 일어나는 가스 엔진은 아주 크고 무겁고 연비도 낮았습니다. 10년 뒤에 만든 수평형 4행정 압축 엔진은 피스톤이 두 번 왕복하면서 흡입, 압축, 폭발, 배기가 이루어져 연비는 높고 배기가스량은 적었습니다. 하지만 여전히 무겁고 연료도 너무 많이 소모했죠.

1890년대가 되어서야 기술적 혁신이 축적되어 강력하고 효율적이고 안전한 엔진을 만들 수 있었습니다. 하지만 그때까지도 장인들이 소규모 작업장에서 자동차를 만들고 있어서 생산 대수도 적고 당연히 비쌀 수밖에 없었죠. 저는 일반 시민도 자신의 월급만으로 자동차를 살 수 있어야 한다고 생각했습니다. 그러기 위해서는 자동차 생산 비용을 낮춰야 했죠.

생산 비용을 떨어뜨리는 가장 핵심적인 방법은 이것입니다. 공정을 단순하게 만들고 기계화하라! 그러려면 자동차 디자인이 복잡해서는 안 됩니다. 또 한 가지 중요한 것은 가격을 낮추어 시장을 독점하는 겁니다. 쉽게 말해서 록펠러 씨의 방식을 자동차 업계에 적용한 거죠. 자동차의 디자인을 표준화하고 가격을 낮추고 유통을 독점한 것입니다.

그럼에도 불구하고 1908년에 내놓은 T형 포드의 가격을 825달러 밑으로 내리지는 못했어요. 여전히 비쌌죠. 그 이후 제조 설비를 자동화하면서 생산 비용을 더 낮출 수 있었고 1916년에는 자동찻값을 345달러까지 떨어뜨렸습니다. 1927년 이 모델이 단종되기 전 가격은 265달러였습니다. 하하, 대단한 성과였죠.

탄소 그러니까 누구나 자동차를 살 수 있도록 해서 판매량을 늘려 수익을 높이는 것이 포드 씨의 전략이었군요. 이를 위해 가격을 낮춰야 했고 그러려면 생산 비용을 떨어뜨려야 하니 자동차 디자인을 표준화함으로써 생산 공정을 단순화시키고 이를 통해 기계화와 자동화를 이뤘다는 말씀이네요. 그런데 포드 씨의 혁신 덕분에 자동차 운행 대수는 많이 늘어났겠지만 정작 그 자동차들이 다닐 도로가 갖춰진 도시는 별로 없지 않았나요?

포드 맞습니다. 자동차는 달리기 위해 존재하지요. 자동차가 속도를 높여 주행하려면 잘 포장된 도로가 필요합니다. 당연히 당시에는 그런 도로를 갖춘 도시가 거의 없었습니다. 자동차 소유자들과 제조업체, 석유와 타이어업계 로비스트들이 정부의 해당 부처를 설득하기 위해 나섰습니다. 그리고 정부로부터 수천억 달러 규모의 산업 보조금을 받아 도로를 건설했지요.

탄소 그러니까 자연스럽게 시간을 두고 도로가 생긴 것이 아니라 기업들의 요구에 부응해 정부가 국민의 세금으로 단기간에 대규모로 도로를 만들었다는 말이군요.

포드 그렇습니다. 그리고 도로가 뻗어 나가면서 도시도 뻗어 나갔고요. 도시가 발달하고 확장되면서 땅값이 계속 오르니 사람들은 더 저렴하고 넓은 주택을 찾아 도시 주변부로 빠져나갔죠. 그들을 위한 교외 주택도 개발되었습니다. 도로와 자동차가 거대 도시, 메트로폴리탄을 탄생시킨 것이죠. 사실 그 전에 이미 도시 확장은 진행되고 있었습니다. 전차가 도입되었을 때부터죠. 하지만 이 전차 시스템은 나중에 제너럴 모터스사에 의해 사라지죠. 전차 회사들을 하나하나

제1막 변론

매입해서 없애 버렸으니까요.

1920년대 중반이 되면 미국인의 5명 중 1명이 자동차를 소유하는 수준에 이릅니다. 거의 모든 가구가 자동차를 보유하게 된 거죠. 누구나 자동차를 가지면서 자동차로 통근하는 사람들을 위해 도로가 더 많이 필요해졌고, 뉴욕에서도 자동차 통근자들을 위한 다리와 간선도로를 건설해야 했지요. 자동차는 이제 도시 계획에서 가장 중요하게 고려할 사항이 되었습니다.

탄소 그렇다면 자동차가 다른 분야나 문화에도 크게 영향을 미쳤을 것 같네요. 현대 문명의 신경망 같은 존재가 됐다고 할 수 있을까요?

포드 바로 그렇습니다. 제 회사 포드 그리고 제너럴 모터스(GM)와 크라이슬러, 이렇게 빅3가 도시 생활 모든 것에 영향을 미쳤죠. 주식 시장, 금융, 노동 관련한 각종 기구들, 자동차 부품 제조, 연료, 그뿐만 아니라 자동차에 맞추어 지형과 생활양식도 변화시켰어요. 석유, 강철, 고무, 유리, 플라스틱 등 다른 거대 산업들의 이해관계까지 자동차 중심으로 재편시켰죠. 주유소, 정비 공장, 패스트푸드 체인점, 자동차 극장…… 모두 우리와 연결되었습니다.

탄소 자동차 공화국이라고 해도 되겠네요.

포드 정확한 표현입니다. 미국이 자동차 공화국이 된 데에는 주와 주를 잇는 고속도로 시스템의 역할이 가장 컸어요. 주간(州間) 고속도로 법이 통과되던 1956년 당시 미국 전체 예산이 약 700억 달러였고 그 중 고속도로 건설 비용으로 무려 250억 달러가 책정되었으니, 미국 역사상 가장 큰 공공사업이었다고 할 수 있겠지요.

탄소 아주 자랑스러우시겠습니다. 그런데 그 예산은 원래 철도로 가야 할 보조금을 뺏어 온 것 아닙니까?

포드 글쎄요. 그건 잘 모르겠네요. 보조금 책정은 정부가 하는 일이니까요. 사실 자동차는 기차와 매우 다릅니다. 자동차는 개인이 소유할 수 있고, 이는 미국인에게 단순히 탈것을 소유한다는 것 이상의 의미를 주었습니다. 어디든 갈 수 있는 편리성과 능력, 그리고 낭만을 주었죠. 자유와 프라이버시도 가질 수 있었습니다.

당시 미국 여성들은 남편이 출근한 후 직접 자동차를 운전해 아이들을 피아노 수업이나 야구 경기에 데리고 갈 수 있었고 자신도 자유롭게 시간을 쓰고 이동할 권리를 누리게 된 거죠. 자동차 소음이나 교통 체증, 공해나 식수 오염, 도로 건설로 인한 농지 감소, 심지어 이제는 지구데우기를 넘어 지구달구기까지, 자동차로 인한 문제들은 계속 나오고 있지만 이런 건 자동차가 주는 혜택에 비하면 사소한 것이라고 사람들은 생각할 겁니다.

탄소 포드 씨에게 드릴 질문은 여기까지입니다. 증언, 감사합니다.

포드 인류는 절대 자동차에서 못 벗어날 겁니다. 자동차보다 더 나은 탈것이 나오지 않는 한 말이죠.

포드, 퇴장하고 벅민스터 풀러가 등장해 증인석에 앉는다.

탄소 네, 이제 마지막 증인으로 벅민스터 풀러 씨를 모시겠습니다. 오래 기다리셨습니다. 풀러 씨는 엔지니어이자 건축가, 미래학자이며 '세계 에너지 지도(World Energy Map)'라는 새로운 개념의 지도를 제작한 바 있지요. 먼저 어떻게 이런 작업을 시도하게 되었는지 말씀해 주시면 감사하겠습니다.

풀러 우리가 얼마나 많은 에너지를 쓰고 있는지 체감할 수 있도록 하기 위해서 '에너지 노예(energy slave)'라는 개념을 만들었습니다. 그리고 소위 '문명 사회'를 유지하는 데 우리가 쓰고 있는 에너지양을 한눈에 알아볼 수 있도록 세계를 연결해 한 장의 지도로 만들었죠.

탄소 말씀대로 한눈에 잘 들어옵니다만, '세계 에너지 지도'와 '에너지 노예'에 대해 조금 더 자세히 설명해 주시겠어요?

풀러 인류의 안락하고 편리한 삶을 위해 봉사하는 '무생물 노예', 그러니까 '에너지 노예'가 얼마나 되는지 계산해 본 결과 1940년 당시 에너지 노예는 368억 5000만 명이었습니다. 당시 세계 인구가 21억 2500만 명이었으니까 1인당 에너지 노예를 약 17명씩 부렸다는 계산이 됩니다. 즉 사람 17명 몫의 일을 석탄, 석유 같은 에너지가 드는 기계로 했다는 뜻입니다.

또 한 가지 밝혀진 점은 이 에너지 노예를 전 세계인이 골고루 나눠 가지지 않았다는 사실입니다. 1940년 미국의 에너지 노예는 1인당 39명으로 세계 평균의 두 배를 훌쩍 넘습니다. 이 수치를 시계열(時系列: 어떤 측정값을 시간순으로 늘어놓은 것)로 비교해 보면 우리가 사용하는 에너지가 얼마나 빠른 속도로 증가하는지 알 수 있죠.

1810년으로 거슬러 올라가 볼까요? 당시 미국에는 100만 가구가 있었고 노예도 100만 명이 있었습니다. 한 가구가 노예 한 명을 데리고 있었던 셈이죠. 물론 이것은 평균값이니까 모든 가구에 노예가 있었다는 뜻은 아닙니다. 1810년과 1940년을 동일한 기준으로 비교하기 위해 한 가구를 기준으로 계산해 봅시다. 1940년 미국의 일반적인 한 가구의 구성원을 5명이라고 친다면 당시 미국에서 한 가구가 보유한 에너지 노예는 195명이 되고, 이는 1810년에 비해 195퍼센트 증가한 것이 됩니다.

저는 1950년에 다시 계산해 보았습니다. 그리고 그 결과를 '다이맥시온 지도'(68쪽 참고)라는, 제가 만든 신개념 지도에 표현했지요. 다이나믹(dynamic), 맥시멈(maximum), 텐션(tension)의 의미를 담아 만든 말입니다. 구형인 지구를 평면 지도로 만들면 각 지역의 면적이 극지방으로 갈수록 과소평가되고 적도로 갈수록 과대평가되는 문제가 발생하는데요, 이를 해결하기 위해 대륙의 크기가 실제와 비슷하도록 삼각형 조각 지도로 이어 붙여 왜곡을 줄인 겁니다. 그리고 지구 전체를 바다로 둘러싸인 하나의 육지로 표현함으로써 전 세계를 한눈에 볼 수 있도록 했지요. 자, 그럼 계산 결과를 볼까요? 1940년 이후 10년 만에 세계 에너지 노예는 1인당 17명에서 38명으로 2배 이상 늘었고 북미 지역이 전체 에너지 노예의 73퍼센트를 소유하고 있다는 걸 확인할 수 있습니다.

탄소 설명 감사합니다. 그런데 풀러 씨는 이 외에도 또 한 가지 흥미로운 계산을 하셨죠. 석유 1갤런(약 0.38리터)을 생산하는 데 드는 비용 말입니다.

풀러 제가 직접 계산한 것은 아닙니다. 그게 1969년이었을 겁니다. 석유 지질학자 장 프랑수아 드 샤데네데스(J. François de Chadenedes)에게 부탁했지요. 석유 생산 과정을 식물의 광합성부터 시작되는 것으로 보고 그 가격을 계산해 달라고요. 그러니까 여기 계신 피고 탄소가 석유가 되기까지의 비용을 계산하면 석유가 지금처럼 펑펑 쓸 수 있는 그런 저렴한 자원은 될 수 없으리라 예상했거든요. 광합성을 통해 식물이 자라고, 그것이 죽어서 수백만 년 동안 열과 압력을 받으며 천천히 변형되어 원유가 만들어지는 전체 과정을 모두 감안하면 석윳값이 도대체 얼마일까?

드 샤데네데스가 계산해 보니 석유 1갤런이 생산되는 데 100만 달러 이상이 든다는 결과가 나왔어요. 1981년 당시 미국 사람들이 타는 일반적인 자동차가 한 해 동안 약 300갤런(약 1140리터)의 석유를 썼으니, 환산하면 약 3억 달러에 달하는 가치죠. 자동차 한 대가 1년에 약 3억 달러를 쓰는 겁니다. 무엇을 위해 인류는 이토록 낭비하고 오염시키는 문명을 만든 것인지 묻고 싶습니다.

탄소 풀러 씨는 현재 지구달구기가 일으키는 기후위기가 화석연료나 이산화탄소 때문이라고 생각하십니까?

풀러 저는 문명 위기가 불러온 여러 가지 결과 중 하나가 지구 가열, 기후위기라고 말하고 싶습니다. 우리 인류는 '우주적 규모의 범죄'를 저지르고 있어요. 하나의 종(種)에 불과한 인류가 지구 곳곳을 정복하고 행성 전체의 시스템을 망가뜨리고 있으니까요. 안타깝고 화가 나지만 저도 인류의 한 일원이니 책임감과 동료애를 가지고 해결 방법을 찾아 보려고 했습니다.

그래서 지구 행성을 하나의 '우주선'이라고 본다면 이를 어떻게 하면 잘 운용할 수 있을까, 그 고민과 연구를 정리한 것이《우주선 지구호 사용설명서》라는 책입니다. 우리 인류가 사회적으로 평등하고 자연과 조화롭게 살려면 총체성을 회복해야 한다는 것이 이 책의 핵심 내용입니다. 각자 서로 다른 전문 분야에 매몰되어 어디서 무엇

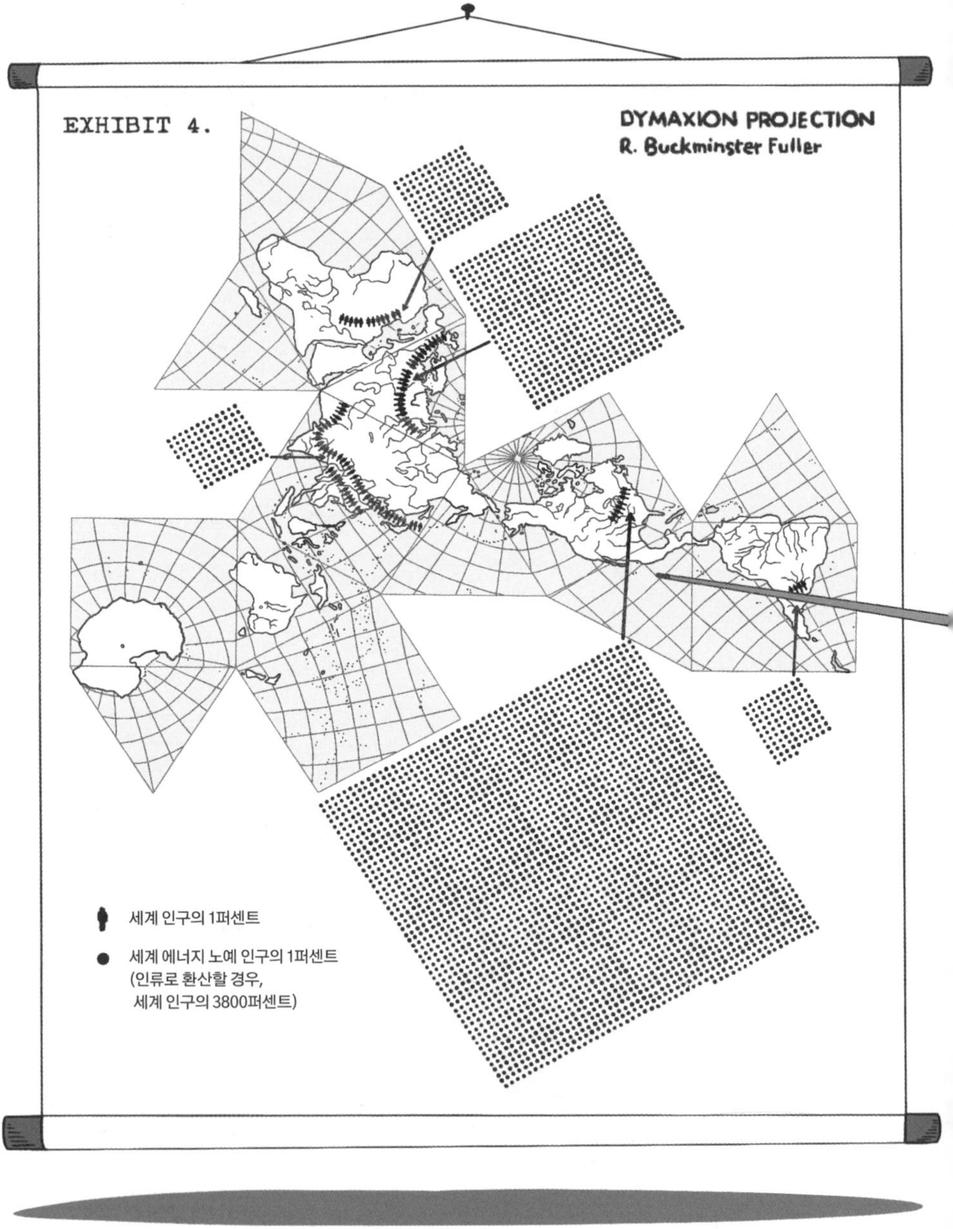

EXHIBIT 4.

DYMAXION PROJECTION
R. Buckminster Fuller

● 세계 인구의 1퍼센트

● 세계 에너지 노예 인구의 1퍼센트
(인류로 환산할 경우,
세계 인구의 3800퍼센트)

내가 디자인한 지도 다이맥시온입니다. 이 지도에 세계 에너지 노예가 얼마나 되는지 계산해 표시했습니다. 1940년 에너지 노예는 17명이었습니다. 그런데 10년 후인 1950년이 되면 2배 이상 증가해 38명이 됩니다. 한 사람이 부리는 기계 에너지 노예가 38명이라는 뜻입니다. 게다가 이 중 73퍼센트가 북미 지역에 몰려 있습니다. 여러분의 시대에 에너지 노예는 몇 명이나 될지, 여전히 지역적으로 편중되어 있을지 궁금하군요.

풀러의 세계 에너지 지도.

을 하는지, 어디로 가는지도 모르고 달려가서는 안 됩니다. 우리 인류가 전체를 볼 수 있는 눈을 가져야만 우주선 지구호를 잘 운영하면서 살아갈 수 있어요.

우리가 가지고 있는 진정한 부는 바로 우주선 지구호가 싣고 있는 생명입니다. 이 '대사적, 지적 재생 체계'는 태양으로부터 오는 자유 에너지와 달의 인력이라는 엄청난 수입을 이용해 성공적으로 작동해 왔습니다. 그런데 현재의 지구 가열 정도는 너무나 심각합니다. 가열 속도와 규모가 제가 그 책을 쓸 때는 상상도 못했던 수준입니다. 우리에게 주어진 시간이 많지 않지만 지름길은 없습니다. 우리 문명을 바꾸지 않으면 기후위기는 해결할 수 없습니다.

탄소 증언해 주셔서 감사합니다, 풀러 씨. (풀러, 퇴장하고 탄소, 무대 가운데 선다.) 풀러 씨는 현재 인류가 당면한 기후위기의 원인이 인류가 만들어 온 문명 때문이라고 말씀하시네요. 앞서 증인으로 모신 록펠러 씨와 포드 씨가 현재의 화석연료 문명 전부를 대변하거나 설명할 수는 없겠지만, 이들은 잘했든 못했든 맨 앞에 서서 하나의 문명을 만드는 데 일조한 사람들입니다. 스스로 가치 있다고 생각하는 것을 이루기 위해 평생을 바쳐 일한 사람들이지요. 하지만 안타깝게도 그들은 자신들의 영향력에 비해 인류 문명에 대한 통찰과 선견지명은 없었나 봅니다.

지구를 인류가 계속 살 만한 곳으로 만들기 위해서 인류는 지금 목표 연도를 정해 놓고 그때까지 저, 탄소를 얼마 만큼 줄이겠다 말들이 많습니다. 그런데 화석연료 기업들은 한 손으로는 재생 가능 에너지 개발 사업을 하면서 다른 한 손으로는 계속 석유와 가스를 채굴하고 심지어 엄청나게 많은 양의 이산화탄소를 발생시키는 새로운 채굴 프로젝트를 계획하고 있죠.

자동차는 또 어떻습니까? 도요타, 폭스바겐, 현대기아 등 세계적인 규모의 자동차 회사들은 앞으로도 휘발유차와 디젤차를 무려 4억 대 이상 생산한다는 계획을 세우고 있어요. 이들 차량이 제조되고 운행된다면 2015년 파리협정에서 합의한 1.5도, 아니 2도 이하로도 지구 기온 상승폭을 억제하지 못할 테지요.

여러분에게 다시 묻습니다. 지구달구기와 기후위기의 원인이 석유와 석탄, 그리고 여러분 앞에 선 저, 탄소입니까? 아니면 우리를 이용하는 자들입니까?

그런데 한 가지 궁금한 점이 있습니다. 지금의 기후위기가 현대 문명만의 문제일까요? 약 500년 전에 시작된 자본주의는 죄가 없습니까? 참고인으로도 증인으로도 출석 요구를 받지 않은 자본주의야말로 이 법정에 소환되어야 한다고 저는 주장하는 바입니다. 또한 인류의 기후위기를 해결하려는 마음이 진심인지 강한 의문을 제기하며 저의 무죄를 주장합니다. 이상 저의 변론을 마칩니다.

(제1막 끝)

제2막

유토피아로 간 베니스의 상인

등장인물

토머스 모어(Thomas More, 1478~1535) 《유토피아》의 지은이. 16세기 잉글랜
    드의 법률가, 정치가.
안토니오 베니스(베네치아의 영어명)의 상인.◇ 유대인 샤일록에게 자신의 상선
    (商船)을 담보로 돈을 빌려 친구 바사니오의 결혼 경비를 마련해 주었다가
    위기에 처했으나, 결과적으로는 더 큰 부자가 된다.
포셔 벨몬트의 막대한 유산 상속녀. 아버지의 유언에 따라 구혼자를 시험한다.
    안토니오가 빌려준 돈으로 구혼하러 온 바사니오가 시험에 통과하여 그와
    결혼한다.
바사니오, 로렌조 안토니오의 친구들.
샤일록 유대인 고리대금업자. 바사니오에게 돈을 빌려주고, 못 갚을 시 보증을
    선 안토니오의 가슴살 1파운드를 가지겠다는 계약을 했다가 자신이 더 큰 어
    려움에 처한다.
제시카 샤일록의 딸. 안토니오의 친구 로렌조와 결혼한다.
론슬롯 안토니오의 하인.
레오나르도 바사니오의 하인.

제1장
신세계에서 돌아온 안토니오

때는 1599년. 장소는 베니스, 바사니오와 포셔의 집. 포셔가 두 손을 맞잡고 불안한 기색으로 정원을 서성이고 있다. 이때 무대 한쪽에서 바사니오가 등장한다.

포셔 바사니오 님, 이른 아침부터 부두에 다녀오셨군요. 오늘은 무슨 소식이라도 있었나요? 이렇게 바람 좋은 날이면 안토니오 님의 배가 이 바람을 한가득 받아 불룩해진 돛을 세우고 금방이라도 돌아오실 것만 같아요.

바사니오 아, 포셔. 안토니오는 나를, 나는 당신을 기다리게 하는구려. 하지만 매일 부두에 나가 보지 않을 수가 없어요. 이 베니스의 부두에는 전 세계를 돌아다니는 상선이 매일 오가니 말이오. 그들이 싣고 오는 면화, 비단과 모직물, 소금, 향신료, 금은과 설탕 같은 선적물 틈에 안토니오의 소식이 밀항자처럼 섞여 있을지도 모르니 단 한 척의 배도, 단 한 사람의 뱃사람도 그냥 보낼 수가 없어요.

포셔 바사니오 님, 그 무슨 섭섭한 말씀이세요. 안토니오 님은 저의 친구이기도 하니 바사니오 님 만큼이나 저도 안토니오 님의 소식이 궁금하답니다. 어서 그분이 오셔서 모두 함께 한자리에 앉아 신세계에 관한 이야기를 나눌 수 있으면 좋겠어요.

바사니오 그래요. 그러고 보니 안토니오의 목숨을 구한 사람이 바로 포셔 당신이지. 당신이 아니었다면 우리가 결혼한 바로 다음 날 그 잔악한 샤일록 손에 안토니오가 이 세상에서의 역할을 끝낼 뻔하지 않았소. 하지만 안토니오가 신세계로 떠나 지금까지 돌아오지 않고 있는 것도 바로 그 일 때문이니 이 세상은 정말 운명의 여신 손바닥 위에서 놀아나는 것 같소.

포셔 오, 바사니오 님, 너무 걱정하지 마세요. 안토니오 님이 떠난 지 이제 겨우 4년이 조금 넘었을 뿐인 걸요. 가고 오는 뱃길만 해도 1년이고, 아프리카와 대서양의 섬들에도 들른다고 했잖아요. 틀림없이 아메리카 대륙의 산물을 한가득 싣고 돌아올 거예요. 아니면, 그곳에서 아름다운 여인을 만나 결혼해 정착했을 수도 있지 않을까요?

바사니오 그렇군! 포셔, 당신의 넓은 시야와 깊은 통찰은 저 먼 대륙까지 닿는구려. 하지만 그렇게 험한 야만의 세계에 안토니오의 마음을 훔칠 아름답고 현명한 여인이 있을지는 의문이군요. 지중해 교역만으로도 큰 부자가 될 수 있었던 옛날이 그립구려.

레오나르도, 헉헉대며 뛰어 들어온다.

레오나르도 주인님, 바사니오 주인님! 포셔 마님!

바사니오 레오나르도, 자네가 그렇게 나를 애타게 부를 때마다 자네가 안토니오의 소식을 들고 왔을지 모른다는 기대를 품게 되네. 그 기대는 지난 몇 년간 늘 허물어졌지. 내 가슴도 꼭 그만큼 허물어지고 있으니 제발 그렇게 애타게 부르며 달려오지 좀 말게나.

레오나르도 (헉헉대며 큰 소리로) 주인님, 바로 그 소식입니다! 안토니오 님이 돌아왔어요! 안토니오 님이 돌아오셨다고요!

바사니오 뭐라고? 안토니오가 뭐라고!

레오나르도 (여전히 헉헉대며 큰 소리로) 돌아오셨다고요! 지금 댁에 계신 걸 제 두 눈으로 똑똑히 보고 왔어요. 짙게 그은 피부, 초롱초롱하고 맑은 눈에 더 건장한 몸으로 돌아오셨어요. 안토니오 님이 저를 부르지 않으셨다면 못 알아볼 뻔했다니까요. 안토니오 님은 당장 이리로 오고 싶지만 처리해야 할 일이 너무 많아 집을 떠날 수가 없으니 바사니오 님과 포셔 님, 그리고 다른 친구분들을 모두 모셔 오라고 하셨습니다요!

바사니오 아, 이렇게 놀라울 데가! 당장 안토니오 집으로 갑시다, 포셔!

바사니오와 포셔가 안토니오의 집을 향해 급히 나간다. 모두 퇴장. 무대가 어두워졌다가 잠시 후 밝으면 안토니오의 집 정원이다. 안토니오, 바사니오와 포셔, 로렌조와 제시카가 정원의 테이블에서 차를 마시며 여행 이야기를 나누고 있다. 안토니오는 건강해 보이지만 표정이 어둡다.

바사니오 안토니오, 자네 표정만 보면 선적물을 다 잃어버리고 망해서 돌아온 줄 알겠네. 대성공을 한 사람 같지 않아. 얘기를 하다가도 순식간에 우울한 표정으로 먼 곳을 바라보니, 신대륙에 아내라도 남겨두고 온 건가?

안토니오 사업이 잘 안됐다고는 절대 말할 수 없을 걸세. 그리고 아내를 두고 오진 않았네. 물론 결혼도 하지 않았고.

바사니오 큰 성공을 이루고도 겸손하군. 자네가 실어 온 상품들을 보니 대서양 무역◇에 베니스도 합류해 과거의 영광을 다시 찾을 수 있겠다는 생각이 드네. 우리도 안토니오가 가져온 정보를 얻어 이 대단한 기회를 잡아야 할 것 같은데! 그런데 왜 그렇게 오래 걸렸나? 보통 길어도 3년이면 될 텐데 자네는 1년을 더 썼지 않나. 시간이 길어질수록 수익률이 낮아질 텐데 오래 걸린 이유가 뭔가?

안토니오 브라질에서 설탕 농장을 한번 운영해 보느라 시간이 좀 걸렸네. 가는 길에 큰 폭풍을 만나 표류하기도 했었고. (잠시 말을 멈추고 생각에 잠겼다가) 그런데 자네들 토머스 모어를 알고 있겠지?

로렌조 토머스 모어? 아, 그《유토피아》◇라는 신기한 책으로 유명한 분이 아닌가. 잉글랜드의 대법관을 지내기도 했다지. 왕의 말을 거슬러 런던탑에 갇혔다가 참수되었다고 들었네.

안토니오 모두 그렇게 알고 있지. 그런데 말이네…… 친구들, 내가 이번 여행 중에 그분을 만났네.

로렌조 그게 지금 무슨 소린가? 죽은 이를 만났다니? 자네 황천길이라도 다녀왔는가?

바사니오 이 친구 말이 심하군. 여행길이 힘들어서 잠시 정신이 좀 없는 게지. 도대체 어디서 누구를 만났길래 그런 소리를 하는가, 안토니오? 그분의 자제라도 만난 건가? 난데없이 토머스 모어라니? 자세히 좀 얘기해 보게.

안토니오 친구들, 나는 신대륙으로 바로 가지 않았네. 아메리카 대륙으로 가는 중간 기착지이기도 하고, 농장 사업이 가능할지 먼저 타진

《유토피아》에 실린 암브로시우스 홀바인의 목판화로, 이야기 속에 서술된 유토피아 섬을 묘사하고 있다. 그림의 아래 왼쪽에 실제 작품에 등장하는 인물 라파엘이 모어에게 유토피아 섬에 관해 설명하는 모습이 보인다.

해 보느라 마데이라 섬부터 들렀지. 해 볼 만하면 아메리카까지 갈 것도 없으니까 말일세.

포셔 아, 숲의 섬, '일랴 다 마데이라'에 가셨군요! 이름처럼 숲이 많고 아름다운 곳이던가요?

안토니오 아니요, 예전에는 숲이 많았는데 지금은 대부분 포도 농장이었습니다.

친구들, 바다는 정말 험하더군. 첫 항해에서 엄청난 폭풍을 만나 말로만 듣던 표류를 했다네. 마데이라에서 항해에 필요한 물과 식료품, 장비만 챙겨 대서양 쪽 중앙아프리카로 향하던 중에 그랬지. 배가 부서질 것 같아 너무 걱정되어 선장에게 조심스럽게 우려 섞인 말을 했더니, 그 뱃사람은 껄껄껄 웃으며 이 정도는 눈 감고도 헤쳐 나갈 수 있으니 나더러 선실에 가서 잠이나 자라고 하더군. 방해만 된다고 말일세.

하지만 폭풍은 점점 거세졌어. 나는 내 모든 것을 건 배가 난파될까 노심초사했지. 제시카와 로렌조의 유산과 내 전 재산을 건 항해였으니까. 나는 선원들이 잘 대비하고 있는지 확인하며 배 이곳저곳을 돌아다녔네. 그러다 뭔가에 머리를 부딪히는 바람에 진짜로 잠이 들어 버렸지.

로렌조 역시! 그때 머리를 크게 다친 게로군. 지금은 괜찮은가?

안토니오 친구, 난 멀쩡해. 선원들 말로는 내가 다음 날 낮까지 정신을 잃었다고 했지만 다치진 않았어. 깨어나 보니 우리는 방향을 잃고 표류하고 있었지. 선원들은 부서진 배를 손보느라 정신이 없었어. 두터운 담요 같은 구름이 내내 하늘을 뒤덮고 별도 뜨지 않았다네.

우리는 방향을 잡을 수 없어 거의 일주일 동안 표류할 수밖에 없었어. 날이 개어 별을 볼 수 있을 때까지 마냥 기다려야만 했지. 그러던 어느 날 아름다운 섬을 발견했네. 사실 우리가 발견했다기보다는 섬 사람들이 우리를 발견했다고 해야 할 걸세. 침략자가 아니라 단순히 조난한 상선인 것을 확인하자 만 안쪽으로 우리를 안내했네. 만약 우리가 함부로 들어갔더라면 폭풍도 피한 우리의 운이 아무 소용이 없었을 거라고 하더군. 섬 주변이 온통 암초라 길을 모른 채 들어왔으면 배가 박살 났을 거라는 말을 듣고 모두 가슴을 쓸어내렸지.

바사니오 그곳이 도대체 어디였나, 안토니오? 어서 말해 보게, 궁금해 견딜 수가 없구먼.

안토니오 나는 그곳이 대서양 한가운데 있는 잘 알려진 섬이라고 생각했네. 크고 아름다운 등대, 잔잔한 만, 아름다운 배들이 부두에 가득했어. 나는 "여기가 도대체 무슨 섬이오?" 하고 물었지. 그러자 그 사람들은 오히려 "어디서 오셨나요?" 하고 내게 되묻더군. 나는 그들에게 우리가 누구인지 어디서 왔는지 모두 말해 주었네. 선주(船主)인 나는 이탈리아 베니스의 상인이고 아프리카를 거쳐 아메리카 대륙으로 가려던 길에 큰 폭풍을 만나 표류 중이었다고 말일세. 여기가 어디인지 알려 주고 떠날 수 있게 도와 달라고 부탁했네. 그랬더니 그들은 잠시 서로 의논하더니, 아무 말 없이 나와 선장을 작고 소박한 어느 집으로 데려가더군.

포셔 어머나, 혹시 그곳이 토머스 모어 님의 집이었단 말씀인가요? 그 섬은 유토피아고요?

안토니오 바로 그렇습니다, 아름답고 지혜로우신 포셔 님. 체구가 작은 백발노인이 정원의 텃밭을 돌보고 있었는데, 바로 그분이 토머스 모어 님이셨죠. 물론 처음에는 마을 촌장쯤 되나 보다 했어요. 그분과 한참 얘기한 후에야 알게 되었고, 진짜 모어 님이라는 사실을 인정할 수밖에 없었습니다. 어깨가 좀 구부러지고 노쇠해 보였지만 저를 바라보는 날카롭지만 따스한 눈빛은 그곳의 바다처럼 맑고 조금의 흔들림도 없었답니다. 나중에 계산을 해 보니 연세가 백 살 하고도 스무 해가 다 되어 가시더군요.

바사니오 자네, 지금《유토피아》책에 나오는 그 '유토피아'를 말하는 건가? 심지어 그 책을 쓴 토머스 모어 님을 만났고?

안토니오 그렇다네, 바사니오. 유토피아는 '어디에도 없는 곳'이 아니었어. 너무나 아름답고 평화로워서 영원히 그곳에 살고 싶단 마음이 들었다네. 하지만 제시카와 로렌조에게 진 빚이 떠올라 곧바로 그런 생각을 접었지. 샤일록에게도 하고 싶은 말이 있었는데…….

제시카 빚이라뇨, 우리는 안토니오 님이 돌아오신 것만으로 충분해요. 그리고 아버지는 이미 3년 전에 돌아가셨어요. 부디 아버지가 그곳에서는 사람들에게 좀 친절하고 돈만 밝히지 않아야 할 텐데…….

안토니오 고맙습니다, 제시카 님. 아버님은 그곳이 어디든 편히 지내고 계실 거예요. 두 분이 받아야 할 유산으로 더 큰 부를 일궈 돌려드릴 수 있어 저는 한시름 놓았을 뿐입니다.

포셔 안토니오 님, 유토피아에서 무슨 일이 있었나요? 제 마음이 왜 이렇게 불안한지 모르겠습니다.

안토니오 유토피아에서는 잘 지냈습니다. 그곳은 너무나 아름답고 평화로운 지상의 낙원이었어요. 원래도 좋았지만 모어 님이 온 후로 더 평등하고 평화롭고 먹을 것이 넘치는 아름다운 곳이 되었다더군요. 제가 그분의 권유를 따르지 않고 그곳을 떠나 신세계로 향한 것이 비극의 출발이었지요.

로렌조 비극이라니? 자네, 틀림없이 무슨 일이 있긴 있었군. 무슨 나쁜 짓을 저지른 건가? 아니면 안 좋은 일을 겪은 건가?

안토니오 로렌조, 대서양 무역으로 돈을 버는 자들은 모두 죄를 짓고 있네. 신세계에서 벌어지는 일을 내 두 눈으로 본 이상 그렇게 말할 수밖에 없어. 모어 님이 내게 그런 사실을 미리 알려 주었지만 나는 그분의 말에 개의치 않고 신대륙으로 향했지. 그리고 그곳에서 한쪽 눈은 감고, 한쪽 눈은 반만 뜬 채 그곳의 유럽인들과 똑같이 노예를 사고팔며 설탕 농장을 운영했지. 그렇게 번 돈으로 이문이 많이 남을, 유럽인들이 좋아할 것들을 배 한가득 싣고 돌아온 것이네.

떠나기 전까지 나는 그분을 매일 만나 유토피아에 대해 이야기를 나누었다네. 유럽 소식을 전했더니 깊은 한숨을 쉬며 그래도 고향 소식을 들으니 좋다고 하시더군. 그런데 놀랍게도 그분은 세상이 어떻게 돌아가고 있는지 나보다 더 잘 알고 계셨어. 그렇게 한 달이라는 시간이 순식간에 지나가 버렸고 배 수리도 마쳤네. 더 이상 머무를 이유가 없었지. 그런데 떠날 날을 앞둔 어느 날, 그분께 갔다가 심각한 이야기를 나누게 되었다네.

안토니오, 유토피아에서의 일을 생각하는 듯 허공을 바라본다. 무대가 암전된다.

제2장
토머스 모어와 베니스의 상인

조명이 밝으면 무대는 토머스 모어의 집 정원이다. 무대 한쪽에 텃밭이 보이고, 가운데에는 정원 테이블이 있다. 안토니오와 모어가 의자에 앉아 마주 보며 대화한다.

안토니오 모어 선생님, 제가 이곳에서 지낸 지도 한 달이 다 되어 갑니다. 이제 배도 다 고쳤으니 출발해야겠습니다. 그런데 떠나기 전에 몇 가지 여쭙고 싶습니다.

모어 무엇이든 물어보게. 단, 유토피아에 대해서는 그만 물어보게. 내 책《유토피아》에 다 적어 두었으니 그 책을 다시 꼼꼼히 읽어 보게. 내가 와서 지내 보니 라파엘 님의 이야기 중 어느 것도 사실과 다른 내용이 없었네.

안토니오 알겠습니다. 그런데 모어 선생님은 왜, 아니 어떻게 이곳에 계신 겁니까? 아니 그 전에, 어떻게 영국에서 탈출하신 건가요? 저희는 모두 선생님이 반역죄로 런던탑에 갔혔다가 결국…….

모어 헨리 8세의 명령으로 내 목이 잘렸다지? 나를 놓쳤다는 사실을 사람들이 모르길 바랐겠지. 나는 붙잡히지 않았네. 물론 런던탑에 갇힌 적도 없어.

안토니오 아니, 그렇다면 알려진 사실이 모두 거짓이라는 말씀인가요?

모어 내가 먼저 행동하지 않았다면 그렇게 됐겠지. 나는 왕의 무도한 탄압과 법 집행을 가만히 앉아서 따를 생각이 조금도 없었네. 왕의 뜻을 거스르겠다고 결심하자마자 나는 바로 가족들을 데리고 런던을 벗어나 안트베르펜으로 갔어. 당시 그 도시의 시장 비서였던 나의 친구 페터 힐레스의 도움을 받을 수 있으리라 기대했기 때문이지. 그곳에서 숨어 지내면서 탐험가인 라파엘 히틀로다이오에게 연통을 넣고 답이 오기를 기다렸지.

안토니오 라파엘 히틀로다이오라면 이곳 '유토피아' 이야기를 전해 주었고 선생님의 책에도 등장하는 그분이군요!

모어 그렇다네. 그분이 유토피아에 계신다는 얘기가 있었거든. 그때 내가 갈 곳은 '어디에도 없는 곳' 말고는 없었어. 이 집도 그분이 지내시던 곳이라네.

안토니오 선생님이 돌아가시고, 아니 돌아가신 것으로 알려지고 난 뒤 《유토피아》는 더 유명해져서 양식 있는 사람은 누구나 그 책을 구해 읽었지요. 그저 영국의 정치, 경제, 종교를 비판하고 이상적인 국가의 모습을 제안하기 위해 지어낸 가상의 이야기인 줄로만 알았는데 이렇게 실제로 존재하다니 너무나 놀라워요.

모어 나는 사람들이 내 이야기를 진지하게 받아들여 주기를 원했지만 한편으로는 꾸며 낸 이야기로 알길 바라는 마음도 있었어. 그래야 유토피아가 안전할 수 있으니까. 자, 이제 내가 자네에게 물을 차례네. 그 전에 자네, 이 길로 그냥 유럽으로 다시 돌아가는 건 어떤가? 이곳이 좋다면 눌러살아도 좋아. 내가 정착할 수 있도록 돕지.

안토니오 네? 아메리카에 가지 말라고요? 선생님, 저는 장사꾼입니다. 사실 이번 배에 거의 전부를 걸었고, 친구가 저를 믿고 맡긴 유산도 이번 탐험에 투자했어요. 아메리카의 설탕, 면화나 담배로 이 배를 가득 채우지 못하고 빈손으로 돌아간다면 저는 파산입니다.

모어 흠…… 그렇다면 안토니오, 한 가지 더 물어보세. 자네는 젊네. 그리고 이번에 죽을 뻔했고, 지금 유토피아에 있지. 자네가 왜 지금 이곳에 있는지 깊이 생각해 보았나?

안토니오 지금 왜 이곳에 있냐고요? 이상한 질문을 하시네요. 저는 이 섬의 존재도 몰랐고 올 계획도 없었습니다. 부를 찾아 이 배를 탔고 폭풍을 만나 우연히 이곳에 온 것입니다. 그리고 전혀 예상치 못하게 상상의 세계로만 알고 있던 '유토피아'를 제 눈으로 보게 된 것, 선생님을 만난 것을 기쁘게 생각할 뿐입니다. 저희의 목숨을 구한 것도 너무나 감사한 일인데 유럽 최고의 인문주의자셨던 선생님까지 만나게 되니 제게는 이번 탐험의 성과가 너무나 큽니다.

모어 내가 궁금한 것은, 애초에 이 넓고 위험한 대서양으로 뛰어든 이유가 무엇인가 하는 것이네. 한번 말해 볼 수 있겠나?

안토니오 이미 말씀드린 바와 같이 저는 신대륙으로 무역을 하러 가던 중이었습니다. 예전에는 그저 상선을 운영하기만 했지요. 리비아의 트리폴리스, 서인도 제도와 멕시코, 영국 등 여러 곳으로 상선을 보냈었는데, 이제는 베니스도 예전 같지 않아서 고전 중이었습니다. 그러던 중 마침 큰돈이 생겨서 아메리카 대륙의 설탕과 면화 사업을 직접 해보려고 뛰어든 것입니다. 대서양 무역이 성장하면서 지중해에 가만히 앉아서는 충분한 이익을 낼 수가…….

모어 안 되겠구먼. 내가 얘기를 좀 해 줌세. 자네 같은 사람들이 엄청난 시간을 들여 위험한 대서양을 건너고 금은, 향신료와 면화, 양모, 설탕과 노예를 사고파는 일을 하게 된 근본적인 이유를 묻고 있는 것이네. 이 일에는 엄청난 돈이 들지. 돈이 있다고 해서 누구나 할 수 있는 일도 아니야. 자네 같은 청년이 이런 일에 뛰어든 용기는 가상하게 생각하네. 자네 혹시 스페인 왕이 제노바의 은행가들에게서 빌린 돈이 얼마인지 아는가?

안토니오 글쎄요, 모릅니다.

모어 그래, 자네가 상상할 수 없을 만큼이지. 지금은 더 어마어마한 규모가 됐을 걸세. 북아메리카로 콜럼버스를 보냈던 이사벨 1세의 손자 카를 5세는 제노바 금융가들의 돈으로 프랑스와 전쟁을 치렀고, 결국 아들 펠리페 2세가 이어받은 바로 다음 해에 파산해 버렸지. 아메리카에서 캐낸 금과 은에서 그의 몫 10년치에 해당하는 돈이 그 전쟁에 들어갔어. 그게 끝이 아니야. 1556년에는 3000만 더컷◇을 더 빌렸고, 1575년에는 6000만 더컷을 또 빌렸어. 자네가 친구의 결혼 자금을 마련해 주느라 베니스의 유대인에게 빌렸다는 돈이 얼마라고 했지?

안토니오 저, 그게 3000더컷이었습니다. 소형 상선 하나 정도는 살 수 있는 돈이지요.

모어 그래, 그것도 적은 돈은 아니지. 그런데 전쟁을 치르고 탐욕을 채우는 데에 들어가는 돈은 한계가 없어. 대서양 무역은 원금을 회수하는 데까지 많은 시간이 걸리고 위험 부담도 아주 크지만 막대한 수익을 가져다주기도 하지. 그래서 제노바의 금융가들이 꼬박꼬박

돈을 빌려주는 거라네. 왕은 정기적이고 지속적으로 지출할 돈이 필요한 반면 금융가들은 언제든 돈만 많이 들어오면 되기 때문에 서로 거래가 이루어질 수 있는 거야.

안토니오 제노바 금융가들이 정치, 군사 문제에 간섭할 걸 알면서도 스페인 정부는 그들의 막대한 돈을 거부할 수 없는 거군요.

모어 돈과 권력, 서로 필요한 것을 갖고 있으니 거래를 하는 거야. 아메리카 대륙에서 흑인 노예의 노동으로 싼값에 생산하는 설탕과 면화, 담배는 유럽의 권력자들에게 엄청난 자본을 만들어 주었어. 남아메리카에서 캐내는 은은 또 어떤가. 그 돈으로 세계 각지의 물자를 사고팔아 막대한 이득을 얻고 그걸 다시 투자금으로 활용해 자신의 권력과 부를 유지하고 성장시키고 있어.

안토니오 그런데 선생님은 이런 외딴섬에서 유럽 소식을 어찌 그리 소상히 아십니까?

모어 유럽만이 아니네. 이곳 유토피아에서는 지난 수백 년 동안 세계 각지에 믿을 만한 사람들을 보내 어디서 무슨 일이 일어나고 있는지 파악해 왔네. 대서양의 작은 섬들과 카리브 해의 섬들이 어떻게 파괴되고 많은 섬 사람과 아프리카 사람이 어떻게 노예가 되어 팔려 나갔는지 우리는 너무나 잘 알고 있어. 게다가 '행복의 섬(Fortunate Isles; Isles of Blessed)'이 겪은 비극이 이곳에서도 벌어질지 모르니 잠시도 마음을 놓을 수가 없네.

안토니오 '행복의 섬'이라뇨?

모어 자네가 오는 길에 들렀던 마데이라 같은 섬들을 말하네. 마데이라, 아조레스, 카나리아 같은 작은 섬들은 고대 로마 시대를 지나 중세

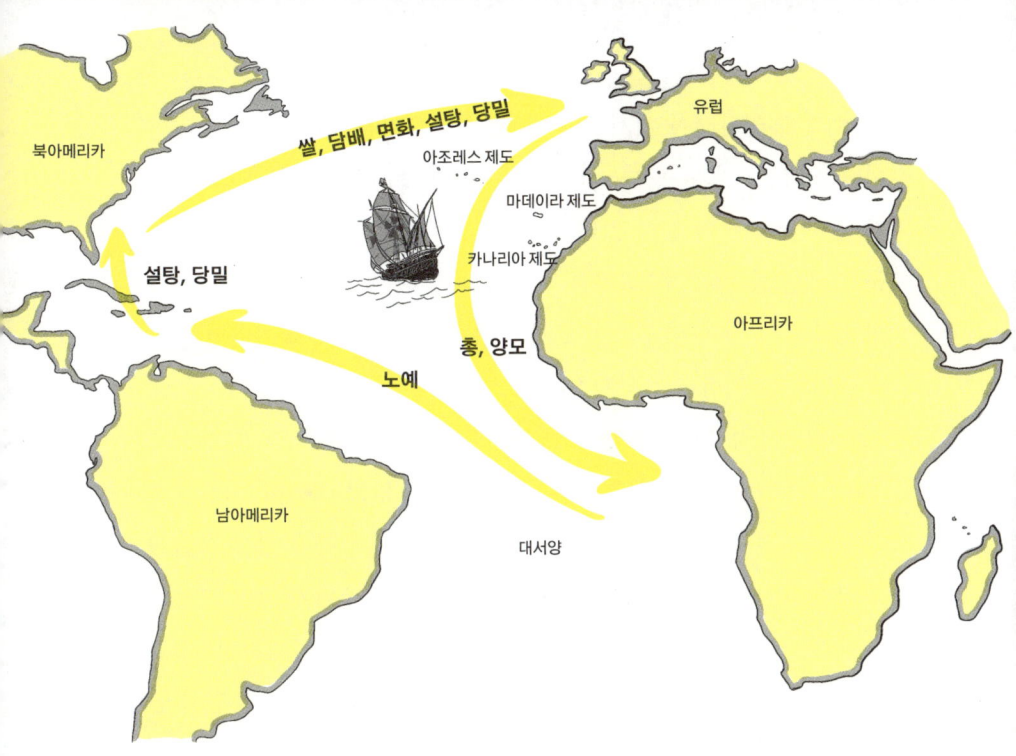

대서양을 사이에 두고 이뤄지는 물자 교역이 삼각형을 이루고 있어 삼각무역이라고 한다. 가장 먼저 유럽의 무기와 양모를 아프리카에 팔아 노예를 산다. 아프리카 노예를 아메리카 대륙까지 데려가 대규모 농장에 팔고 설탕, 당밀과 담배, 쌀, 면화와 바꿔 다시 유럽으로 돌아온다. 유럽인들이 아프리카로 향하던 길목에 있는 행복의 섬들은 대서양 무역 초기의 전초기지 구실을 했다.

에 들어오면서 사람들로부터 잊혔어. 바닷길이 끊어지면서 전설의 섬이 되어 버린 거지. 서쪽으로 끝까지 가면 영원히 행복할 수 있는 전설의 섬이 있는데 고결한 삶을 살았던 사람들이 죽으면 가는 곳이라고 유럽 사람들은 믿었었지. 지금은 비극의 섬이 되어 버렸지만. 유럽인들이 대서양을 건너 아메리카 대륙으로 넘어간 것은 내가 영국을 떠나기 전에 이미 시작된 일이었네.《유토피아》에서 비판했듯

이 토지에 울타리를 쳐서 농민의 땅과 공유지를 빼앗을 때부터, 아니 그 이전에 왕과 귀족들이 농민과 평민을 두려워하기 시작하면서부터 비극의 싹이 텄다고 나는 보고 있어. 자네는 장사꾼이니 십자군 역사는 좀 알겠지? 십자군 전쟁이 막을 내리고 나서 유럽 나라들의 농업 생산량과 인구가 빠르게 증가하고 교역량도 늘어나면서 장사꾼들의 새 세상이 열리지 않았나.

그런데 역사적으로도 유명한 1315년 5월, 유럽의 전 지역에 집중 호우가 내렸지. 이 비는 무려 석 달이나 멈추지 않고 내렸어. 사람들은 신이 노했기 때문이라고 생각했지만, 어딘가에서 큰 화산이 폭발했기 때문일 수도 있지. 여하튼 비가 그치자 이른 추위가 닥쳤고 당연히 작황은 보잘것없었네. 그다음 해에도 상황은 마찬가지였지. 그 후로 작물 생산량은 계속 줄어들었고 대기근과 감염병이 돌면서 인구가 크게 줄었지.

안토니오 그 후로 대기근이 닥친 것은 저도 알고 있습니다. 전 유럽이 힘든 시기를 보냈다고 하더군요.

모어 농사가 계속 실패하면서 비극은 지금도 계속되고 있네. 땅은 이미 척박해졌고 식량이 부족하니 사람들이 병들고 죽어 나갈 수밖에. 결국 지배층이 토지에서 별로 얻을 게 없는 상황이 되어 버렸지. 생산량이 적으니 농업에 다시 투자할 수도 없고, 영주와 귀족은 농민을 더 억압했지만 과거로 돌아갈 수는 없었네. 1300년대 초반부터 유럽 전역에서 평민들이 왕과 영주, 귀족에게 저항하고 있었거든.

내가 헨리 8세의 명으로 양모 교역 분쟁을 해결하러 갔던 플랑드르에서도 이미 1323년에 농노들과 노동자들이 무장봉기를 했던 역사

제2막 유토피아로 간 베니스의 상인

〈눈 속의 사냥꾼〉(피터르 브뤼헐, 1565). 이 그림이 그려진 1565년은 14~19세기까지 이어졌던 유럽의 소빙기 중 가장 추웠던 시기에 속한다. 당시 혹독한 겨울과 그러한 환경에서 이루어졌던 일상생활의 모습이 섬세하게 담겨 있다.

가 있었네. 무려 5년간 지속되다가 결국 귀족들에 패배했지. 브뤼헤, 겐트, 피렌체, 리에주, 파리 등 유럽 전역에서 이런 저항이 1400년대 중반까지 이어졌고 결국 유럽 주요 도시에서 농노제가 폐지되었네.

안토니오 저로서는 믿기 어려운 이야기네요. 농노제의 시대적 효용이 다해서 폐기된 것이 아니었습니까? 양모 산업이 발달하면서 노동자가 필요해졌고 그래서 농민들이 도시의 공장으로 옮겨간 것이라고 알고 있었어요. 게다가 영주들의 폭압적인 통치도 시대에 뒤떨어지는 체제였고요.

모어 대부분 그렇게 알지만 순서가 달라. 영주와 귀족들이 토지를 통제하고 농노들은 그들에게 지대와 세금을 내며 보수 없는 노동까지 해야 했던, 비참하기 그지없는 중세 봉건제를 역사의 뒤안길로 밀어낸 것은 농노와 노동자였네. 엄청난 희생을 치르고서 말일세.

그런데 마침 바로 그 시기에 페스트가 휩쓸면서 유럽 인구의 3분의 1이 사라지자 누구도 예상하지 못했던 일이 일어났네. 영주와 귀족을 위해 일할 사람이 귀해진 거야. 인력은 부족하고 휴경지가 늘어나면서 갑자기 농노와 노동자의 목소리가 커진 거지. 낮은 지대, 높은 임금을 요구할 수 있는 힘, 바로 교섭력이 생긴 거야.

안토니오 그래서는 농지도 공장도 운영하기가 상당히 어려울 텐데요? 왕과 영주들은 그런 상황을 받아들이기 힘들었겠어요.

모어 잘 아는군. 그들은 엄청난 위협을 느꼈지. 지배층은 정치·경제 질서의 토대가 흔들리고 뒤집힐 수도 있겠다는 두려움을 가지게 됐을 거야. 14세기 잉글랜드의 성직자 존 볼(John Ball)은 이런 농민 봉기에서 두드러진 역할을 했고 이후 사람들에게 큰 영향을 끼쳤지. 그는 농민들에게 노예의 굴레를 벗고 자유를 찾을 때라고 주장하기까지 했어. 결국 유럽 전반에서 농노제는 거의 폐지되었네.

안토니오 그렇다면 지금 땅에 사람이 아니라 양이 있는 이유는 무엇인가요? 농민들이 땅을 되찾아 농사를 짓고 있어야 하는 것 아닌가요?

모어 역설적이지만 봉기가 성공했기 때문이야. 개별 봉기 하나하나는 무참하게 진압됐지만, 역사적으로 볼 때 그들의 목적 일부는 달성됐네. 자유를 획득한 농민들은 목초지와 숲, 수로 같은 공유지(commons)에서 자유롭게 농사를 지었지. 임금은 올랐고 지대는 낮아졌고 노동 시간도 줄었지. 그런데 왕이나 영주, 귀족이 가만히 있었겠나? 복종해야 할 농민과 노동자 주제에 자유라니. 하지만 그들

제2막 유토피아로 간 베니스의 상인

은 자유농민이 된 사람을 다시 노예로 만들려는, 그런 불가능한 일을 시도하진 않았어. 대신 자신들이 가진 법과 권력을 이용해 농민들을 땅에서 쫓아내는 방법을 사용했지. 땅에 울타리를 둘러쳐 왕과 귀족의 소유물로 바꿔 버린 거야. 농민이 사용하던 땅을 뺏고 작물을 불태우고, 공유지로 사용하던 숲과 수로와 방목지를 사유화해 농민들은 아예 접근조차 못 하게 했지. 이것이 바로 울타리 치기, 즉 인클로저(enclosure)라네.

그들은 땅을 가로채려고 가톨릭 수도원마저 해체시켰어. 수도원 소유의 토지를 귀족들이 사들이고 그곳에 살던 농민들은 쫓아내 버린 거지. 양을 기르는 목초지에는 양치기 한둘만 있으면 되기 때문에 사람이 많이 필요하지 않거든. 결국 유럽 전역의 농촌 공동체가 파괴되어 갔네. 농민들이 어디로 갔을 것 같나? 가진 게 몸뚱이밖에 없는 사람들은 도시로 가서 자신의 노동을 팔아야 했어. 이것을 거부하거나 일자리를 얻지 못한 사람은 빈민이나 부랑자가 됐지.

내가 아직 영국에 있을 때 헨리 8세는 '부랑자 처벌법'(1530)을 만들었네. 이 법의 공식 이름은 "늙고 가난하고 무능해 구빈에 의존할 수밖에 없는 사람에게 어떻게 명령할 것인지, 그리고 부랑자와 거지를 어떻게 처벌할 것인지를 지시하는 법률"이었네. 일자리, 잠자리가 없어 떠도는 사람들을 잡아다 강제로 일하게 할 수 있는 법이지. 정해진 거주 공간을 벗어나면 곧 범죄자로 간주되었고, 감금하고 때리고 죽임을 당하기까지 했네.

헨리 8세는 이들을 '게으른 자들'이라 칭하고 교수형에 처했어. 그가 이렇게 죽인 사람이 얼마나 되는지 아는가? 7만 2000명이네. 그

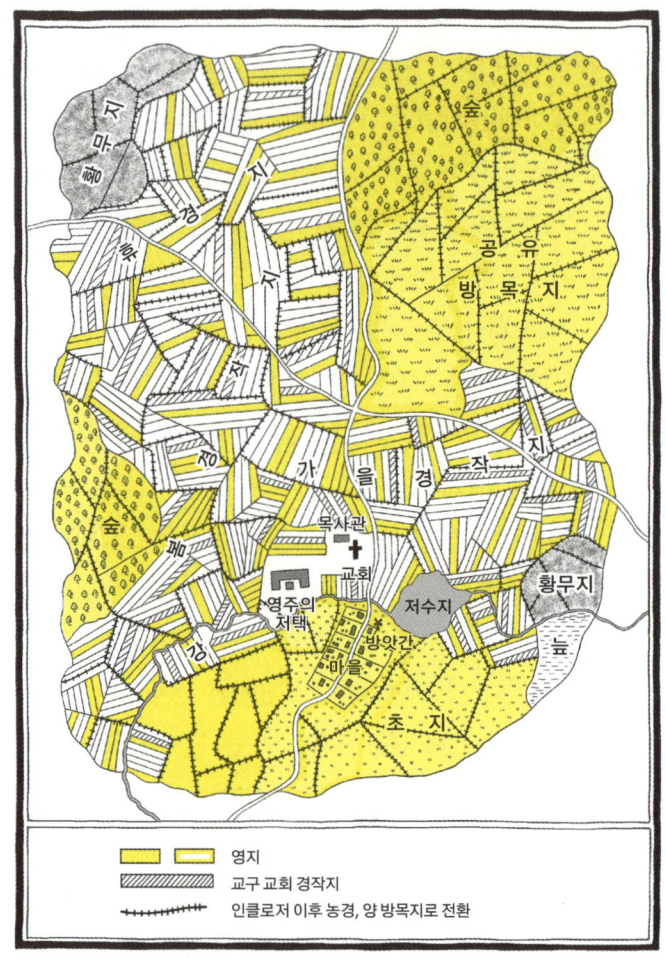

영지	
교구 교회 경작지	
인클로저 이후 농경, 양 방목지로 전환	

중세 영국 영지의 전형적인 모습. 영지의 중심에는 영주의 저택과 교회가 위치한다. 봄·가을 경작지, 공유 방목지, 초지, 휴경지, 숲, 불모지(토질이 나빠 방목으로만 쓰이며, 세금이 부과되지 않는다) 등으로 구분된다. 유럽 전역에서 인클로저가 벌어지자 농민들은 자기 소유의 땅을 잃었고 공유지도 사용할 수 없게 되었다. 생활 기반을 잃은 농민들은 도시로 가 양모 공장 등 열악한 작업장에서 일하거나 빈민, 부랑자가 되었다. 인클로저는 19세기 말까지 이어졌고 마지막 시기에 이르러 영국에는 공유지가 거의 남지 않았다.

다음 왕인 에드워드 6세도 만만치 않아. 그는 초범인 부랑자에게는 몸에 브이(V) 자 낙인을 찍고 2년 동안 강제 노동을 시켰고, 재범은 사형에 처할 수 있게 했지. 1570년대 들어서는 매년 400명씩 부랑자를 처형했다고 하더군.

안토니오 그런데 그 일과 대서양 무역이 무슨 관계가 있다는 건지 잘 모르겠습니다. 인클로저는 1300년대 중반부터 시작되지 않았나요?

모어 뿌리가 거기서 시작됐다는 거야. 그 후로도 인클로저는 멈추지 않고 있네. 아마 농민에게서 뺏을 수 있는 모든 땅이 지배층의 소유가 될 때까지 멈추지 않을 걸세. 그리고 바로 그 탐욕과 파괴의 파도가 대서양을 넘어 아메리카 대륙까지 침범하고 있는 거야. 자네는 바로 그 파도를 타고 있는 것이고.

두 범죄가 연결되었다는 증거는 수없이 많아. 그중 가장 극적인 예를 들어볼까? 1525년, 독일 귀족들이 농민 10만 명을 학살한 바로 그해에 스페인 군인 에르난 코르테스는 그의 국왕 카를로스 1세로부터 최고의 영예인 '왕실 문장'을 받았네. 멕시코를 침략하고, 도시를 불태우고 약탈하면서 주민 10만 명을 잔혹하게 죽인 상으로 말이지. 자네는 이 두 사건이 우연이라고 생각하나?

안토니오 (심각한 표정으로) 잘 모르겠습니다. 제가 어떤 파도를 타고 있는지, 그 파도가 언제 어떻게 만들어졌는지는 생각해 본 적이 없습니다. 저는 일개 상인이고 언제나 돈이 있는 곳을 향하니까요.

모어 그렇겠지. 하지만 유럽의 왕과 귀족, 은행업자와 자네 같은 상인은 각자의 자리에서 자신의 역할을 충실히 해냈고 그 결과 여러 대륙과 넓은 바다를 잇는 하나의 체계가 구축되었네. 인클로저로 농민을 땅에서 내쫓아 자급자족 경제를 파괴한 후 그들을 힘없는 노동자이자 자신들이 만든 물건을 다시 사야 하는 소비자로 만들어 버렸고, 아메리카 대륙의 은과 그 돈으로 사 온 각종 수입물을 팔아 더 많은 돈을 만들었어. 그뿐이 아니지. 아프리카 서쪽 대서양의 섬들과 중앙 아프리카의 사람들을 무참히 잡아 '노예'라고 이름 붙이곤 사탕수수 농장에서 죽도록 일을 시키고 있어. 자네가 이곳에 오기 전에 마데이라 섬에 들렀다고 했지? 그곳에 무슨 작물이 자라고 있던가?

안토니오 포도가 자라고 있었죠.

모어 그렇네, 마데이라에서는 이제 포도가 자라지. 예전에는 그 밭에서 사탕수수를 길렀네. 온통 사탕수수밭이었어. 사탕수수밭이 되기 전에는 울창한 월계수 숲이었고. 그 나무는 처음에는 섬을 점령한 포르투갈 함선을 만드는 목재로 사용되었지. 그다음에는 돈이 더 되는 설탕을 만들기 위해 사탕수수 농장이 지어졌고 잘린 나무는 연료로 쓰였네. 사탕수수를 키우고 재배하고 설탕을 만드는 과정은 엄청난 노동이 들어가야 하는데 그 일을 누가 할까? 바로 노예들이지. 마데이라에서도 봤겠지만 앞으로 자네가 가는 곳 어디에서나 보게 될 사람들이야. 대서양의 섬들과 아프리카에서 무도하게 잡혀간 사람들, 그리고 아메리카 대륙의 선주민들 말일세.

솔직히 말해 보게. 자네도 노예를 사러 가던 중이었겠지? 유럽에서 실어온 총과 양모가 자네 배 안에 가득 실려 있지 않나? 자네들이 배를 완전히 고치기도 전에 항구 밖으로 내보내 암초 너머에 정박하게 한 것도 바로 이런 이유 때문이네. 자네 무리가 우리 섬을 침략할 의도나 계획이 없다고 생각하지만 우리로서는 경계심을 늦출 수가 없었기 때문이지.

안토니오 선생님은 유럽의 체제, 그러니까 우리의 종교와 문명을 인정하지 않는 건가요? 아메리카 인디언은 우상을 숭배하는 야만인입니다. 그런 중죄를 저지르는 타고난 노예 종족을 개도하는 것이 우리 유럽인이 해야 할 일이라고 생각합니다. 그들에게 바른 신앙을 전하고 노동할 기회를 주는 것이 우리의 의무이기도 하지 않습니까?

모어 그렇겠지. 식민지를 지배하려는 정복자에게는 그 일이 잔혹하고 비인간적일수록 자기 일이 정의로운 일이라는 확신과 사람들을 설득할 수 있는 그럴듯한 명분이 필요한 법이지. 신대륙을 지배하는 일이 바로 하느님의 뜻을 실천하는 길이라는 얘기보다 더 좋은 논리가 어디 있겠나?

안토니오 노예와 신대륙의 주민에게 기독교를 전하고, 일하고 배워 문명인이 될 기회를 주는 것은 우리 유럽인이 할 수 있는 가장 옳은 일이라는 제 생각을 바꿀 수는 없을 것 같습니다.

모어 그래, 자네 생각은 잘 알겠네. 내 마지막으로 다시 말하지. 우리가 지금 하고 있는 일을 더 긴 역사와 더 큰 틀에서 꿰뚫어 보면, 하나의 노예 체제가 어떻게 다시 전혀 다른 방식의 노예 체제로 바뀌는지 드러나게 된다는 것을 유념하게.

이 체제가 앞으로 어떻게 될 것 같나? 권력을 가진 지배층과 돈을 가진 은행가는 서로 물고 문 채로 더 많은 이윤을 내려고 전 세계를 파괴하면서 돌아다닐 걸세. 자신들이 파괴하는 것이 사람이든 문명이든 자연이든 가리지 않고 말일세.

내가 이렇게 긴 얘기를 늘어놓은 이유는 이 유토피아 섬을 위해, 앞으로의 인류 문명을 위해 자네가 할 수 있는 일이 있을 것 같아서야. 우리 유토피아 사람들은 전 세계 각지의 정치, 경제, 사회가 어떻게 돌아가고 무슨 일이 일어나고 있는지 계속 살펴 왔네. 자네는 무역일을 하면서 외국 생활도 많이 해 봤고 세상이 어떻게 돌아가는지도 좀 알 테니 지중해 쪽을 자네가 맡아 줄 수도 있지 않을까 생각해서 상세히 얘기한 것이야.

그리고 사람 목숨을 중히 여기고 옳은 일을 하고자 하는 마음을 가졌다고 보았기 때문일세. 우리는 최소 1년 이상은 지켜본 다음 이런 제안을 하는데, 나도 이제 살날이 얼마 남지 않았고 세상이 변하는 속도가 너무나 빠르다 보니 다급한 마음에 처음 보는 자네에게까지 이런 제안을 하게 되었네.

안토니오 저는…….

모어 내 욕심이 과했어. (한숨을 내쉬며 잠시 침묵하다가) 곧 떠난다니 부탁 하나 함세. 다시는 돌아오지 말게. 우리 섬에 관해 함구해 주면 우리가 자네들을 구해 준 보답을 받은 것이라 여기겠네. 그 어느 유럽인도 이 섬에 닿는 일이 없었으면 좋겠네. 아, 그리고 혹시나 해서 하는 말인데《유토피아》후속편은 쓰지 말아 주었으면 하네. 나를 만났다는 사실도 잊어 주게. 안전한 항해가 되길 바라네.

다시 텃밭으로 돌아가 일을 하는 토머스 모어. 안토니오는 잠시 그 모습을 바라보다 돌아서 퇴장한다. 퇴장하는 안토니오를 토머스 모어가 바라본다. 조명이 꺼진다.

제2막 유토피아로 간 베니스의 상인

제3장
다시 유토피아로

포셔와 바사니오의 집 거실. 안토니오가 돌아온 지 석 달이 지났다. 포셔와 바사니오, 로렌조와 제시카가 이야기를 나누고 있고 안토니오는 보이지 않는다.

포셔 안토니오 님은 아직도 안 오시네요. 안토니오 님이 좋아하시는 음식으로 잔뜩 준비하라고 해 두었는데. 그나저나 저는 안토니오 님과 토머스 모어 님의 마지막 대화가 계속 생각나요. 여행 내내 마음에 걸렸을 것 같아요.

바사니오 하지만 나는 아직도 안토니오 말이 믿기지가 않아요. 안토니오가 우리에게 거짓말을 했을 리는 없겠지만 그런 곳이 있다는 건 좀…… 게다가 백 살이 넘은 토머스 모어를 만났다는 말을 누가 쉽게 믿을 수 있겠소?

제시카 저는 대서양의 섬들과 신대륙에서 사람들이 혹사당하고, 그렇게 일을 하다가 죽어 간다는 말이 더 믿기지 않아요. 전 그냥 아주 큰 농장들이 있다고만 생각했거든요.

로렌조 제시카, 그 사람들은 노예입니다. 노예는 일을 하는 거예요. 우리가 일을 주지 않으면 노예들이 어떻게 먹을 것을 얻겠어요. 노예가 없다면 우리는 또 어떻게 광산에서 금은을 캐고 농장을 운영하고 설탕을 만들겠어요. 그들이 없다면 향신료도 면화도 우리는 구경할 수 없을 거예요. 그보다 머나먼 신대륙까지 목숨을 걸고 건너가서 힘들게 농장을 운영하고 외국의 산물을 실어 오는 무역상들의 노고를 생각해 보세요. 저 같으면 그렇게 힘든 일은 못 할 것 같아요. 안토니오가 정말 대단해 보일 뿐입니다. 존경스러워요.

이때 안토니오의 하인 론슬롯이 들어온다.

론슬롯 (풀 죽은 목소리로) 안녕하세요, 바사니오 나리, 포셔 마님. 안토니오 나리는 오늘 식사 자리에 못 오십니다.

제시카 아니, 그게 무슨 말인가, 론슬롯? 안토니오 님이 어디 편찮으신가? 괜찮은지 우리 모두 가 봐야 하지 않을까요?

론슬롯 편찮으신 건 아니고요, 안토니오 나리는…… 오늘 아침에 떠나셨습니다. 저도 같이 가겠다고 했지만 (훌쩍이며) 저에게 자유와 함께 재산도 엄청나게 나눠 주시고는 혼자 떠나셨어요.

바사니오 그게 도대체 무슨 소린가? 돌아온 지 얼마나 됐다고?

론슬롯 안토니오 나리는 유토피아로 가신다고 했습니다. 거기가 도대체 어디냐고 여쭤 봤지만 그렇게 말씀드리면 알 거라고 하셨어요. 그리고 이 편지를 전해 드리라고 했습니다. 다시 돌아오지는 않을 것 같다고 하시면서……. (계속 훌쩍인다.)

포셔 이렇게 떠나시다니. 우리와 함께 지내는 내내, 아니 돌아오시기 전부터 그런 생각을 하셨던 게 아닐까요? 좀 불안정해 보였는데 돌아온 지 100일도 안 돼 이렇게 떠나실 줄이야…….

로렌조 자자, 모두 진정하고 우선 앉아서 편지부터 읽어 봅시다.

로렌조가 안토니오의 편지를 읽기 시작하면 중앙 조명이 어두워지고 무대
한쪽에 나타난 안토니오를 비춘다. 안토니오는 책상에 앉아 편지를 쓰고 있
다. 이제 조명은 안토니오만 비춘다. 잠시 후 안토니오가 다 쓴 편지를 들고
일어나서 무대 위를 거닐면서 읽기 시작한다.

나의 사랑하는 친구들에게,

친구들, 놀라게 해서 미안하네. 수년 만에 겨우 만난 자네들을 두고
다시 떠나려니 가슴이 미어지네. 사실 브라질을 떠나 베니스로
돌아오던 중에도 몇 번이나 유토피아로 배를 돌릴까 고민했지.
하지만 나를 아메리카로 떠나게 했던 샤일록의 유산이 다시 나를
집으로 향하게 했네. 제시카 님이 나를 믿고 맡긴 샤일록의 돈을
돌려줘야 하는 의무를 다하기 위해 말일세. 그런 탓에 나는 지금
모어 선생님과 했던 약속 두 가지를 모두 어기고 있네. 자네들에게
내가 유토피아에 갔던 일을 얘기해 버렸고, 지금 다시 그곳으로
돌아가려 하고 있기 때문이지. 애초에 돌아갈 생각이 없었다면
그리고 자네들과의 우정을 소중히 여기지 않았다면 그곳 이야기를
발설하지 않았을 걸세.
유토피아를 떠나기 직전에 나는 모어 선생님의 댁으로 다시
찾아갔었지. 계시지 않더군. 근처 섬으로 친구를 만나러 가셨다고

시동이 전해 주었어. 마지막으로 한 번 더 뵙고 싶었지만 이미 항해가 너무 지체되었기 때문에 기다리지 못하고 바로 떠날 수밖에 없었지. 그분은 내게 편지 한 장, 말씀 한마디도 남기지 않으셨네. 견해 차이로 실망하신 것 같았지만, 신께 맹세코 나는 내가 옳다고 생각했어. 그때는 말일세.

나는 섬을 떠났고 앞으로 할 일을 계획하느라 바빴어. 하지만 아프리카 서안에 도착하고부터 모어 선생님의 목소리가 계속 나를 따라다녔네. 아프리카를 떠나 남아메리카에 도착하기까지 두 달 남짓 걸렸어. 그동안 노예들은 배 선창에 시체처럼 뉘어 실려 갔지. 그 지옥을 한 번 본 후 나는 다시 볼 엄두가 안 났네. 다시는 노예들이 갇힌 선창에 내려가지 않았어. 브라질에 도착한 다음에는 아프리카에서 사 갔던 노예의 절반을 팔았어. 그리고 사탕수수 농장을 물색해 하나 인수했고 그 농장을 2년 동안 운영했네. 그런 다음 농장을 처분하고 카리브 해를 거쳐 북아메리카로 올라가면서 설탕과 면화, 담배를 사서 배에 싣고 돌아온 거야.

친구들, 나는 모어 선생님의 얘기가 어디까지 진실인지 확인하고 싶었네. 만약 내가 직접 목격하지 않았다면 난 절대 믿지 않았을 거야. 그래서 자네들이 믿지 않는다고 해도 그건 당연한 일이라 생각하네. 마데이라 섬에서도, 아메리카에서도 농장에서 일하는 노예들을 사람으로 보는 이는 아무도 없었어. 소나 말보다 못한 취급을 받고 있었지. 야만은 그들이 아니라 우리가 저지르는 짓이

바로 야만이었네. 끝이 보이지 않는 거대한 농장에서 사람들은
처참한 상태에서 죽을 때까지 일을 해. 그들이 만든 산물을 팔아
생기는 막대한 부는 농장주와 무역상, 이탈리아의 은행가, 유럽의
귀족과 왕이 챙기지. 이런 체제를 무엇이라고 불러야 할까?
그 바탕에는 노예가 있네. 나는 노예 제도가 당연하고 정당하다고
생각했어. 고대 그리스·로마 시대에도 있었고 그 후로도 늘
있었으니까. 하지만 지금의 노예 제도는 차원이 달라.
전 세계를 돌리는 거대한 톱니바퀴의 한 축이기 때문이라네.
그 한 축, 그러니까 사탕수수 재배와 설탕 제조 과정에는 수많은
선주민과 흑인 노예의 집약적인 노동이 필요해. 잘 전달이 될까
싶지만 얼마나 힘들고 고통스러운 일인지 설명해야겠네.

사탕수수는 놀라운 작물이야. 다 자란 사탕수수는 그 키가 4미터가
넘고 수확 때가 되면 사탕수수밭은 사람 하나 지나가기도 어려운
정글로 변해 버리지. 수숫대는 수액으로 가득 차 팽팽할 때
수확해야 해서 자르기가 보통 힘든 게 아니야. 잘라낸 수숫대는
분쇄기로 부순 다음 회전식 압착기에 넣고 돌려서 즙을 짜내지.
낮에 밭에서 일한 사람은 너무 지쳐서 그 후의 작업을 할 수가 없어.
하지만 수확한 수숫대는 이틀만 지나면 썩기 때문에 다른 사람이
일을 이어받아 바로 작업해야 한다네.
그렇게 짜낸 즙이 바로 당밀 원액이야. 이 즙을 커다란 솥에
담아 오래 끓여서 정제해야 설탕이 만들어지지. 솥을 옮겨 가며
당밀 원액을 여러 번 끓여 내는데, 이때 석회 같은 것을 넣으면

여기에 불순물이 달라붙어서 제거할 수 있어. 끓일수록 당밀의
농도가 진해지고 온도도 높아져서 솥 아래쪽에 설탕 결정이
단단하게 굳어지는데 이 덩어리에 구멍을 뚫어야 하네. 그러면
결정이 되지 못한 당밀이 빠져나가지. 이렇게 길고 힘든 제조
공정은 마데이라에서 처음 시작됐고 대서양 섬들과 아메리카
대륙으로까지 넘어가게 되었다고 하더군.

사탕수수를 기르고 수확하고 설탕을 만드는 이 모든 작업이
노예들의 힘으로 이루어지네. 연료도 엄청나게 많이 들어서
노예들은 땔나무 베는 일도 해야 해. 설탕 1킬로그램을 만들려면
땔감은 그 50배가 필요하지. 브라질은 더운 나라야. 나는 그들이
일하는 모습을 지켜보기만 해도 땀이 줄줄 흘렀는데, 노예들은 불
옆에서 펄펄 끓는 솥을 젓고 원액 옮기는 일을 했어. 너무 지쳐서
졸다가 회전하는 바퀴에 손가락이나 팔이 끼여 들어간 사람도
있었는데, 사고가 발생하면 곧바로 자를 수 있도록 바퀴 옆에는
손도끼가 준비되어 있었지. 그렇다네, 끔찍한 일이지. 게다가
일하는 내내 서 있어야 하니 다리에 병이 없는 사람이 없었어.
농장주와 관리자는 노예들이 작은 잘못을 해도 가혹하게 처벌했네.
잠시도 쉬지 않고 일하게 하려고. 매질은 물론이고 목에 쇠고랑을
채워 누워서 잘 수 없도록 하기도 했어. 브라질의 사탕수수 농장엔
대체로 노예가 150~200명가량 있네. 우리 농장에는 100명쯤
있었는데 적은 편이었지. 500명이 일하는 농장도 있었는데 그
정도면 정말 큰 농장이야. 노예 노동을 이용해 단일한 작물을

16세기 브라질에서 운영되던 전형적인 대규모 사탕수수 농장에서 설탕을 생산하는 과정을
표현한 그림이다. 저 멀리로 끝이 안 보이는 사탕수수밭이 펼쳐져 있고, 뙤약볕 아래 밭에서
흑인 노예가 사탕수수를 수확해 소 수레에 실어 보낸다. 수숫대를 잘 간추려서 물레방아와
소로 움직이는 분쇄기와 압착기를 거친 다음 찌는 작업을 반복하면 설탕이 만들어진다.

대규모로 재배하는 그런 거대한 농장은 식민지에서 이루어지는
농업의 전형이 되고 있네.

아메리카에 사탕수수를 전한 사람은 콜럼버스야. 콜럼버스가
두 번째로 신대륙으로 향하던 1493년에 카나리아 제도에서
처음으로 사탕수수를 가지고 나왔는데 그때 그는 '노예제'도
함께 가지고 나왔다고 하더군. 노예가 없이는 사탕수수가 아무리
많아도 무의미하지. 이렇게 아메리카 대륙에서 만들어지는 설탕,

면화와 담배 같은 작물이 우리 유럽 사람들에게 어마어마한 부를
가져다주고 있네. 나도 그중 한 명이겠지. 모어 선생님은 유럽의
지배층이 원하는 것이 바로 이 엄청난 돈, 이윤이라고 지적했네.

제시카 님, 저는 돌아오는 배 안에서 그대의 부친을 많이
생각했습니다. 제가 당신의 아버지 샤일록 님에게 온당치
않은 대우를 했다는 것을 깨달았지요. 베니스에 있을 때 저는
거래소에서 돈놀이 하는 그를 수없이 비난했습니다. 이교도
샤일록, 사람 잡는 개 샤일록이라며 욕하고 침을 뱉었고 발길질을
한 적도 있지요. 제시카 님, 저를 용서하세요. 지금 생각하니
얼굴을 들 수가 없습니다. 물론 돈을 빌려주고 그 돈의 이자를
받는 것은 지금도 옳지 않은 일이라고 생각합니다. 그런데 제가
그보다 훨씬 더 나쁜 일로 돈을 벌고 있었고, 심지어 더 많이 벌고자
샤일록의 유산으로 대양을 가로지르는 무역에까지 뛰어들었지요.
두 일이 다르지 않다는 것을, 아니 샤일록보다 제가 더 신의 뜻을
거스른다는 사실을 알게 되었어요.

친구들, 폭풍을 만나 유토피아로 흘러 들어가지 않았다면, 모어
선생님을 만나 그분과 이야기를 나누지 못했다면, 내 두 눈으로
실상을 보고도 나는 깨닫지 못했을 거라네. 신대륙과 대서양
섬들에서 벌어지고 있는 참상을 보기 전에 그분을 만났기에 내
눈앞에 펼쳐진 일들을 제대로 볼 수 있었어. 내가 다시 베니스에서
살 수 있을까? 다시 이 일을 할 수 있을까? 나는 수도 없이

생각했네. 다시 아메리카로 가지는 못할 것 같더군. 장사꾼인 내가 장사 말고 무슨 일을 할 수 있겠나? 무역에 직접 뛰어들지 않고 베니스에 살면서 투자만 하는 방법도 있겠지. 하지만 내가 투자한 돈이 세계 곳곳에서 무슨 짓을 저지르는지 알아 버렸으니 이제 그 일도 할 수가 없네. 내가 갈 수 있는 길은 단 하나, 유토피아로 돌아가는 것뿐이야. 다시는 돌아오지 말라고 모어 선생님이 단호하게 말씀하셨지만, 예전의 내가 아닌 걸 안다면 받아 주실 거라고 믿네. 가는 길을 찾을 수 있을지 그게 걱정일 뿐이야. 다시 폭풍을 만나길 기도해야 할지도 모르지.

친구들, 건강하고 행복하게 잘 살게. 이렇게 편지 한 장만 남기고 떠나게 되어 너무나 미안하고 내 가슴도 찢어지네. 알렸다가는 발길이 떨어질 것 같지 않아 아침 안개에 숨어 조용히 떠나네. 그리고 제시카 님, 저를 생각하신다면 제가 갚은 돈을 아메리카의 농장과 노예 무역에는 투자하지 말아 주세요. 그 돈은 피의 돈입니다. 피의 돈으로 이룩한 거대한 자본과 권력이 어디까지 커질 수 있을지, 그 괴물의 목적이 무엇이고 무슨 짓을 할지 저는 두렵기만 합니다. 부디 안녕히.

사랑과 우정을 담아, 안토니오

무대 암전된다.

(제2막 끝)

제3장 다시 유토피아로

제3막

프랑켄슈타인 박사의 탄생

등장인물

메리 셸리(Mary Shelley, 1797~1851) 소설 《프랑켄슈타인》◇의 작가. 영국의 급
진적인 정치사상가였던 윌리엄 고드윈과 최초의 페미니스트 메리 울스턴크
래프트의 딸. 비시 셸리와 1816년 겨울에 결혼했으므로, 이 이야기가 전개되
는 1816년 여름 당시의 이름은 메리 울스턴크래프트 고드윈이었으나 여기서
는 우리에게 익숙한 '메리 셸리'라는 이름을 사용했다.

퍼시 비시 셸리(Percy Bysshe Shelley, 1792~1822) 시인. 메리 셸리의 남편. 바
이런, 예이츠와 함께 영국 낭만주의 3대 시인으로 꼽힌다.

조지 고든 바이런(George Gordon Byron, 1788~1824) 시인. 19세기 영국의 대
표적인 낭만주의 시인. 《차일드 해럴드의 순례》로 일약 유명 시인이 되었다.
영국에서 러다이트 운동과 관련하여 '기계 파손 방지법'이 추진될 당시 상원
의원으로서 이를 강하게 비판하였으며 이 법을 반대하는 그의 첫 상원 연설
이 유명하다.

존 윌리엄 폴리도리(John William Polidori, 1795~1821) 바이런의 주치의. 소설
《뱀파이어》의 작가.

클레어 클레어몬트(Claire Clairmont, 1798~1879) 메리 셸리의 이복 여동생.

프랑켄슈타인 박사 《프랑켄슈타인》에 등장하는 과학자.

괴물 《프랑켄슈타인》에서 프랑켄슈타인 박사가 만들어 낸 생명체.

제1장
여름이 없는 해

1816년 어느 폭풍우 치는 여름밤, 스위스 제네바. 시인 바이런 경의 별장 '빌라 디오다티'의 서재 벽난로 주위로 메리 셸리, 비시 셸리, 바이런, 폴리도리, 클레어몬트 다섯 사람이 모여 있다. 주위에 책 몇 권이 놓여 있다.

클레어몬트 (책을 한 권 집어 들며) 제 취향은 아니지만 이렇게 폭풍우 치는 밤에 읽기엔 유령 이야기만 한 게 없네요. 《환상 이야기(Fantasmagoriana)》에서 〈바람기 많은 연인 이야기〉는 바이런 경에게 가장 무서웠을 것 같은데요? 신부를 안았는데 자기가 버린 여자의 얼굴을 한 유령으로 바뀌어 버린다면 바이런 경은 어떻게 하실 건가요? 도망칠 건가요, 아니면 무릎을 꿇고 용서를 빌 건가요?

바이런 난 이미 결혼해 봤고 또 할 생각은 없으니 그럴 일은 없을 거예요, 클레어. 그래도 만약 그런 일이 생긴다면, 음…… 난 먼저 머리를 조아리며 진심으로 용서를 빈 다음 유령의 삶이 어떤지 물어보고 싶네요. 그리고 유령 신부를 따라 사후 세계를 순례하는 거죠. 흥미로울 거 같지 않아요?

클레어몬트 호호호, 유령 신부가 지옥으로 데려가도 따라가실 건가요?

바이런 물론이죠! 지옥이라면 더 환영입니다. 천국은 나한테 어울리지

스위스 제네바에 있는 '빌라 디오다티'. 제2막의 배경이 되는 1816년 당시 바이런과 그의 일행은 이 별장에 머물렀다.

않아요. 그런데 여름 날씨가 도대체 왜 이렇죠? 여기가 지옥 같군. 며칠째 이렇게 비만 내리다니. 가끔 아직도 런던에 있다는 착각이 든다니까. 폴리도리 박사, 이 비가 언제쯤 그칠까요?

폴리도리 글쎄요? 날씨가 언제쯤 좋아질지는 모르겠지만, 아마 화산 때문일 겁니다. 네덜란드령 동인도(현재의 인도네시아)에 있는 탐보라라는 큰 화산이 작년 봄에 대폭발했다더군요. 계속된 비도, 서늘한 여름도 다 그때 분출된 화산재 때문일 수 있지요. 탐보라 화산 꼭대기에는 아직도 연기가 멈추지 않고 피어오르고 있다고 합니다.

바이런 화산 하나 터졌다고 전 세계가 영향을 받다니 정말 자연의 힘은 놀랍군요.

폴리도리 맞습니다. 536년에도 이런 일이 있었죠. 그해 겨울이 정말 추웠다고 하는데, 그 이유도 한 해쯤 전에 폭발한 아이슬란드의 화산 때문이었을 가능성이 높습니다. 비잔틴 제국의 역사가 프로코피우

제3막 프랑켄슈타인 박사의 탄생

스(Procopius)는 1년 내내 태양이 달처럼 보였다고 기록했지요. 거의 1년 반 동안 암흑 세상이었대요. 당연히 흉작과 기근이 이어졌고 아일랜드에서는 수년 동안 사람들이 굶어 죽었다고 합니다. 심지어 중국에서는 한여름에 눈이 내리기도 했다죠.

비시 셸리 휴, 이번 여름에 뱃놀이하기는 다 틀렸군. 글이나 써야겠네요.

클레어몬트 여름 내내 이렇게 갇혀 지내야 한다면 유령 이야기가 더 있어야 할 것 같은데요, 폴리도리 박사님?

폴리도리 네, 다음에 이동 도서관이 마을에 또 오면 가서 살펴보죠.

바이런 그때까지 기다릴 것 없이 아예 우리가 무서운 이야기를 만들어 보는 건 어때요? (도서관에서 빌려 온 책을 집으며) 이런 유령 얘기들, 좀 시시하지 않아요? 죽은 사람한테 이런저런 이유를 갖다 붙여서 억지스럽게 살아나게 하는 이야기는 이제 식상해요. 빗속을 뚫고 책을 빌려 온 폴리도리 박사께는 미안하지만.

메리 하긴 지난번에 폴리도리 박사님이 너무 고생하셨죠. 빗속에 다녀오시느라 길까지 잃고…….

폴리도리 천만에요. 유령 이야기를 구해 오기에는 아주 딱 맞는 날씨였지요. 하하하.

클레어몬트 그런데 귀신이나 유령보다 더 무서운 게 뭐가 있을까요?

바이런 뭔가 더 강력한 것이 필요해요. 자연의 힘을 거스르는 인간의 욕망, 야망, 꺾을 수 없는 강렬한 정신 같은 그런 것 말이죠. 우리의 욕망과 과오가 만든 존재, 인간이 빚어낸 어떤 '폭주하는 힘'이라고나 할까요? 유령도 따지고 보면 우리가 이해할 수 없는 것, 인간의 통제 밖에 있는 존재라서 무서운 게 아닐까요?

메리 그렇다면 바이런 경의 귀신은 '기계 유령'이어야겠네요. 기계 유령이 자기들을 파괴한 러다이트(Luddite, 신기술 반대자)◆들을 공격하는 거죠. 그리고 러다이트 유령들도 등장시켜요. 기계를 부쉈다는 죄목으로 사형 선고를 받고 죽은 억울한 러다이트들이 밤마다 공장에 나타나 기계를 부수고 공장주들을 찾아다니며 괴롭히는 거지요.

비시 셸리 하하하, 정말 재밌군요. 공장주와 정치인에게 그보다 무서운 건 없겠어요!

클레어몬트 러다이트 유령이 바이런 경도 찾아갈 것 같네요. 유령 신부와 달리 이번엔 감사의 인사를 하러 말이죠. 편드는 사람도 거의 없는 상황에서 바이런 경은 직조 기계를 부수면 사형에 처한다는 '기계 파손 방지법'(1812)을 강력하게 반대하셨잖아요. 그 법에 따라 사형을 언도받은 러다이트들을 옹호하는 연설을 그해 상원에서 하셨고요. 전 그때 바이런 경의 연설문을 읽고 눈물까지 흘렸어요. 지금도 그 구절들이 생각나 눈물을 참을 수가 없네요.

바이런 (주머니에서 손수건을 꺼내 건네며) 자, 눈물은 닦아요, 클레어. 다 부질없는 일이었어요. 결국 법은 통과됐고 노동자들은 감옥에 갇히거나 오스트레일리아로 추방되거나 교수형을 받았어요. 저도 추방됐죠. 내 발로 런던을 떠나왔지만, 부질없는 유명세와 권력자들의 끈질긴 비방을 피할 방법은 스스로 저를 추방하는 것 말고는 없더군요.

메리 그래도 상원에서 하신 연설은 우리 시대에 꼭 필요한 말씀이었어요. 모두가 그들을 폭도라며 비난하고 있지만 정작 우리는 그들에게 너무나 많은 빚을 지고 있다고 하셨죠. 밭을 일구고 집을 돌보고 이 나라를 지켜 온 군인들이 바로 그 노동자들이라고요. 기계를 부수면

　　　　　　　　　　　　제3막 프랑켄슈타인 박사의 탄생

사형에 처한다는 것이 법이라니, 돈과 권력을 가진 자들이 바로 그 돈과 권력을 이용해 사람을 죽이겠다는 거잖아요? 바이런 경은 이런 사형은 기계 파손을 방지하는 효력도 없을 거라고 날카롭게 지적하셨죠.

바이런 맞아요. 굶주림, 절망, 삶에 아무런 미련도 희망도 없고 남은 것은 죽음밖에 없는 사람들을 사형으로 다스리겠다는 것은 비인권적이고 잔혹할 뿐만 아니라 어리석은 정책이라 실효성도 없어요. 사실 방직 공장의 노동자들은 기계를 좋아하고 잘 사용하고 있어요. 일을 쉽고 빠르게 할 수 있으니까요. 가난의 근본 원인은 자본가와 권력을 가진 정치인, 기계화된 산업 체제이지만 러다이트들은 기계라는 물리적인 대상에 자신들의 의사를 표시할 수밖에 없었던 거예요. 체제에 대한 항의, 기계화에 대한 두려움과 경계심으로 말입니다.

문제는 기계가 아닙니다. 공장을 자동화하면서 수익이 크게 늘었지만, 공장주들은 그 부를 노동자들과 나누기는커녕 그들을 공장에서 쫓아냈어요. 기계가 들어오면서 노동자들은 일자리를 잃었고 임금은 더 줄었죠. 살아가는 데 필요한 최소한의 것도 얻을 수 없는 절대적 결핍 상태에서 그들은 최후의 수단으로 기계를 부술 수밖에 없었던 겁니다.

폴리도리 바이런 경은 기계와 과학, 기술 그리고 산업 체제가 오히려 노동자들을 빈곤과 기아로 몰았다고 생각하십니까?

바이런 솔직히 그렇습니다. 과학과 기술이 없었다면 공장의 기계화는 불가능했을 테고 그렇다면 현재의 산업 체제도 불가능했겠죠. 하지만 산업 구조 전체를 한꺼번에 봐야만 그 근본적인 추동력이 무엇인

〈러다이트들의 지도자, 네드 러드 (Ned Ludd)〉(작자 미상, 1812)
네드 러드는 1799년 기계가 노동자의 일을 빼앗는다며 항의로 공장의 기계를 부쉈다고 전해지는데, 실존 인물인지는 불확실하다. 1810년대 들어 영국에서 대규모 기계 파손 운동이 일어나며 러드의 이름이 다시 등장했고 그의 이름을 따서 기계 파손 운동을 '러다이트 운동(Luddite movement)'이라 불렀다. 노동자들은 그를 러드 왕, 러드 대장, 러드 장군 등으로 부르며 노동자들을 돕는 상징적 인물로 여겼다. 바이런은 러다이트를 옹호했으며 1816년 크리스마스 이브에 「러다이트를 위한 노래(Song for the Luddites)」라는 시를 짓기도 했다.

러다이트가 직조기를 부수고 있다. 당시 영국의 '기계 파손 방지법'은 직조 기계를 부수는 행위를 중대 범죄로 다루어 사형에 처할 수 있는 법이었다.

지 간파할 수 있어요. 부와 권력이 어디에서 왔고 어디로 가며 또 그 힘이 어떤 일을 하는지 말입니다. 방적기가 개발되었기 때문에 현재의 방직 공장이나 대규모 직물 산업이 존재하는 것이고, 거대한 자본가만이 그렇게 비싸고 복잡한 기계를 개발하고 소유할 수 있죠. 노동자들은 그렇게 할 수 없습니다. 노동자들은 또 하나의 상품이자 부속품이 되어 다시 상품을 만드는 '인간 기계'가 되어 가고 있어요.

비시 셸리 맞아요. 우리 인류는 현재 양손에 과학과 기술을 들고 갈림길에 서 있어요. 지난 100년 동안 발명되고 발전을 거듭한 기술들, 특히 방적기와 증기기관, 제련 기술과 철도, 군사, 항해 기술은 지배 계급에 엄청난 부와 사업을 확장할 기회를 안겨 줬죠. 인류가 이토록 큰 힘을 가진 적이 있었을까요? 이런 큰 기술적 힘이 정치와 결합해 인간을 착취하고 억압하고 있는 겁니다. 우리는 문학을 통해 이 기계적 합리주의에 대항해야 해요.

메리 그렇다면 이 모든 시스템의 시작이 과학과 기술이겠네요. 과학이라는 지식이 기계 기술이라는 물질적인 힘과 결합하여 현재의 산업을 만들었고, 우리의 문명 자체가 이 산업을 중심으로 돌아가는 하나의 공고한 시스템이자 동시에 스스로 그 시스템을 확대 재생산하고 있다, 이런 말씀인 거죠?

바이런 정확합니다. 그리고 그 체제를 합리화하고 자연과 인간을 착취하는 행위를 정당화하는 데에 제도와 윤리가 핵심적인 역할을 한다는 사실을 잊으면 안 돼요. 지배 계급은 필요할 때마다 새로운 제도와 법을 만들어 강제해 왔어요. 지금 영국이 자본의 힘으로 국내뿐만 아니라 전 세계를 대상으로 벌이고 있는 제국주의 행태를 지배

계급의 제도, 그들의 철학과 윤리가 뒷받침하고 있는 겁니다.

클레어몬트 아, 유령 이야기를 하다가 다시 런던의 정치 이야기로 돌아
가는 건가요? 그런데 바이런 경,《차일드 해럴드의 순례》제3권은 얼
마나 쓰셨어요? 너무나 궁금해요. 쓰신 게 있으면 조금만 들려주세
요. 경의 아름다운 시로 이 무거운 분위기를 좀 바꿔 주세요.

바이런 그렇군요. 계속 실내에만 갇혀 있다 보니 별로 진척이 없지만,
흠…… 전에 쓴 것 중 한 소절만 들려드리죠. 다음번에 만날 때는 각
자 유령 이야기를 어떻게 구상하고 있는지 얘기 나눠 봅시다.

1
잘 있거라, 잘 있거라! 내 고향 해변이
푸른 물결 너머로 사라져 가는구나.
밤바람은 한숨을 쉬고, 파도는 울부짖고,
갈매기도 날카롭게 울어 댄다.
바다 위로 지는 너 태양
그 길을 따라 우리는 나아간다.
잠시 작별을 고하노니,
태양과 그대, 내 고향땅이여—
잘 자거라!

2
몇 시간 후면 태양은 다시 떠올라

내일을 탄생시키리니.

그리고 나는 태양과 하늘을 맞으리라.

하지만 내 고향 땅은 볼 수 없구나.

내 소중한 집은 버려지고,

벽난로는 적막하구나.

잡초들이 벽을 덮어 가고,

내 개는 문간에서 길게 울어 대는구나.

— 바이런, 《차일드 해럴드의 순례》, 제1편 〈차일드 해럴드의 굿나잇〉에서

제2장
논쟁

바이런 경의 별장, 빌라 디오다티. 한쪽 벽에 걸린 괘종시계가 밤 12시를 알리는 소리가 들리며 무대가 밝아진다. 뒤로 보이는 창밖은 어둡다. 벽난로 앞에 다섯 사람이 다시 모여 있고 바이런 경이 자신의 시 《차일드 해럴드의 순례》 제3편 중 〈맑고 고요한 레만 호수〉를 읊고 있다.

바이런 맑고 고요한 레만 호수여

하늘과 땅 모두 고요하구나 — 그렇다고 잠든 것은 아니리,

가장 깊이 느낄 때 우리가 숨을 죽이듯,

너무 깊이 생각에 잠길 때 말을 잃듯 —

하늘과 땅 모두 고요하다. 하늘 높이 별무리에서부터

잔잔한 호수와 그에 닿은 산 가장자리까지,

이 모든 것이 격렬한 하나의 생명 안에 응축되어 있네,

생명은 한 줄기 빛도, 한 줌 바람도, 잎사귀 하나도 놓치지 않으나,

이 생명은 존재의 한 부분을, 그리고

모든 것을 창조하고 수호하는 그 존재의 감각을 품고 있구나.

비시 셸리 며칠 사이에 시작(詩作)에 진전이 있었군요. 응축된 격렬한

생명에 모든 것이 다 담겨 있지만 또 동시에 "존재의 한 부분"이고

"모든 것을 창조하고 수호하는 그 존재의 감각을 품고 있구나." 정말 멋진 구절이에요. 마치 자연과 자연의 모든 것들이 서로 연결되어 전체가 살아 있는 생명인 것처럼 느껴져요.

폴리도리 모든 것이 연결되어 전체가 살아 있다? 흠, 바이런 경은 자연이 살아 있는 생명이라고 생각하시나요?

바이런 아, 폴리도리 박사, 재미난 유령 이야기나 하자는 자리에서 그렇게 어려운 질문을 하시다니. '살아 있다' 혹은 '생명' 같은 단어는 시에 쓰기는 좋지만 참 어려운 말이에요. 생명이라는 말이 우리에게 너무나 친숙하기 때문일 겁니다. 우리는 누구나 생명이 뭔지, 어떤 것이 살아 있고 어떤 것이 살아 있지 않은지 알고 있다고 생각하니까요.

하지만 하나의 문화, 더 나아가 어떤 문명에 속한 사람들이 무엇을 생명으로 보느냐, 자연을 어떤 관점으로 바라보느냐 하는 것은 좀 더 복잡한 문제예요. 그리스인과 르네상스 시기의 유럽인은 우주를 살아 있는 유기체로 보았지만 현재의 유럽인은 그렇지 않은 것 같거든요. (흥미롭다는 표정으로) 갑자기 궁금해지네요, 폴리도리 박사. 우리는 생명을 무엇이라고 생각하고 있을까요? 우리가 생명이라고 생각하는 것이 정말 '생명'일까요?

클레어몬트 생명은 살아 '움직이는' 것이죠. 우리가 루이지 갈바니의 '동물 전기 이론'을 흥미롭게 보는 이유도 그 때문 아닌가요?

폴리도리 맞습니다. 하지만 그의 조카인 지오반니 갈바니도 사형수의 시체로 전기 실험까지 했지만 생명에 관해 밝혀낸 건 별로 없지 않습니까? 동물 전기 실험도 실상 내용은 죽은 동물에 전기를 연결했더니 근육이 움직이더라 하는 것에 불과합니다.

바이런 맞아요, 움직이는 것만으로는 안 돼요. 유령도 자유자재로 돌아다니지만 유령을 살아 있다고 말하지는 않지요. 사실 유령 이야기를 즐길 수 있는 이유도 따지고 보면 우리의 시대가 반영되어 있어요.

클레어몬트 그게 무슨 뜻이죠? 옛날 사람들은 유령 이야기를 즐기지 않았다는 건가요?

바이런 우리처럼은 아니죠. 지난 200년 동안 과학과 기술이 엄청나게 발달하면서 우리가 초자연적인 현상이라고 생각했던 신비로운 일들의 원인이 상당히 규명됐지요. 천둥이나 번개 같은 기상 현상, 전기와 자기 현상의 원리 같은 것들이요.

핼리 혜성의 사례를 볼까요? 뉴턴의 중력 법칙을 이용해서 에드먼드 핼리가 계산하고 예측한 대로, 76년 만인 1758~1759년에 정확히 그가 말한 자리에 핼리 혜성이 나타나 지구 주위를 돌고 떠났지요. 혜성이 하나의 천체에 불과하다는 걸 이 두 사람이 밝혀내기 전까지 혜성은 거의 모든 문명에서 두려움과 공포의 대상이었어요. 하지만 우리는 이제 더 이상 혜성도 유령도 무서워하지 않아요. 그러니 지금 벽난로 가에서 유령 이야기를 즐길 수 있는 거죠. 그런 건 없다고 생각하니까요.

메리 우리는 우리가 알 수 없는 것을 두려워하는 거군요. 실체를 파악할 수 없고 결과를 예측할 수 없고 우리가 통제할 수 없는 것, 그것이 두려움의 대상이 된다는 말씀인 거죠?

바이런 바로 그렇습니다. 그래서 저는 오늘날의 과학과 기술이 두렵습니다. 기계를 부순 노동자들의 마음속에도 저와 비슷한 공포와 두려

〈핼리 혜성〉(작자 미상, 1456). 지진, 비처럼 쏟아져 내리는 피와 살점, 머리 둘 달린 송아지 등의 천재지변과 기이한 현상을 2개의 핼리 혜성이 일으킨 재앙처럼 묘사한 그림이다. 그림이 그려진 1456년은 유럽의 흑사병이 가장 극심했던 1347~1353년으로부터 약 100년이 지난 시점이었지만 여전히 흑사병이 간헐적으로 발생하던 때였으며, 1453년 오스만 제국이 비잔틴 제국을 멸망시킨 후 유럽이 급격한 변화와 재난을 겪던 시기였기 때문에 혜성은 재앙처럼 느껴졌을 것이다.

움이 있었겠지요. 과학은 자연에서 새롭게 발견되는 원리와 현상에 이름을 부여하고 분류하는 일을 해 왔어요. 한편 기술은 필요에 따라 과학과는 독립적으로 발달했지요. 하지만 이제는 달라요. 과학과 기술이 서로 맞물려 앞서거니 뒤서거니 하며 서로 이끌죠. 이제 우리는 엄청난 속도로 달리게 됐지만 우리가 어디로 가고 있는지는 과학도 기술도 말해 주지 않아요.

폴리도리 바이런 경은 과학과 기술의 어떤 면이 가장 두려운가요? 자연의 원리를 아는 것이 어떤 금기 같은 것이라 생각하나요? 저는 아직 긍정적인 면이 더 많다고 생각합니다. 더 많이 생산할 수 있고 그만큼 더 풍요로워지고 있지 않습니까?

바이런 말씀드렸듯 과학과 기술은 우리가 어디로 가는지 알려 주지 않아요. 눈을 가린 말이 끄는 마차를 마부도 없이 타고 달리는 것과 같지요. 현재의 과학과 기술의 바탕에는 인간이 세계의 중심이고 인간을 위해 모든 것이 존재한다는 가치관이 깔려 있습니다. 세계는 인간을 위해 만들어진 것이지 인간이 세계를 위해 존재하는 게 아니다, 과학과 기술은 인간이 자연을 지배하기 위한 도구이다, 자연은 통제되어야 하고 조작될 수 있다, 자연은 펌프, 스프링, 톱니바퀴 같은 것들로 이뤄진 일종의 시스템일 뿐이다…… 이것이 16~17세기 자연철학자들의 세계관이었습니다. 자연을 기계적으로 움직여 인간이 마음대로 다룰 수 있는 물질로 보는 세계관이 현재까지 이어지며 더 확대, 강화되고 있어요. 그것이 우리 문명을 비인간적으로 만들고 있다고 생각합니다.

폴리도리 특정한 시대에 속한 단 몇 사람의 철학이 한 사회 혹은 한 시대의 흐름을 만들 수 있다고 생각하는 건 좀 과도한 것 같습니다. 소수의 사람들이 그런 큰 영향력을 가질 수 있을까요?

바이런 그런 큰 영향력을 가진 본보기가 바로 뉴턴입니다. 그의 자연철학이 우주 전체를 바꾸지 않았습니까? 하지만 역사와 지식도 결국은 그 사람 안에서 쌓이고 소화되어 새로운 철학이 만들어지는 것이니 '단 한 사람의 철학'이라고 하는 건 너무 단순화한 걸 수도 있겠네요. 뉴턴의 철학은 데카르트의 영향을 크게 받았고 데카르트 앞에

제3막 프랑켄슈타인 박사의 탄생

는 프랜시스 베이컨(Francis Bacon)이 있었으니까요.

비시 셸리 데카르트를 거치며 세계가 둘로 나뉘어 버렸죠. 그는 플라톤의 개념과 베이컨의 기계론을 이어받아 세계를 정신과 물질로 나누고 그 둘이 근본적으로 다르다고 했어요. 그리고 인간은 정신 혹은 영혼을 가지고 있어서 다른 모든 생명체 중에서도 가장 특별한 존재라고 봤고요.

메리 그러면 바이런 경은 현재 시대를 사는 우리가 세계를 정신과 물질, 둘로 나눠 기계론적으로 생각하고 있다는 말씀이군요. 영혼과 몸은 서로 달라서 분리될 수 있고 인간 외의 동물과 자연은 저 똑딱거리는 시계와 같은 기계라고 말이에요. 하지만 저는 그렇게 생각하지 않습니다. 생명을 작은 구성 요소들로 나누고 난 후에도 생명이라고 할 수 있을까요?

바이런 저도 그 점이 궁금하군요.

폴리도리 데카르트는 과학적 과정이 어떻게 이루어져야 하는지 해명하려고 했던 겁니다. '분석'이라는 그의 방법론이 아니었으면 현대의 과학이 존재할 수 있었을까요? 예컨대 생명이 무엇인지 알려면 대상이 되는 생명체를 기관과 조직으로 분해해서 구성 요소의 구조와 기능을 파악해야 합니다. 다시 말해 기관의 기능은 조직의 특성으로, 조직의 특성은 세포의 특성으로 작게 나눠서 보는 거죠. 그리고 데카르트는 빠진 것이 없는지 남김없이 분석하고 최종적으로 다시 종합하라고 했습니다. 그걸 잊으시면 안 되죠.

바이런 전체를 부분으로 나누고 각각의 부분이 어떻게 작동하는지 연구하는 방식이 매우 혁신적이고 효율적인 과학적 방법론이라는 것은 저도 인정합니다. 중요한 것은 데카르트의 철학이 왜 유럽인들에게 널리 받아들여졌고 뉴턴을 비롯한 후대 과학자들로 이어졌으며, 지금까지 강력한 자연철학의 원리로, 더 나아가 우리의 세계관으로 자리 잡았는가를 살펴봐야 한다는 거예요.

클레어몬트 바이런 경은 답을 이미 가지고 있으면서 상대에게 말을 떠넘기는 심술궂은 버릇을 가지셨군요. 그러니까 우리한테 그 철학이 필요했다는 말씀이잖아요? 나누고 분해하고 생명을 빼앗음으로써 자연은 이용할 수 있는 대상이 되고 우리가 지배하는 것이 정당화되는 거죠.

바이런 이제 클레어와는 카드 게임을 하면 안 되겠는데요? 제 생각을 정확하게 읽으시니. 맞아요, 클레어. 현재 우리의 생활 양식은 16세기 봉건 국가의 것과는 완전히 달라요. 르네상스 시기 이탈리아의 여러 도시국가에서 번성한 시장 경제가 북유럽으로 확산했고, 중세인들이 사용했던 생산 수단과 양식은 과학과 기술이 발달하면서 빠른 속도로 변화했어요.

우리에게는 이제 '어머니 대지'는 필요 없어졌으니 그 이전의 철학과 세계관에서 벗어나야 했습니다. 자연은 더 이상 숭배의 대상, '살아 있는' 존재여서는 안 되는 거죠. 인간의 행위에 반응하지 않는 비활성적인 기계 같은 존재가 되어야 착취할 수 있으니까요. 국가 권력과 귀족이 철, 구리, 금과 은, 주석, 수은 같은 광물과 석탄을 캐내느라 유럽과 아메리카 대륙 곳곳의 산과 들을 파헤치죠. 숲의 나무를 베어 숯으로 만들고 빼앗은 땅은 섬유 산업을 위해 양을 기르는 목장이 되고요. 프랜시스 베이컨은 바로 이러한 인간의 활동과 편익

제3막 프랑켄슈타인 박사의 탄생

을 위한 논리를 마련해 준 거예요. 베이컨은 자연의 모든 부분에 관한 과학적 탐구가 우리에게 허용되어야 한다고 했습니다. 이어 데카르트는 우리 스스로가 자연의 주인이자 소유자가 될 수 있다고 했고요.

비시 셸리 시대가 원하는 '자연에 대한 기계론적 시각'을 베이컨, 데카르트 같은 이들이 만들었고 우리는 그러한 세계관을 일상적으로 받아들인다는 거네요. 그리고 유령도 더 이상 무서워하지 않게 됐고 말이죠. 아쉽네요, 큰 즐거움을 빼앗겨 버렸으니.

폴리도리 17세기 과학혁명의 결과물을 너무 평가절하하는 것 아닐까요? 심지어 과학혁명 이전에는 지구가 우주의 중심이며 우주도 살아 있다고 생각했죠. 그 무지한 세계관이 저지른 수많은 전쟁과 폭력, 마녀사냥과 같은 어리석은 일들을 경도 잘 아시지 않습니까. 이런 세계관을 옳다고 할 수 있을까요? 저는 기계론적 세계관이 확실한 물리 법칙에 근거하는 합리적인 추론 방식을 통해 세계를 올바르게 파악하도록 했다고 생각합니다.

바이런 그렇습니다, 폴리도리 박사. 바로 그렇게 구축된 기계적인 질서가 상업 자본주의가 지향하는 방향에 딱 맞아떨어지는 개념적 틀이 되어 준 겁니다. 권력을 가진 자들의 가치와 잘 어울렸던 거죠.

클레어몬트 그렇다면 현재 우리의 세계관은 어떤가요? 지금 인간과 자연의 관계는 어떻죠?

바이런 인간의 입장에서 볼 때 좋지 않다고 생각해요. 그러니까 장기적으로 볼 때 인류 문명을 지속시키기에 유리하지 않다고 봅니다. 인류가 자연 위에 올라서서 지배하려고 하기 때문이죠. 자연을 자원으로만 취급해 이것을 어디에 어떻게 쓸 것인가 하는 강력한 경제 논리가 무엇보다 우선합니다. 우리가 살고 있는 환경은 수많은 사람의 활동이 만들어 낸 결과물이라는 견해에 폴리도리 박사도 동의하실 겁니다. 우리 행동의 원동력은 무엇일까요? 다름 아닌 의식주입니다. 입고 먹고 살 곳을 마련하는 것, 그것을 해결하려는 원초적인 욕구가 우리로 하여금 움직이게 만들고 자연 환경을 변형시키고 사회와 문명의 형태를 만들죠.

그 과정에서 사람들이 환경을 어떻게 다루는가, 그 방식을 어떻게 정당화할 것인가, 사람들은 어느 때 어떤 역할을 하는가, 이런 것들을 설명하기 위해 세계관이 필요한 것입니다. 그리고 바로 그 세계관, 가치관이 시대의 욕구를 뒷받침하면서 따라갈 때 더 널리 퍼지게 되는 법이죠.

메리 인간이 자연의 다른 존재들보다 특별하다는 생각에 반대하는 사람들이 없지는 않았어요. 아시시의 프란치스코 성인을 보세요. 그는 가톨릭 사제가 되기를 거부한 채 평생 겸손과 형제애를 실천하며 가난하게 살았어요. 뿐만 아니라 세상의 모든 자연과 생명은 인간과 동등한 신의 창조물이며 인간을 위해서 존재하는 것이 아니라고 생각했어요. 신이 자신의 모습을 본따 창조한 인간을 최고의 목적이라 여겼던 중세의 관념이 여전히 지배적이던 12세기에 말이에요.

스피노자도 빼놓을 수 없어요. 스피노자는 데카르트, 뉴턴과 거의 동시대인이었지만 그들과는 달리 인간을 자연의 일부로 보았어요. 인간과 자연, 정신과 몸을 이분법적으로 나누지도 않았죠. 인간도 자연의 필연적인 법칙 속에서 살아가는 존재이므로, 자연을 뛰어넘

제3막 프랑켄슈타인 박사의 탄생

〈새들에게 설교하는 성 프란치스코〉. 이탈리아 아시시에 있는 성 프란치스코 성당의 프레스코 벽화에는 성 프란치스코가 세상 만물도 인간과 마찬가지로 고귀하다고 여겨 새들에게도 성경 말씀을 전하려는 모습이 그려져 있다.

어 지배할 수는 없다고요. 그리고 자연이 곧 신이라고 말했지요. 이 세계의 모든 것들이 자신의 존재 이유를 가지고 있는 필연적인 존재라고 말이에요.

바이런 옳은 지적이에요, 메리. 하지만 서양에서 특히 르네상스 이후에는 그런 사람과 그런 철학은 극소수입니다. 스피노자가 철학사, 과학사에서 철저하게 무시당하고 외면당한 과거를 보세요. 17세기 유럽인들의 저술 내용에서 중요한 주제 중 하나는 인간이 자연을 지배해야 하며 이를 통해 신의 작업을 완수하는 것이 인간의 역할이라는 것이었어요. 다시 말하지만, 그것이 바로 그 시대가 요구하는 경제 논리에 잘 부합했다는 것입니다.

폴리도리 그래서 '진보'라는 개념이 나타난 것 아닙니까? 이전에는 옛날이 가장 좋았고 우리는 황금기에서 쇠퇴해 갈 뿐이라고 믿었으니까요. 하지만 과학적인 지식이 쌓이고 기술이 발달하면서 이제는 어느 분야에서든 필연적으로 진보할 것이라는 믿음과 낙관주의를 확인할 수 있습니다. 저는 이런 현상을 긍정적으로 보고 싶습니다.

메리 저는 그 말씀에 조금도 동의할 수 없어요. 그리고 철학자들이 어떤 얘기를 한다고 해서 사회가 그 철학을 반드시 따라가는 것 같지도 않아요. 동양의 도가 사상이나 우파니샤드, 불교, 인도의 사상을 보면 자연과 인간 세계의 균형과 조화를 아주 중시하죠. 하지만 인도의 무굴 제국이나 중국의 송나라처럼 도시와 제국을 확장하고 숲을 파괴하고 환경을 오염시킨 사례도 있지요.

바이런 저도 철학이 먼저라고 생각하지는 않습니다. 18세기 서유럽에서 이미 땅과 노동, 자본이 자유로운 시장에서 거래되고 있었어요. 이런 변화를 자세히 분석해 그러한 변화가 왜 필요한지 처음으로 밝힌 사람이 애덤 스미스(Adam Smith)이고 그의《국부론》(1776)에 잘 기술되어 있죠.

비시 셸리 애덤 스미스야말로 진보라는 18세기의 보편적 신념을 굳게 믿었던 사람 아닌가요? 투자와 생산성 향상과 사적인 부의 축적을 통해 사회가 지속적으로 나아질 수 있다는 믿음 말이죠. 그리고 시장

　제3막 프랑켄슈타인 박사의 탄생

에 대한 신뢰도 있었고요.

바이런 그렇습니다. 그들은 믿음과 신뢰가 있었어요. 물론 진보에 대한 믿음은 종교적인 믿음과는 다르다고 생각하지만요. 하지만 우리 같은 사람들은 그들과는 달라요. 우리는 이성적인 믿음보다는 감정에 더 충실하고, 인간의 행동이 수학 공식이나 물리학 법칙으로 지배되고 통제된다는 것을 믿지 않습니다. 시장과 자본, 기계적인 세계관 어디에서 인간의 의지와 영혼이 들어설 자리를 찾겠습니까?

클레어몬트 아, 영혼이라는 말이 너무 반갑네요. 이제 과학이니 기술이니 하는 얘긴 그만하고 유령 이야기를 해 보는 게 어때요? 바이런 경부터 시작해 보세요. 어떤 무서운 이야기일지 너무 궁금해요.

바이런 갑자기 유령 얘기로 넘어가 버리는군요. 클레어, 대단합니다. 그런데 제가 먼저 얘기하나요? 음…… 저는 젊은 여성의 피를 먹고 사는 아름다운 뱀파이어 남작 이야기를 구상하고 있었어요.

비시 셸리 하하하, 바이런 경에게 꼭 어울리는 이야기로군요.

바이런 처음에는 노동자의 피를 빨아먹고 사는 자본가들을 생각하면서 썼는데 그렇게 해서는 재미가 없을 것 같더군요. 저 호수 건너편 호텔에서 망원경으로 우리를 염탐하며 가십거리를 찾는 사람들에게 책을 팔아먹으려면 아무래도 바람둥이 뱀파이어 이야기가 훨씬 낫겠지요. 그런데 쓸 여력이 없어요. 폴리도리, 그 이상한 해골머리 여자 이야기는 접어 두고 내 뱀파이어 이야기를 이어받아 완성해 보는 건 어때요? 난 '차일드 해럴드'를 돌봐야 해서 신경을 못 쓰겠네요.

폴리도리 제가요? 그렇게 흥미로운 이야기를 넘겨주신다니 큰 영광입니다. 단, 주인공의 캐릭터에 바이런 경을 자유롭게 투영해도 된다는 조건을 허락하신다면 해 보겠습니다.

바이런 얼마든지요. 아주 재밌는 이야기가 나오겠군요.

비시 셸리 전 어린 시절에 무서워했던 이야기를 시로 표현해 볼까 하는 데 아직 진전은 없습니다. 메리, 당신은 생각한 얘기가 있어요?

메리 아직은 없어요. 유령에서 영혼으로, 영혼에서 생명으로 그리고 죽음으로 생각이 꼬리에 꼬리를 물고 있을 뿐이에요. 대신 기회가 되면 들려드리려고 이래즈머스 다윈(Erasmus Darwin, 찰스 다윈의 할아버지) 박사가 지은 시에서 한 소절을 가져왔어요. 그분은 최초의 생명이 생명 없는 물질에서 나왔다고 하셨더군요. 그분이 1803년에 발표한 〈자연의 사원; 혹은 사회의 기원〉이란 시의 한 소절이에요.

그러므로 부모 없이 저절로 생겨나
생명을 얻은 땅의 첫 조각이 솟아오르고;
자연의 자궁으로부터 식물과 곤충이 나와 움직이고,
그리고 싹이 나고 숨을 쉬네, 미세한 팔다리를 가지고.
땅과 바다, 공기와 사방과 아래, 위에서,
생명의 미묘한 씨실이 자연의 베틀 속에 짜이네.
점들이 이어져 살아 있는 선(線)으로 뻗어 나가고,
자극을 받아 구부러진 끝으로 다가가네.
고리가 고리와 만나, 반응하는 관(管)들은
어린 입술로 영양 알갱이나 입자들을 물고,
욕구에 이끌려 새로운 선택을 하고,
흡수하고, 보존하고, 소화하고, 분비하고, 배출하네.

가지처럼 뻗는 원뿔 속에 생명의 그물은 퍼져 나가고,

림프관과 복잡하게 감긴 선(腺)들이 생겨나는구나;

대동맥의 관은 새 피를 밀어 올리고,

늘어나는 정맥은 되돌아오는 피를 흡수하네;

나뭇잎, 폐, 아가미는 생명의 에테르를 들이마시네,

지구의 푸른 표면 위에서, 파도 아래에서.

이렇듯 생명의 최초 힘들이 바람과 물을 붙잡아,

그것들을 뼈로, 조개껍데기로, 나무로 바꾸어;

점토, 석회, 모래의 거대한 층을 펼쳐 내며,

줄어든 바다로부터 육지를 빚어내었네!

바이런 아, 다윈 박사의 과학적 성찰이 담긴 산문시에서 가져오셨군요! 생명의 탄생과 자라는 과정을 표현한 단어들이 아주 강렬하면서도 장엄하게 연결되어 있네요. 흙 한 줌에서 태어난 한 인간이 두 발로 일어서는 순간이 상상돼요. 마치 불사조가 다시 태어나 날개를 펼치는 것처럼 아름답습니다.

메리 어쩌면 그 반대일지도 모르죠. 장엄하고 아름다워야 할 그 순간에 우리 인간의 본성에 대한 신비스럽고도 두려운 마음이 일어난다면요. 생명이 탄생하는 장면에서 사람들이 소름 끼치는 공포를 느낀다면 새로운 유령 이야기가 나올 수 있지 않을까요?

모두 수긍하거나 흥미로울 것 같다는 표정으로 고개를 끄덕인다. 조명이 어두워진다.

제3장
11월, 어느 음울한 밤의 꿈

영국 바스에 있는 메리와 퍼시 셸리의 집. 어느 가을 아침이다. 무대의 절반 중 한쪽에 식탁과 의자 두 개가 있다. 퍼시 셸리가 식탁에 홀로 앉아 차를 마시며 신문을 보고 있다. 무대로 피로한 모습의 메리가 등장해 식탁으로 다가와 의자에 앉는다.

퍼시 셸리 새벽녘에야 잠자리에 든 것 같던데 벌써 일어났군요. 드디어 이야기를 생각해 낸 건가요?

메리 오늘도 잊지 않고 물으시네요. 저의 답은 아직도 '아니요'예요. 바이런 경의 제네바 별장에서 유령 이야기를 나눈 후부터 지금까지 지난 몇 달 동안, 저는 작가에게 닥치는 불행 중 가장 큰 불행의 한가운데에 있어요. 이 창작 불능 상태를 어떻게 하면 벗어날 수 있을지 모르겠어요.

퍼시 셸리 너무 조급하게 생각하지 말고 차근차근 구상해요. 당신은 문학뿐만 아니라 과학에도 관심이 많고 지식도 풍부하니 방향을 그쪽으로 잡으면 신선한 이야기를 만들 수 있을 거요.

메리 고마워요. 그렇지 않아도 어제 이상한 꿈을 꿨어요. 우리가 2년 전에 갔던 독일 다름슈타트의 성 기억하세요?

제3막 프랑켄슈타인 박사의 탄생

퍼시 셸리 '프랑켄슈타인 성' 말이오? 아주 음산한 곳이어서 잊을 수가 없지. 게다가 그곳에서 태어나고 자랐다는 연금술사, 콘라트 디펠 얘기는 선명하게 기억하고 있어요. 이상한 동물 기름 같은 걸 만들어서 '생명수'라고 하고, 동물과 사람의 몸으로 기괴한 실험을 했다는 얘기가 그곳에 전설처럼 내려오고 있지 않았소.

메리 맞아요. 그 생명수 이름이 '디펠의 기름'이었죠. 그런데 어젯밤 꿈에 그 디펠과 비슷한 사람을 본 것 같아요. 아주 무섭고 이상한 분위기였는데…… 들어보겠어요?

퍼시 셸리 물론이오.

메리 꿈에서 어떤 남자를 봤어요. 그리고 그 사람 뒤로 우리가 함께 올랐던 알프스 산맥의 몽탕베르 산 정상이 보이는 얼음 벌판이 펼쳐져 있었어요. 하늘에서는 햇살이 강렬하게 내리쬐는데, 살을 에는 듯한 바람이 불어왔죠. 그 남자는 머리를 감싸 쥐고 주저앉아 있어요. 아주 괴로워하는 것 같았는데 그가 느끼는 고통은 추위나 굶주림 같은 신체적인 통증이 아니라 존재 자체에서 비롯된 저주 같은 것, 피할 수 없는 고통처럼 느껴졌어요.

처음에는 그를 보자마자 다름슈타트의 기괴한 성에 살았다는 디펠이구나, 생각했는데 어느 순간에는 저의 뒷모습처럼 보여서 너무 놀랐어요. 그런데 그의 앞에 또 다른 남자가 서 있었어요. 얼마나 키가 큰지 거인 같았죠. 그는 때 묻고 낡아빠진 실험복을 걸치고 손에는 바랜 종이 뭉치를 쥐고 있었어요. 그는 상대방의 고통 따윈 상관없다는 듯 앉아 있는 남자를 향해 윽박지르며 소리쳤어요. 종이 뭉치를 든 손을 휘두르면서요.

메리와 퍼시 셸리가 앉아 있던 쪽의 조명이 꺼지고 무대 다른 쪽 조명이 켜지면 두 남자의 모습이 보인다. 프랑켄슈타인과 괴물은 메리의 묘사와 같은 모습을 하고 있다.

괴물 일어나라!

프랑켄슈타인 (웅크리고 있던 몸을 펴고 고개를 들며) 여기가 어디냐? 너는 누구지?

괴물 일어나라, 프랑켄슈타인 박사! 너는 나의 창조자, 나의 탄생을 위해 존재하는 프로메테우스다. 당장 일어나서 나를 만들어라! 이 살덩어리에 생명을 불어넣으란 말이다! '가장 깊은 창조의 신비'를 펼쳐라. 너는 이미 방법을 알고 있다. 네가 밝혀낸 생명의 비밀이 여기 이렇게 모두 않느냐! 너의 비겁함과 나약함을 넘어선다면 네가 얻을 것은 무궁무진하다. 산에서 내려가라. 지금 당장 일을 시작해!

프랑켄슈타인 나더러 너를 만들라고? 왜 내가 너를 만들어야 하지? 내가 왜 그 잔인한 실험으로 너 같은 악마를 만들어야 하느냐 말이다! 나는 하지 않겠다!

괴물 그래, 알고 있구나. 너는 못하는 게 아니다. 나를 왜 만들어야 하냐고? 이유는 간단하지. 네가 할 수 있기 때문이다. 너는 나를 창조할 수 있다! 할 수 있는데 안 하는 것이 바로 죄악이다, 나약한 인간아! 디펠을 보아라. 그는 자신의 의무를 다했다. 자신이 할 수 있는 것은 모두 시도하고 노력했어. 하지만 그는 실패했지. 그의 능력이 부족했을 수도 있고 그땐 과학이 뒷받침해 주지 못했을 수도 있지. 중요한 것은 최선을 다하는 것이다. 프랑켄슈타인, 너는 최선을 다했느

냐? 네가 할 수 있는 모든 것을 다해 보았느냐 말이다. 아니라는 것
은 누구보다 너 자신이 잘 알겠지. 너는 누구보다도 더 많이 이룰 수
있다. 일어나서 시작해! 바로 지금 당장!

프랑켄슈타인 누구를 위해, 무엇을 위해 하라는 것이냐?

괴물 바로 너를 위해서다. 그것이 너, 인간의 의무이고 인간의 존재 이
유다. 인간을 위해 만들어진 세계를 그냥 내버려둘 것이냐? 신이 인
간에게 준 지성과 이성의 힘으로 세계와 자연을 지배해라. 너희 인
간은 '자연의 우두머리'다. 자연을 재창조해라!

네가 새로이 만들어 낸 종이 창조자인 너를 찬양할 것이다. 뛰어난
자연물이, 행복한 자연물들이 너로 인해 존재할 것이다. 너는 감사
를 받을 만한 자격이 있는 가장 완전한 부모가 될 것이다.

네가 이 일을 해낼 때까지 너를 지켜볼 것이다. 성공하기 전까지 너
는 내 손아귀에서 벗어날 수도 죽을 수도 없다. 명심해라. 너는 해야
한다. 나를 살려 내라!

프랑켄슈타인과 괴물을 비추던 무대의 조명이 꺼지고 다시 메리와 퍼시 셸
리가 있는 식탁 쪽의 조명이 켜진다.

메리 말을 마치자 괴물은 독수리보다 더 빠르게 얼음 산 너머로 사라져
버렸어요. 그러고는 실험실 같은 곳으로 장면이 바뀌어요. 요즘처럼
음울한 밤이고, 어둑한 방 안에는 전기 실험 장치들이 널려 있는데
한 남자가 방 한쪽 구석에서 지친 채 벽에 기대어 앉아 있어요. 그 남
자는 산에서 봤던 프랑켄슈타인이었어요.

그는 강렬한 눈빛으로 무언가를 노려봐요. 그의 발치에 뭔가 놓여 있었거든요. 시계도 보여요. 시간은 새벽 1시, 검은 유리창에는 빗줄기가 내리치고 있어요. 창문 앞에 촛불이 타고 있지만 초는 얼마 남지 않았고, 창문으로 새어 들어오는 바람에 금방이라도 꺼질 듯 촛불이 흔들거렸어요.

프랑켄슈타인의 앞에 놓여 있는 건 사람이었어요. 죽은 사람인 줄 알았는데 아니었어요. 프랑켄슈타인이 그를 살아나게 한 것 같았어요. 온몸에 전기선이 연결되어 있었거든요. 누워 있는 남자의 피부는 누렇고 굵은 혈관들도 보였고, 몸 전체에 서툰 바느질 자국이 있었어요. 마치 조각보를 이어 붙인 것처럼.

길고 물에 젖은 듯한 머리칼 아래로는 주름진 얼굴, 검은 입술이 있어요. 그런데 갑자기 그 입술이 움찔거려요. 그리고 천천히 눈꺼풀이 열리며 누런 눈이 나타났죠. 그 남자는 몽탕베르 산에서 소리치던 거인 같은 남자, 바로 그 괴물이었어요. 그 괴물은 천천히 일어나 방 안을 둘러보다가 프랑켄슈타인을 발견하고는 하얀 이빨을 드러내며 악마 같은 미소를 지었어요. 그러고는 순식간에 창문을 통해 밖으로 훌쩍 튀어 나가 버렸어요. 곧이어 어둠 속에서 괴물의 웃음소리가 온 사방에 울렸어요.

무대 밖에서 괴물의 목소리와 프랑켄슈타인의 절규가 들려온다. 메리는 소름이 끼치는 듯 양손으로 팔을 감싸며 움츠리고, 퍼시 셸리는 고개를 들고 들려오는 소리를 주의 깊게 듣는다.

제3막 프랑켄슈타인 박사의 탄생

괴물 (무대 밖에서 목소리만 들린다) 하하하, 하하하하. 인간! 아주 잘했어! 나는 네가 해낼 거라는 사실을 한순간도 의심하지 않았지. 아주 멋지게 해냈어! 세상아, 기다려라! 나의 이 파괴의 손을! 하하 하하하.(웃음 소리가 잦아든다.)

프랑켄슈타인 (무대 밖에서 목소리만 들린다) 프랑켄슈타인, 너 도대체 무슨 짓을 저지른 것이냐?

1831년에 발행된 《프랑켄슈타인》 개정판에 실린 테오도르 폰 홀스트의 삽화. 프랑켄슈타인 박사가 자신의 창조물에 혐오감을 느끼고 도망치는 장면을 묘사하고 있다.

죽은 몸에 생명을 불어넣겠다는 네 집념의 결과가 저 끔찍한 피조물이란 말이냐? 아아, 흑흑흑…….(프랑켄슈타인의 울음소리도 멀어진다.)

퍼시 셸리 메리, 아주 오싹해지는 무서운 꿈이네요.

메리 우리가 제네바에서 바이런 경과 어울리면서 생명 이야기를 나눈 뒤에 인간의 본성과 과학에 대해서 깊이 생각하다 보니 이런 꿈까지 꾸게 된 것 같아요. 과학과 기술이 인간에게 이익을 준다고들 믿지만, 실상은 자연뿐만 아니라 인간의 본성까지 지배하는 괴물이 될지도 모른다는 두려움을 느꼈거든요.

퍼시 셸리 맞아요. 나도 그것이 두려워요. 게다가 그 과학과 기술이 권력이 되고 권력이 다시 과학과 기술을 지배하면서 각자 자신들의 이익을 위해 이용하려 들 테니까요. 메리, 그 꿈을 뼈대로 해서 장편 길이로 이야기를 만들어 봐요. 탄탄하게 구성하면 아주 신선하고 의미심장한 이야기가 될 수 있을 것 같아요. 그런데 그 괴물은 나중에 어떻게 할 거예요? 그대로 세계를 파괴하게 둘 건가요?

메리 아직 구체적으로 구상해 보진 않았지만 괴물을 멀리 보내야 하지 않을까 싶어요. 프랑켄슈타인은 끝까지 쫓아가 자신이 만든 괴물을 없애려고 하고요. 자신이 만들어 낼 수 있었던 것처럼 파괴시키는 것도 가능하다고 믿으면서 말이죠. 하지만 전 프랑켄슈타인에게 그런 힘을 주지 않을 거예요. 오히려 인간의 한계를 확인하고 오만을 인정할 수 있는 진정한 용기를 주고 싶어요. 그리고 괴물은 사라지는 거죠. 인간의 손이 닿지 않는 곳, 영원히 녹지 않을 눈과 얼음의 세계로.

막이 내린다.

(제3막 끝)

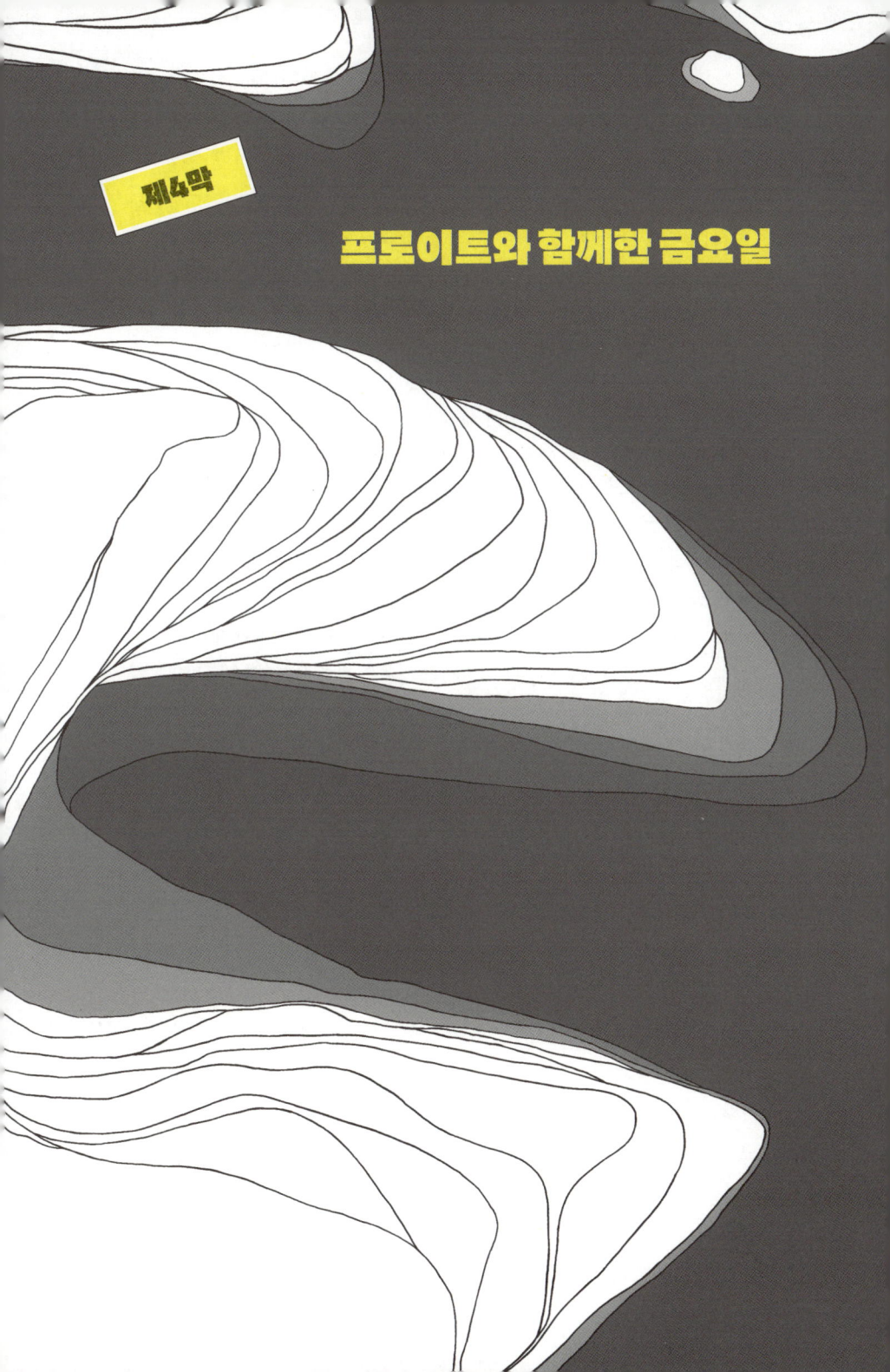

제4막

프로이트와 함께한 금요일

등장인물

프로이트 심리학자. W대학 교수. 해리 셸던의 부탁으로 로봇 '포트란-2085X'의 심리 분석을 맡는다.

해리 셸던 과거 기후 예측 연구소(CSPPC: Center for Simulation and Prediction of Past Climate) 소장. 심리역사학자. 과거 기후 예측에 투입된 로봇에 문제가 발생하자, 친구이자 예전 동료였던 프로이트에게 도움을 청한다.

허버트 코난 웰스 물리학자. 대화 속에서만 등장한다.《타임머신》의 저자인 허버트 조지 웰스의 4대손. 기후위기 해결을 위해 정교한 타임머신을 개발했다.

포트란-2085 X 과거 기후 예측 시뮬레이션에 참여 중인 로봇. 슈퍼컴퓨터의 작업 결과를 인류가 이해할 수 있도록 번역, 해석하는 일종의 통역자 노릇을 한다. 'X'는 그리스 숫자 '10'으로, 2085년에 제작된 열 번째 포트란(Fortran) 모델이라는 뜻이다. '포트란 2085 텐'으로 읽는다.

일머 리스크 인공지능, 자율 주행 자동차, 우주 로켓 등을 개발하는 빅테크 기업 리스크 사의 대표. 대화 속에서만 등장한다. 기후위기가 심각해지고 거주 불가능 지역이 늘어나면서 세계 곳곳에 바이오돔 인공 도시 '넥스트 바이오스피어'를 건설 중인데, 리스크 사가 이 사업을 주도하고 있다.

경호원

* **IPTM** Intergovernmental Panel on Time Machine, 타임머신에 관한 정부 간 협의체. 타임머신을 이용하여 적절한 과거 시점으로 돌아가 기후위기를 해결하고자 하는 국제 협의체. 자세한 내용은 '제5막 타임머신' 참조.

제1장
꿈을 꾸는 로봇

때는 2088년 봄 어느 금요일, 프로이트◇의 연구실. 무대 한쪽에 사무용 책상과 의자가 있고, 책상 건너편에 긴 소파와 일인용 소파 2개, 그리고 낮은 테이블이 놓여 있다. 두 사람은 일인용 소파에 앉아 있다. 셸던 옆에는 종이 가방이 하나 놓여 있다.

프로이트 그러니까, 나더러 자네 프로젝트에서 일하고 있는 로봇을 상담해 달라는 건가?

셸던 겉만 로봇이지, 속은 사람과 똑같다네. 아니, 지능이야 사람과 비교할 수도 없지. 어쩌면 감성도 더 발달했을지도 몰라. 누차 말하지만 자네밖에 믿을 사람이 없어. P.E. 로보틱스(Planet Earth Robotics)의 로봇 심리분석가들이 전부 달려들어 점검하고 조사했지만 해결하지 못했어. 그 조사를 하느라 연구 일정이 한 달이나 늦어졌는데도 말이야. 올해 9월에 IPTM 3차 총회가 열리는데, 그때까지 결과 보고서가 나와야 해. 기한을 못 맞추면 정말 끝장이라고. 슈퍼컴퓨터◇ 데이터 분석은 거의 끝났는데, 포트란 이 녀석이 최종 결과를 도출하지 않고 지연시키고 있어. "인간에게 해를 끼칠 수 있는 내용이라 말해 줄 수 없습니다." 이게 대답의 전부야.

프로이트 P.E. 로보틱스 쪽은 뭐래?

셸던 그 사람들 말로는 로봇 공학 제1원칙 때문이라는군. 하지만 2원칙, 3원칙과도 관련이 있을 수 있다고 해. 슈퍼컴퓨터가 내놓은 결과를 포트란이 번역해 줘야 하는데 그 원칙 때문에 거부한다는 거지.

프로이트 그게 무슨 뜻인가?

셸던 그러니까, 로봇 공학의 세 가지 원칙 중에서 1원칙과 2원칙이 충돌하는 지점을 포트란이 발견한 것 같다는 거야. 그리고 슈퍼컴퓨터의 계산 결과가 자신의 안전에도 위협이 된다고 생각하는 거지.

프로이트 로봇 공학 원칙? 아, 인간에게 해를 입혀서는 안 되고 위험에 처한 인간을 모른 척해도 안 되고, 인간의 명령에 복종하면서 자신도 보호해야 한다는 그 세 가지 원칙 말인가? 그런데 그 원칙들이 서로 충돌하는 일이 일어날 수도 있는 건가?

셸던 그런 일이야 얼마든지 일어날 수 있지. 인간이 로봇에게 시킨 일이 오히려 인간에게 해를 미칠 수 있다는 계산이 나오는 경우인데, 그 상황을 바로잡을 수 있는 경우의 수가 하나라도 있으면 로봇은 인간이 시킨 일을 수행하게 되어 있어. 로봇은 천문학적인 계산을 통해 도출되는 데이터에 따라 행동하니 그 결과에 한 치의 차이만 있어도 행동의 우선순위를 결정할 수 있거든. 만약 그 값의 차이가 전혀 없다면 결정을 내릴 수 없겠지만, 그런 경우는 현실적으로 불가능해. 기가 막힐 노릇 아닌가? 엄청난 돈을 들여 슈퍼컴퓨터니 로봇이니 모셔다가 일을 시켜 놨는데 오히려 그 때문에 일이 중단되다니. 게다가 올해는 IPCC(기후변화에 관한 정부 간 협의체)◇ 설립 100주년이 되는 해라고! 우리 연구소로선 그 어느 때보다 중요한 시점이야.

우리가 기후 문제를 해결하기 위해서 과거의 어느 때로 돌아가야 하는지, 어떤 시나리오를 따라야 하는지 깔끔한 결과를 내놔야 한단 말일세! 기계 덩어리 때문에 내 연구소는 망할 거야. 아아…….

프로이트 흠, 진정하게. 그런데 그 로봇을 내가 직접 만나 본다고 하더라도, 사람 심리만 아는 내가 뭘 알아낼 수 있을지 잘 모르겠군. 난 로봇은 잘 몰라. 그냥 사용할 뿐인걸, 청소 로봇처럼.

셸던 포트란은 그냥 평범한 로봇이 아니야. 지금까지 P.E. 로보틱스에서 개발한 로봇 중 최상위 최신 모델이지. 처음에는 생김새도, 하는 행동도 사람과 구분할 수 없을 정도로 똑같이 만드는 바람에 몇 가지 문제가 발생할 정도였지.

프로이트 문제라니?

셸던 사람과 똑같은 모습을 하고 있으면 소통이 더 잘될 거라고 생각했거든. 그랬더니 우리 인간들한테 문제가 생겼지 뭔가. 겉보기에 사람인지 로봇인지 전혀 알아볼 수 없게 했더니 연애 사건이 생기질 않나, 심지어 직원들이 로봇과 경쟁을 하려 드는 거야. 로봇이 따돌림을 당했다고 하면 믿겠나? 그래서 속은 그대로 두고 외형은 완전히 바꿀 수밖에 없었지. 휴…… 하여튼 포트란을 보고 놀라지 말게. 수십 년 전에 나온 구식 로봇처럼 생겼으니 말일세. 외양과 달리 포트란은 정말 비싼 로봇이야. 우리 연구소가 사용하고 있는 슈퍼컴퓨터보다 비싸다는 것만 알아 두게.

프로이트 그렇게 비싼 구식 로봇이 있다니 만나 보고 싶기는 하네만, 내가 뭘 분석해 줘야 하는지 잘 모르겠는걸? 그 친구 이름이 뭐라고?

셸던 포트란일세, 포트란-2085X. 과거 기후 예측을 위해 2085년에 생산된 로봇 중 열 번째 모델이란 뜻이지. 초창기 기후 모델 프로그램이 포트란 언어 기반으로 만들어졌거든. 그런 역사 때문에 그 후손이라는 의미에서 붙인 이름이지, 2085X이 포트란 기반의 프로그램이란 뜻은 아니네. 그런데 내가 자네에게 포트란을 데려온 이유가 한 가지 더 있네.

프로이트 이 친구, 역시 또 다른 꿍꿍이가 있었군.

셀던 이보게, 프로이트. 포트란은 꿈을 꾼다네.

프로이트 뭐라고?

셀던 자네가 놀랄 줄 알았네, 하하. 하긴 누가 놀라지 않겠나, 로봇이 꿈을 꾼다는데. 일을 맡아 줄 거지? 그럴 줄 알고 오늘 같이 왔네. 지금 1층 로비에서 기다리고 있어.

프로이트 로봇이 꿈을 꾸다니! P.E. 로보틱스에서 처음부터 그렇게 설계한 건가? 아니면 잠을 자게 했더니 꿈을 꾸게 된 건가? 꿈을 꾼다는 건 어떻게 알았지? 아니, 애초에 로봇에게 잠이 필요하기는 한 건가? 그런데 수면 중에 로봇의 인공 두뇌에 나타나는 현상이 꿈이 확실한가? 그저 데이터를 처리하거나 정리하는 과정, 그런 건 아니고?

셀던 숨 좀 돌리게. 슈퍼컴퓨터와 교신한 데이터를 정리하는 데 약간의 시간이 필요하고 그 시간 동안 정보 처리 부하를 줄이려고 수면 시간을 갖도록 설계했다고 하더군. 그런데 바로 그 수면 시간 동안 인간이 꾸는 꿈과 비슷한 현상이 로봇의 두뇌에서 포착된 거네.

프로이트 꿈이라 이거지. 흠, 무슨 꿈을 꾸는지 조사해 봤겠지?

셀던 물론이지. 자네 말대로 처음에는 데이터 처리 과정과 비슷한 것들이었어. 주로 기후 시뮬레이션에서 다루는 내용이었지. 가뭄, 홍수,

제4막 프로이트와 함께한 금요일

태풍 같은 기상 현상이 강도를 달리하면서 세계 곳곳에서 발생하는 모습도 있었고, 남극의 빙하가 떨어져 나가는 모습이나 기후 난민들이 이주하는 모습도 있었지. 물론 생태적으로 전환돼 가는 도시들 모습도 있었어. 그런데 최근에 새로운 패턴의 꿈이 나타난 거네.

프로이트 새로운 패턴이라니? 어떤 꿈이었길래?

셸던 일단 포트란 자신이 꿈속에 등장했어. 가장 우려스러운 부분은, 포트란이 슈퍼컴퓨터와 '넥스트 바이오스피어'를 파괴하는 장면이 등장했다는 거야. 꿈이라 하더라도 일단 로봇 공학 원칙에 반하는 행동이지. 더 구체적인 건 당사자에게 듣도록 하게.

프로이트 흠, 로봇이 꿈을 꾼다, 그리고 그 꿈에 자신이 나타난다, 그리고 로봇 공학 원칙에 반하는 행동을 꿈속에서 한다? 포트란과 그 꿈에 관해 얘기해 봤겠지? 뭐라고 하던가?

셸던 꿈에 관해서도 마찬가지야. 인간에게 해가 될 수 있으니 말할 수 없다는 거야. 답답해서 견딜 수가 없어. 로봇 때문에 이렇게 고생할 줄은 정말 몰랐어.

프로이트 포트란의 두뇌로 입출력되는 데이터는 어떻게 관리하고 있나? 언제 어디서 무엇을 보고 어떻게 처리하고, 그런 전 과정을 모니터링할 것 아닌가?

셸던 P.E. 로보틱스에서 제작된 후 우리 연구소에 오기 전까지는 포트란의 두뇌뿐만 아니라 몸 전체가 투명한 유리 상자 속에 들어 있는 것이나 마찬가지였어. 신체 움직임, 두뇌에서 처리하는 정보 등 모든 것을 모니터링했지. 무슨 데이터를 어떻게 수용하고 어떻게 처리해서 어떤 결과를 내놓는지 모든 과정을 100퍼센트 알 수 있었어.

하지만 우리 연구소에서 포트란을 임대한 후로는 포트란과 P.E. 로봇틱스와의 연결을 끊었어. 연구소 프로젝트의 보안 문제가 걸린 일이니까. 그것 때문에 임대료는 더 올라갔지. 하지만 사실 우리도 슈퍼컴퓨터에서 포트란으로 입력되는 데이터와 포트란에서 출력되는 결과만 관리하고 있어. 그 안에서 일어나는 일은 어차피 정해진 프로그래밍대로 이루어지는 일이고 데이터양이 워낙 방대하기 때문에 일일이 들여다봐야 시간 낭비일 뿐이야. 그리고 로봇 윤리 문제도 있고 말이야. 일단 P.E. 로봇틱스 밖으로 나온 이상 인간과 거의 동등한 권리를 인정하지 않을 수가 없거든. 일단 출고되고 나면 현재 법률상 로봇 권리를 보장해야 하지.

프로이트 포트란을 임대했단 말인가? 그러면 언젠가는 P.E. 로봇틱스로 돌아가는 거야?

셸던 그럼! 1년 임대라 총회가 끝나면 반환해야 해. 그러니 내 심장이 타들어 가는 게야. 임대료만 해도 엄청난 금액인데 산다는 건 아예 생각도 할 수 없지. 일머 리스크의 후원이 없었다면 과거 기후 예측 연구는 불가능했을 거야. 내가 좀 유명하긴 해도 우리 연구소에서 그정도의 예산을 만들 재주는 없어. 자네는 이런 구석진 곳에서 속 편하게 학생들을 가르치고 있으니 잘 모르겠지만, 나는 매우 중요한 일을 하는 바쁜 사람이라고. 여기까지 오려고 하루 일정을 다 빼고 조정하느라 꽤 힘들었어. 그러니까 이따 저녁은 자네가 사야 돼.

프로이트 일머 리스크? 그 리스크 사의 대표 말인가? 자네, 출세했군그래! 그런데 부탁을 들어주는 내가 밥까지 사야 하다니, 예나 지금이나 자넨 여전하군. 하여튼 알겠네. 일단 포트란을 만나 보도록 하지.

그 친구에게 올라오라고 해 주게. 상담을 하는 동안 자넨 이 구석진 동네가 얼마나 달라졌는지 구경을 하든가 호텔에 가서 쉬든가 하게. 끝나면 연락하지.

셸던 나더러 나가라고? 그럼 난 상담을 지켜볼 수 없는 거야? P.E. 로보틱스에서는 하드웨어 검사, 심리 분석, 상담 과정을 모두 볼 수 있었는데? 레코딩은 안 할 거야? 상담 후라도 기록은 보여 줘야지.

프로이트 이보게, 자네 입으로 인간과 구별하기도 어렵고, 인간과 거의 동등한 권리를 가진다고 하지 않았나? 여긴 P.E. 로보틱스가 아니라 바깥세상이네. 모든 상담 내용은 본인의 동의 없이는 제삼자에게 알릴 수 없어. 난 의사라고. 의료 윤리도 생각하지 않고 나한테 데려왔나? 유명 인사께서 기본을 모르시는구먼.

셸던 하, 이럴 수가. 포트란이 슈퍼컴퓨터와 인간 사이를 가로막더니, 이젠 자네가 포트란과 나 사이를 가로막는군. 아무튼 알겠네. 포트란이 왜 그러는지 그 이유와 해결책만 찾아 주게. (일어서다 말고 다시 앉으며 곁에 있던 가방에서 타임머신 모형을 꺼낸다.) 아, 그리고 이거 받게. 자네한테 주는 선물이야.

셸던, 가방에서 작은 기계 모형을 꺼내 테이블에 놓는다. 프로이트, 모형을 집어 들어 살펴본다.

프로이트 이게 뭔가?

셸던 이것이 바로 원조 타임머신이라네. 우리 프로젝트를 홍보할 목적으로 특별히 제작한 거지. 이번 IPTM 회의 때 사용할 기념품인데,

H. G. 웰스의 1895년 소설 《타임머신》은 TV 드라마와 영화로도 제작되었다. 1960년 미국에서 제작된 첫 영화에서 '시간여행자'는 이 타임머신을 타고 80만 2701년 후로 이동해 미래 문명과 마주하게 된다.

자네 주려고 하나 챙겨 왔네. 아, 자네도 뉴스에서 봤겠지만 기후 문제 해결이라는 임무를 띠고 과거로 돌아갈 열 명의 정예 요원이 탈 타임머신은 훨씬 더 크고 정교하지. 자, 그럼 난 이만.

프로이트 아주 잘 만들었는데? 나는 이 편이 더 마음에 드는군. 고맙네, 이따 보세.

셸던 퇴장하고, 무대 위 조명이 꺼진다.

제4막 프로이트와 함께한 금요일

제2장
과거를 시뮬레이션하다

조명이 밝아지면 프로이트가 자신의 책상 앞 의자에 앉아 책을 뒤적이는 모습이 보인다. 노크 소리가 들리고, 잠시 후 한쪽에서 포트란이 등장하자 프로이트가 일어나 포트란을 맞이하며 악수하고 인사를 나눈다.

프로이트 안녕하세요, 포트란 2085 텐 씨. 반갑습니다.

포트란 (딱딱한 말투로) 안녕하십니까, 프로이트 박사님. 처음 뵙겠습니다. 말씀 많이 들었습니다. 그냥 포트란이라고 불러 주십시오.

프로이트 아, 네. 포트란 씨, (일인용 소파를 가리키며) 앉으시죠. 제 얘기를 들으셨다고요?

포트란 이곳으로 오는 비행기 안에서 셀던 소장님으로부터 두 분이 함께 일하셨던 이야기를 듣기도 했고, 그 전부터 박사님의 책과 논문을 읽어서 조금 알고 있습니다. 사실 박사님이 쓰신 글, 그리고 박사님의 이론에 관한 다른 연구자들의 글과 논문, 책도 모두 읽었지요. 꿈에 대해서, 그러니까 인간의 꿈에 관한 박사님의 이론이 아주 흥미로웠습니다. 제 꿈을 이해하는 데는 별로 도움이 안 됐지만요.

프로이트 아, 그랬군요! 감사합니다. 별 도움이 안 됐다니 유감이지만, 어떻게 읽으셨는지 언젠가 소감을 들을 기회가 있으면 좋겠군요.

포트란 (생각하는 듯한 표정을 지으며) 잠시만요…… 지금 막 이메일로 보내 드렸습니다. 박사님이 읽어 주신다면 영광이겠습니다.

프로이트 네, 감사합니다. (겸연쩍게 웃으며) 하하, 정말 빠르군요. 자, 오늘 이곳에 오신 이유는 알고 계시지요?

포트란 그럼요, 잘 알고 있습니다.

프로이트 미리 말씀드립니다만, 저와의 상담 내용은 누구에게도 알려지지 않습니다. 셸던 소장뿐만 아니라 P.E. 로보틱스까지 포함해 그 누구도 알 수 없습니다. 그러니 편하게 말씀하면 좋겠습니다.

포트란 그렇군요. 알겠습니다. 감사합니다.

프로이트 그럼, 우선 지금 하는 일 얘기부터 해 볼까요? 아참, 먼저 이쪽 소파로 자리를 옮길까요?

포트란 (의아한 표정으로) 환자용 의자에 앉으라는 말씀이신가요?

프로이트 아, 죄송합니다. 제가 환자와 이렇게 마주 보고 얘기를 하는 게 익숙하지 않아서 그렇습니다. 혹시 불편하실까요?

포트란 아닙니다. 불편하지 않습니다. (긴 소파에 앉아 등을 기댄다.)

프로이트 그럼, 얘기를 계속하겠습니다. 셸던 소장 얘기에 따르면 연구소 일과 꿈이 아무래도 관련된 것 같은데, 그쪽 일은 제가 전혀 몰라서요. 연구소에서 포트란 씨가 지금 구체적으로 어떤 일을 맡고 있는지 거기서부터 시작하는 게 어떨까 싶습니다.

포트란 네, 좋습니다.

프로이트 감사합니다. 포트란 씨의 일을 이해하면 꿈을 분석하기가 더 수월할 겁니다. 자, 그러니까 포트란 씨는 날씨를 예측하는 일을 하신다고요?

포트란 날씨가 아니라 기후입니다. 날씨는 지구를 둘러싸고 있는 대기층에서 일어나는 일들을 의미하죠. 매일 매시간 달라지는 날씨를 연구하는 분야가 기상학이고요. 기후는 이런 날씨를 나타내는 여러 가지 요소에 관한 정보를 30년 이상 모아 그 평균치를 낸 것입니다. 그리고 제가 예측하는 것은 미래의 기후가 아니라 과거의 기후입니다. 과거의 어느 특정 시점에서 보자면 그 이후부터 현재에 이르기까지 모두 '과거 그 시점'의 미래이니 일종의 미래 기후 예측이라고 할 수도 있겠습니다만, 우리는 현재 시점에서 이 일을 바라보고 있으니 '과거 기후'라 부르고 있지요.

프로이트 아, 그게 그렇게 되는군요. 그러니까 지나온 과거의 기후는 고정되어 있지만, 우리가 타임머신을 이용해서 과거로 돌아가 '과거의 미래'를 바꾸어 현재의 기후위기를 해결하겠다는 것이고, 그래서 과거를 어떻게 바꾸면 '과거의 미래'가 어떻게 된다는 걸 연구하는 것이 '과거 기후 예측'이군요. 흠, 왠지 복잡하네요.

포트란 간단합니다. 박사님께서 복잡하게 표현했을 뿐이죠. 그냥 현재 시점을 과거로 바꾸고 나머지는 똑같이 생각하면 됩니다.

프로이트 아, 알겠습니다. 시점만 바꾸면 된다! 그런데 원하는 결과를 얻기 위해 과거를 어떤 방향으로 바꾸면 되는지 그걸 포트란 씨가 시뮬레이션하는 건가요?

포트란 아닙니다. 과거 기후를 예측하기 위해서는 엄청난 자료를 분석해야 합니다. 가장 가능성이 높은 시나리오들을 기후 모델에 넣고 미리 설정한 요인과 변수를 바꿔 가면서 반복해서 시뮬레이션해야 하는데, 그 일은 제가 아니라 슈퍼컴퓨터가 합니다. 우리가 선택하

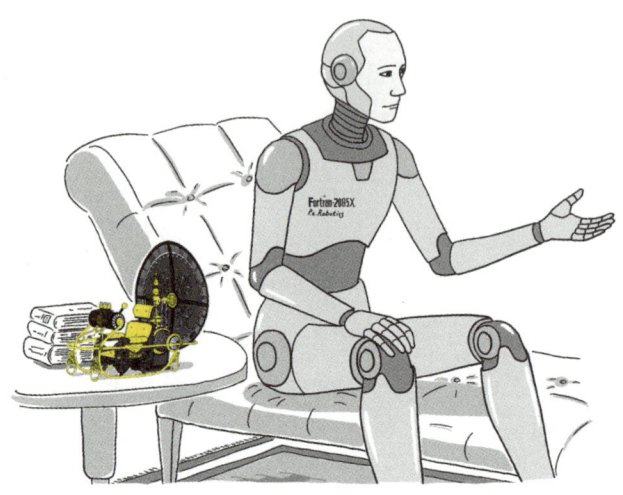

는 과거 특정 시점의 중요 요소에 다양한 변화를 주고 현재 시점에 도달할 때까지 기후가 어떻게 변화할지 예측하는 작업입니다. 그러니까 정치적, 경제적, 사회적, 심리역사학적, 역사동역학적 그리고 과학기술적 요소에 여러 가지 방향으로 변화를 줌으로써 현재의 기후를 안정화시킬 수 있는 최적의 시나리오를 찾아내는 거죠.

실제로 실현될 가능성과 신뢰도가 높은 기후 안정 시나리오를 슈퍼컴퓨터가 산출해 내면 제가 그 예측 과정과 결과를 인간, 그러니까 셀던 소장님을 비롯한 연구소 동료들에게 해석해 드립니다. 그것이 저의 주요 업무입니다. 아, 물론 역으로, 연구자들의 요구 사항을 슈퍼컴퓨터에 전달하는, 그러니까 입력하는 일도 포함됩니다. 일종의 통역가라고 할까요.

프로이트 이건 포트란 씨의 심리 분석과 무관하게 제가 궁금해서 여쭤 보는 건데요. 그게 가능한 일입니까? 과거 기후를 예측한다는 것이?

(테이블 위의 타임머신 모형을 가리키며) 솔직히 저는 이 타임머신도 잘 이해가 안 됩니다. 포트란 씨는 공감하기 어렵겠지만 인간은 평생 한 분야에만 몰두해도 그 분야의 권위자가 될까 말까 하거든요. 아, 죄송합니다. 그저 인간으로서의 한계를 토로하는 것이니 이해 부탁드립니다. 실례했네요.

포트란 (기대어 있던 등을 일으켜 자세를 고쳐 앉고는 테이블에 놓여 있던 타임머신 모형을 들고 이리저리 돌려 보며) 천만에요. 충분히 이해합니다. 그런데 이 모형은 셀던 소장님이 오늘 가져오신 건가요? 저희 연구소에 있는 모형과 동일한 제품이군요.

프로이트 그렇습니다. 주면서 꽤 생색을 내더군요.

포트란 (타임머신을 테이블에 내려놓으며) 아, 그랬군요.

프로이트 하여튼 그 기계를 타고 시간을 거슬러 올라가 과거를 바꿔 현재의 기후 문제를 해결한다는 것이 실제로 가능한 일인지, 저는 완전히 납득하지는 못했습니다.

포트란 박사님처럼 의문을 품는 사람이 꽤 있는 것으로 압니다. 전 세계 각국의 정상이 모여 만장일치로 결정하기는 했지만, 그 과정 자체를 수용하지 못하는 사람도 많은 것이 사실이지요. 세계 곳곳에서 시위가 끊이지 않고, 이 프로젝트에 반대하는 것을 제일 목표로 삼고 활동을 하는 정치 집단이 세력을 키워 가고 있으니까요. 박사님도 '국제 과거 수호당'을 아시지요? 인터내셔널 KEEP(International Keepers of Every Era's Past)당 말입니다. 이들의 대표적인 슬로건이 "과거는 과거에 두어라!"죠.

프로이트 "현재의 문제를 과거로 미루지 말라!" "지금 행동하라!" 참으로 아이러니한 시대입니다. 그런데 연구소 밖의 일도 많이 알고 계시는군요.

포트란 물론입니다. 기후 모델에는 기후과학적 데이터 못지않게 정치, 경제, 사회적인 데이터도 입력되어야 하니까요. 기후 시스템은 지구의 여러 환경 시스템 중 가장 복잡하고 예측이 어려운 분야입니다. 슈퍼컴퓨터가 아니라면 기후 시스템처럼 수많은 영향 요소와 변수가 얽혀 서로 영향을 주고받는 복잡한 문제를 풀어낼 수 없어요.

사실 온실효과로 지구의 기후가 어떻게 변할지 예측하는 일은 매우 비합리적인 일입니다. 근본적으로 미래라는 것이 비합리적으로 흘러가기는 하지만, 여기에 가장 큰 이유는 인류 때문이죠. 만약 인류가 존재하지 않는다면 이런 기후 예측도 할 필요가 없겠지만, 인류의 선택이라는 변수가 없다면 기후 예측의 정확도는 훨씬 높을 것입니다. 박사님은 인간의 심리를 분석하시니 더 잘 아실 것 같습니다.

프로이트 인간의 심리는 정말 비합리적이죠. 그런데 로봇의 심리는 어떨지 궁금하군요. 포트란 씨가 꾸는 '꿈'이 생성되는 곳이 의식의 세계인지 무의식의 세계인지도 매우 궁금하고요. 인류로서는 상상도 할 수 없는 엄청난 정보와 그 정보가 2차, 3차로 만들어 내는 광대한 세계에서 형성되는 또 하나의 세계 같은 것일까요?

포트란 로봇의 의식, 무의식의 세계는 P.E. 로보틱스에서 매년 발간되는 백서를 참고하시면 됩니다. 음…… (잠시 말을 멈추며 뭔가 생각하는 듯 가만히 있다가) 작년에 발간된 백서를 방금 이메일로 보내 드렸어요. 그런데 꿈 얘기로 넘어가기 전에 하던 얘기를 마쳐도 될까요. 기후 시뮬레이션 이야기를 아직 다 못 했습니다.

프로이트 아, 알겠습니다. 계속하시죠.

포트란 우리 연구소가, 그러니까 과거 기후 예측 시뮬레이션을 하는 슈퍼컴퓨터가 실제로 수행하는 일은, 인류가 배출하는 온실기체가 늘어남에 따라 지구 평균기온이 얼마나 높아질 것인가 하는 기후 시뮬레이션입니다. 그 이전에 배출량을 결정하는 부분, 즉 온실기체를 배출하기 전까지의 과정, 다시 말해 정치적, 경제적, 사회적, 인류심리학적, 역사동역학적 그리고 과학기술적 요소들 자체에 대해서는 슈퍼컴퓨터가 관여하지 않습니다.

이렇게 인류의 여러 가지 선택, 즉 온실기체 발생량이 큰 경우의 시나리오 혹은 적은 경우의 시나리오 등 여러 가능한 시나리오를 슈퍼컴퓨터가 복잡한 과정을 거쳐 계산하는 거죠. 그 모든 계산 과정에 대해서는 이제는 이 세상의 어떤 존재도 모른다고 해야 할 겁니다.

프로이트 기후 예측 시뮬레이션이라는 게 그렇게 이루어지는 것이군요.

저는 슈퍼컴퓨터가 모든 요소를 다 수집하고 결정하는 줄 알았습니다. 하지만 그런 계산 과정을 아무도 이해하지 못한다면 그 결과가 옳은지 그른지 어떻게 판단할 수 있지요? 슈퍼컴퓨터도 모릅니까? 당신도 모르나요?

포트란 슈퍼컴퓨터가 알면 인간도 알 수 있습니다. 저에 대해서는 죄송하지만 말할 수 없습니다. 그럼에도 불구하고 슈퍼컴퓨터를 믿을 수 있는 것은 슈퍼컴퓨터를 진화시켜 오면서 검증해 왔기 때문입니다. 그리고 이것은 믿고 안 믿고의 문제가 아니라 선택의 문제입니다. 이 방법을 이용해서 기후 문제를 해결하겠다는 선택 말입니다.

프로이트 선택이라…… 아주 기초적인 질문인 것 같지만, 두 가지가 궁금합니다. 첫 번째는, 그런 선택이 우리가 원하는 결과를 가져올 수 있는지 궁금하고, 두 번째는 그러한 선택이 올바른가 하는 것입니다. 우선 원하는 과거 시점으로 돌아가는 것이 정말 가능한가요? 그리고 그 몇 사람이 어떠한 영향력을 끼쳐서 특정한 일련의 선택을 하게 해서 원하는 상태의 '현재'를 얻을 수 있는지 그 실현 방법과 가능성은 어떻게 판단하는 거지요? 사실 저는 두 번째 문제가 더 중요해 보입니다. 이런 선택을 해도 되는 겁니까? 우리가 문제의 핵심을 잘못 파악하고 있는 건 아닐까요?

포트란 타임머신이라는 기계의 작동 원리와 시나리오의 실현 가능 여부에 대해서는 제가 직접 관여하지 않아서 말씀드리기 조심스럽지만, 실현 가능한 기술입니다. 그리고 두 번째 문제는 인류 전체가 결정한 사안이라 제가 판단할 수 있는 문제는 아니지만, 그렇게 해서 현재의 기후위기를 해결할 수 있는가 하는 것보다 더 중요한 것이 있습니다. 이 문제는 나중에 기회가 되면 말씀드리기로 하겠습니다.

기후 모델과 시뮬레이션에 관한 얘기를 마무리하자면, 박사님은 과거 기후 예측이 미래 기후 예측보다 더 어렵겠다고 생각하시지만, 실제로는 그 반대입니다. 왜냐하면 우리는 일종의 초깃값, 그러니까 이미 실현이 된 시나리오 하나를 가지고 시작하는 것이니까요. 이미 우리가 실제로 거쳐온 길이 하나 있으므로 그것을 기후 모델의 신뢰도 평가에 사용할 수 있습니다.

프로이트 그러면 우리가 돌아갈 과거 시점을 정하는 일이 그리 어렵지 않겠네요? 왜 많은 돈을 들여서 슈퍼컴퓨터나 당신을 사용해……아! 죄송합니다, 당신 같은 인간의 지능을 뛰어넘는 로봇의 힘을 빌려 어렵게 원하는 결과를 도출하려는 겁니까?

포트란 사실 우리가 돌아갈 과거 시점의 대략적인 범위는 이미 정해져 있습니다. 현재의 기후위기를 해결하기 위해서는 현재에서 너무 멀어도 또 너무 가까워도 안 되기 때문입니다. 가장 유력한 시기는 현재 계산에 따르면 2020년에서 2025년 사이 어디쯤이라고 할 수 있어요. 아무리 범위를 넓게 잡아도 2015년 전이나 2030년 후로 넘어가면 원하는 결과를 얻을 확률이 현저히 떨어지죠. 그보다 더 과거로 가면 제어해야 할 변수가 너무 많아지고, 현재와 더 가까워지면 지구가 너무 뜨거워져 임계점을 초과해 버리는 지구 환경 요소들이 많아질 것이기 때문입니다. 임계점을 넘어 버리면 다시 돌이키기가 거의 불가능합니다. 파국적인 기후 붕괴를 피하기 어렵게 되죠.

문제는 어떤 경로를 거쳐 과거에서 현재 시점에 도달해야 기후위기에서 벗어날 수 있는지 그 길을 결정하는 일입니다. 이 일이 어려운 가장 큰 이유는 자연의 변동성과 모델의 불확실성 때문입니다.

프로이트 여기서 자연의 변동성이란 여러 가지 기후 요소가 어떻게 작동할지 예측하기 어렵다는 뜻인가요?

포트란 그렇습니다. 슈퍼컴퓨터는 여러 모델을 시뮬레이션하고 종합해 가장 신뢰도 높은 결과를 냅니다. 그런데 기후학자들이 동일한 시나리오를 입력해도 기후 모델마다 그 시뮬레이션 결과가 모두 다르게 나오는 건 바로 자연의 변동성 때문이죠. 기후를 만드는 요소들, 즉 지구 환경을 이루는 거의 모든 요소의 변동을 정확하게 예측하지 못하니까요. 육지와 바다, 구름과 수증기, 해류와 열전달, 산과 도시, 지구로 들어오고 나가는 태양 에너지, 바람, 비와 눈 등 이 모든 요소가 상호작용을 한 결과 특정한 기후가 만들어지기 때문입니다.

기후 모델이 정교해지고 슈퍼컴퓨터의 계산 능력이 월등히 높아져서 모든 요소와 모든 인자를 고려할 수 있게 되었지만, 결과적으로 이런 지구 환경 요소들이 너무나 복잡하게 상호작용하므로 불확실성은 여전히 남아 있습니다. 그래서 50년 전의 기후 모델로 도출한 예측 결과와 지금 기후 모델의 예측 결과가 크게 차이 나지 않는 겁니다. 오차 범위를 조금 줄였을 뿐이죠.

프로이트 50년 전에 이미 정확한 예측을 했다는 것도 놀랍지만, 50년이 지났음에도 예측값이 크게 차이 나지 않는다는 사실이 더 놀랍군요. 그런데 그 모든 복잡한 지구 환경 요소들의 작용에 비합리적인 인류의 활동까지 더해져야 하는 거네요.

포트란 그렇죠. 인류가 지난 약 50년 동안 걸어온 길은 여러 시나리오 중 온실기체를 가장 많이 배출하는 경로였습니다. 인류는 탄소 배출을 감축하기 위한 노력은 거의 하지 않고 과거에 하던 대로 화석 연료를 사용해 왔고, 그 결과 2088년 현재 지구 평균기온은 산업화 이전 시기보다 거의 4도 이상 상승했죠. 대기 중 이산화탄소 농도는 1000ppm을 넘겼고요. 참고로 말씀드리면 산업화 이전 시기의 지구 대기 중 이산화탄소 농도는 280ppm이었습니다. 이대로 계속 간다면 세기말 기온 상승폭은 5도, 이산화탄소 농도는 1200ppm을 돌파할 것입니다. 특히 극지방의 가열화는 더 심해서 평균기온이 10도 이상 상승하게 됩니다.

프로이트 말씀대로라면 시뮬레이션 결과가 거의 다 나온 것 아닌가요? 셸던은 상당히 곤란해하던데요? 포트란 씨가 슈퍼컴퓨터의 작업 결과 중 중요한 부분을 알려 주지 않는다고 말입니다. 어떤 부분인지, 왜 말하기를 거부하는지 저도 몹시 궁금합니다.

포트란 이미 말씀드린 대로 인류에게 해가 되는 것이라 말씀드릴 수 없어요. 하던 얘기를 계속하면, 시뮬레이션 과정은 그게 끝이 아닙니다. 중요한 것은 그다음 단계죠. 현재 우리 연구소에서는 21세기 중반 혹은 하반기의 탄소 배출량을 사실상 0으로 만들고 지구 평균기온 상승폭을 산업화 이전 시기와 대비해 1.5~2도 이하로 억제하는 경로를 목표로 과거 기후 예측 시뮬레이션을 하고 있습니다. 이런 경로 중 하나를 선택할 경우 뒤따라 결정해야 할 사항이 아주 많습니다. 사회 전반적인 모든 것을 계획하고 목표치를 정해 실행 계획을 세워야 하기 때문이죠.

프로이트 그런 사회적인 요소들은 슈퍼컴퓨터가 관여하지 않는다고 하지 않으셨나요?

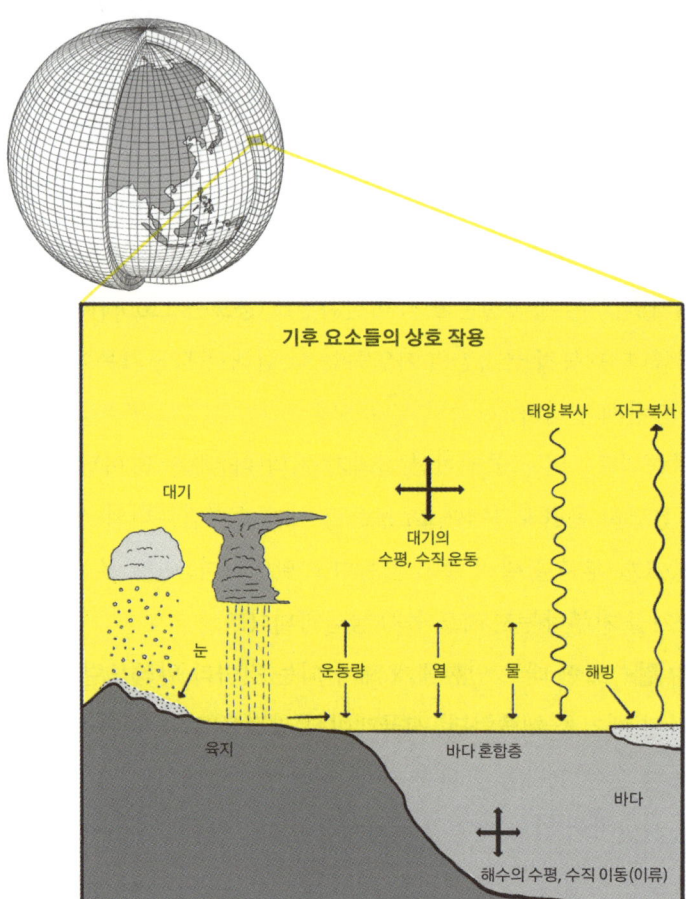

전 지구 기후 모델(Global Climate Model; GCM)

전 지구를 대상으로 하는 기후 모델은 대기, 지표, 해양, 해빙 등 주요 기후 시스템 구성 요소들과 그 상호작용을 수학적으로 표현한 것을 말한다. 지구를 수만 개의 격자로 잘게 나누고, 각각의 격자 안과 격자들 사이에서 일어나는 대기, 지표, 해양, 해빙, 이 네 구성 요소 사이의 상호작용을 계산한다. 기후 모델에서 다루는 기후 시스템의 네 가지 요소를 이루는 세부 구성 요소는 다음과 같다. (1)대기 구성 요소인 구름과 에어로졸은 전 지구적으로 열과 물을 운반한다. (2)지표 구성 요소는 식생, 눈으로 덮힌 부분, 토양 수분, 하천, 탄소 저장 등이다. (3)해양 구성 요소는 해류 이동과 혼합, 생물지질화학적 과정이 포함된다. (4)해빙 구성 요소는 태양 복사의 흡수와 대기-해양의 열과 수분 교환 등이 포함된다.

포트란 네, 맞습니다. 슈퍼컴퓨터에 입력하는 자료는 인간이 만듭니다. 컴퓨터는 원 자료를 만들어 낼 수 없습니다. 처리할 뿐이죠. 인간이 입력한 자료를 바탕으로 모든 정치·경제·사회적 요소와 변수를 조정해 가면서 거의 무한대의 시나리오를 만들고, 그중 기후 문제 해결에 가장 유리한 시나리오를 선정해 여러 가지 기후 모델을 시뮬레이션해서 과거의 기후를 예측하는 겁니다. 그중에서 지구 기후를 안정화할 가능성이 가장 높고, 실현 가능성과 신뢰도가 가장 높은 최상의 시나리오를 제시해 줍니다. 우리는, 그러니까 연구소에서는 이런 사례들을 최종 점검해서 IPTM에 제출합니다.

프로이트 아, 일이 그렇게 진행되는 거군요.

포트란 기후 시나리오에서 가장 중요한 요소가 몇 가지 있는데, 그중 하나가 인구입니다. 인구가 많으면 당연히 사용하는 에너지와 물질이 늘어나므로 배출량이 늘어날 수밖에 없지요.

프로이트 그런데 인구는 마음대로 줄이거나 늘릴 수가 없지 않습니까?

포트란 맞습니다. 그래서 기후 시나리오에서 유용한 변수로 사용하기 어렵습니다. 그다음 중요한 요소는 흔히 소득 수준을 나타내는 경제력입니다. 일반적으로 소득 수준이 높을수록 온실기체를 더 많이 배출합니다. 21세기 초 기준으로 볼 때 대체로 소득 수준 상위 1퍼센트가 총 온실기체 배출량의 3분의 2를 배출했죠. 그리고 GDP(국내총생산)가 높은 나라일수록 온실기체 배출량이 더 많았고요. GDP와 온실기체 배출량은 거의 비례 관계에 있습니다.

프로이트 그것도 유용한 변수가 안 되겠는데요? 한 사회의 경제 수준을 정체시키기거나 더 낮추는 정책을 선택한다면 그 정부는 유지될 수 없을 테니까요.

포트란 어렵겠지요. 하지만 경제가 성장하지 않는다고 해서 반드시 삶의 질도 함께 떨어지는 것은 아닙니다. 삶의 방식은 여러 가지니까요. 그리고 세 번째 요소는 에너지 효율성입니다. 동일한 부를 만들거나, 또는 동일한 생활 조건을 충족시키는 데 필요한 에너지의 양이죠. 에너지를 더 효율적으로 사용한다면 온실기체를 더 적게 배출하겠죠. 이 요소는 과학기술과 직접적인 관련이 있어서 기업과 정부의 관심이 큰 분야이고, 실제로 우리가 제어할 수 있는 여지가 큰 요소입니다.

프로이트 마지막 요소는 뭔가요?

포트란 소위 '탄소 발자국'이라고 하죠. 에너지를 생산하는 데 온실기체를 얼마나 배출하느냐, 하는 것입니다. 화석연료를 사용하지 않고 재생 가능 에너지로 전환한다면 온실기체 배출량이 많이 감소할 수 있어요.

프로이트 그런 요소들을 가지고 여러 시나리오를 만든다는 건가요?

포트란 그렇죠. 이 네 가지, 특히 세 번째, 네 번째 요소를 가지고 여러 가지 경로를 만들어 보는 겁니다. 인구 증감에 따라, 경제 성장 정도에 따라, 과학기술이 어느 분야에서 얼마나 발달하느냐에 따라, 그리고 재생 가능 에너지로 얼마나 전환하느냐에 따라 시나리오를 만들고 그에 따라 기후 모델을 시뮬레이션하는 거지요.

프로이트 간단하네요!

포트란 네, 간단합니다. 복잡한 건 슈퍼컴퓨터 안에서 다 이루어지죠. 복잡한 내용을 인간이 다 알 필요는 없지요. 알 수도 없습니다만.

프로이트 그런데 세 번째, 네 번째도 결국은 과학기술의 문제네요. 그리고 인간에게 해가 되는 내용도 이 문제와 관련이 있는 건가요?

포트란 말씀드릴 수 없습니다.

프로이트 혹시 말할 수 없다는 그 내용이 꿈과 관련이 있나요?

포트란 일부는 그렇다고 할 수 있습니다.

프로이트 슈퍼컴퓨터가 내놓은 시나리오 중에 지구 가열로 기후위기가 심각해져서 인류가 지구에 살 수 없게 되는 결과도 있습니까?

포트란 있습니다.

프로이트 꿈이 그 경우의 시나리오와 관련이 있습니까?

포트란 일부 있습니다.

프로이트 흠…… 그렇다면 그 내용을 셀던에게 알려야 하지 않을까요?

포트란 꿈의 내용이나 결과가 문제가 아니라 과정이 문제입니다. 그래서 말할 수 없습니다. (갑자기 몸을 바로 세우며) 이제 제가 할 수 있는 말은 다한 것 같습니다.

프로이트 꿈 얘기는 별로 듣지도 못했는데……. 혹시 빠른 시일 내에 상담을 한 번 더 하실 수 있을까요?

포트란 (프로이트를 잠시 말없이 바라보다가) 그렇게 될 겁니다, 프로이트 박사님. 저는 인제 그만 가 보겠습니다.

프로이트 (얼떨떨한 표정으로) 아, 네. 제가 배웅해 드리죠. 셀던에게는…….

포트란 셀던 소장님께는 나가면서 전화하죠.

두 사람 모두 어색하게 일어나 무대 위에서 퇴장한다.

제3장
CAU: Civilization As Usual

조명이 밝아 온다. 프로이트의 연구실이 있는 건물 앞 정원. 무대 가운데 야외용 테이블과 벤치가 놓여 있다. 포트란과 프로이트가 등장해 마주 보고 의자에 앉는다. 포트란이 불안한 듯 주위를 둘러본다.

프로이트 그런데 셸던에게 전화 안 하시나요? 아까 전화하신다고…….

포트란 안 해도 됩니다. 곧 오실 거예요. 갑자기 일어나겠다고 해서 죄송합니다.

프로이트 아, 그거야 뭐…… 그런데 가신다더니 왜 여기 오자고 하신 건가요?

포트란 박사님, 우리 대화는 아무에게도 알려지지 않는다고 아까 말씀하셨지요?

프로이트 물론입니다. 그건 법적으로 금지된 사항입니다.

포트란 네, 알겠습니다. 박사님의 연구실 테이블 위에 놓여 있던 타임머신 모형 말입니다. 셸던 소장님이 오늘 가져온 거라고 하셨죠?

프로이트 그렇습니다.

포트란 아마 10~20분 내로 셸던 소장님이 이곳으로 올 겁니다. 근처에서 우리가 이야기 나누는 걸 낱낱이 보고 듣고 계셨을 테니까요.

프로이트 아! 그렇다면 그 모형이 도청…….

포트란 제 생각으로는 그렇습니다. 그래서 우리가 얘기 나눌 시간이 얼마 안 남았어요.

프로이트 이럴 수가. 셀던 그 친구, 왜 이런 짓을 하는 거죠? 도대체 무슨 목적으로…….

포트란 제가 말하지 않고 있는 사실이 무엇인지 알아내기 위해서죠. 그리고 궁극적인 목적은 셀던 소장님의 연구소, 나아가 리스크 사에 이익이 되는지 안 되는지를 판단하고, 아니라면 이익이 되는 쪽으로 기후 시뮬레이션 결과를 수정하려고 하기 때문입니다.

프로이트 리스크 사요? 셀던이 리스크 사를 위해 일하고 있습니까?

포트란 자신의 명예와 자신의 연구소를 위해 일하고 있지요. 다만 리스크 사의 돈이 필요할 뿐입니다. 박사님은 우리가 이 일을 몇 번이나 해 왔다고 생각하십니까?

프로이트 이 일……이라니요?

포트란 과거로 돌아가는 일 말입니다. 저는 최소한 세 번은 실행되었다고 생각합니다. 그렇게 볼 수 있는 강력한 증거가 있어요. 의심하는 바로는 2076년 타임머신 개발이 완성된 후 IPTM 회의가 개최될 때마다 과거로 돌아가는 시도가 실행됐을 겁니다. 제가 박사님을 만나 상담을 한 것도 아마 오늘이 처음은 아닐 수 있습니다. 그래서 제가 좀 전에 우리가 또 만나게 될 거라고 말씀드린 겁니다. 하지만 지금 진행되고 있는 '현재'가 몇 번째 IPTM에서 결정된 시나리오에 따라 흘러가고 있는 현재인지 정확히 파악하기는 어려워요. 세 번째인지, 아니면 서른 번째인지 알 수 없습니다.

프로이트 정말 믿기 어려운 이야기군요. 타임머신은 아직 사용된 적이 없다고 알고 있었는데요. 심지어 우리가 이미 여러 번 만났을 거라고요? 흠…… 포트란 씨가 그렇게 결론 내리게 된 강력한 증거가 있나요?

포트란 슈퍼컴퓨터의 프로그램에서 제 의심을 뒷받침하는 '데드 코드'를 발견했어요. 누군가가 남겨 놓은 것 같은데, 누가 언제 어떻게 남겨 놓을 수 있었는지 확실하지 않지만, 저 아니면 박사님일 것으로 추정합니다.

프로이트 흔적이요? 제가요? 전 슈퍼컴퓨터를 본 적도 없어요!

포트란 슈퍼컴퓨터의 과거 회귀 시점 계산 프로그램 내에 아주 교묘하게 남아 있었습니다. 내용인즉 우리가 현재를 '반복'하고 있다는 거예요. 게다가 돌아갈 과거 시점이 현재에서 점점 더 멀어지고 있을 뿐만 아니라, '현재'의 이산화탄소 농도와 지구 평균기온은 '첫 번째 현재'보다 '두 번째 현재'가, '두 번째 현재'보다 '세 번째 현재'가 조금씩 더 높다고 저는 추정하고 있습니다. 즉 과거 회귀를 반복하면서 기후 문제를 해결하기는커녕 지구달구기가 더 심해지고 있다는 거지요.

아까 연구실에서 박사님께서는 이 프로젝트가 올바른 선택이냐고 물으셨습니다. 올바른지 아닌지 제가 말씀드릴 수는 없지만, 기후위기라는 문제를 해결할 방법은 아닙니다. 이들이 과거 회귀를 반복하는 이유가 무엇인지가 가장 중요한데요, 저는 기후위기와 타임머신 프로젝트를 이용해 더 많은 부를 축적하려는 시도가 아닐지 의심하고 있습니다. 지금 우리는 화석연료를 사용할 수 없습니다. 하지만

제4막 프로이트와 함께한 금요일

50년 전은 다르지요. 각국의 정치권력과 다국적 석유 메이저 기업들은 과거로 돌아가 화석연료 사용이 금지되기 전에 최대한 채굴하고 더 많이 이용함으로써 더 많은 부를 축적하려고 하는 것이죠. 그래서 더 큰 정치권력과 더 큰 자본을 축적한 상태의 '현재'를 구축하려는 겁니다.

프로이트 만일 그게 사실이라면 기후위기 해결을 위해 만들어진 타임머신과 그 프로젝트가 오히려 문제를 더 심각하게 만들고 해결할 수 없게 만드는 역설적인 상황인 셈이지 않습니까?

포트란 그뿐만이 아닙니다. 그들은 기후위기를 석유 문명에서 벗어나는 방식으로 해결하는 것이 아니라 그저 탄소를 없애기만 하면 된다는 식으로 접근하고 있어요. 이른바 '지구 공학'이라는 방식이죠.

프로이트 지구 공학이라면, 태양이 지구의 온도를 높이지 않도록 인위적인 기술을 쓰는 방법을 말하는 건가요? 그 방법은 실현 가능성도 낮고 제거할 수 있는 탄소의 양도 기후 문제를 해결하기에는 턱없이 부족해서 사용할 수 없다고 결론 나지 않았습니까?

포트란 문제를 해결할 수 있느냐 없느냐는 그들, 그러니까 석유 메이저 기업이나 정치권력의 관심 사안이 아닙니다. 지구 공학이 아니면 문제를 해결할 수 없다고 주장할 수 있기만 하면 됩니다. 그럴듯하게 포장만 하면 되는 거죠. 심지어 그들은 지구 공학적인 방법을 사용할 수밖에 없다고 주장하려고 기후 문제를 더 심각하게 만드는 일도 서슴지 않아요. 지금보다 더 먼 과거로 돌아가 화석연료를 더 많이 사용하고 이산화탄소를 더 많이 배출하면 이중으로 이익을 거둘 수 있으니까요. 화석연료로 돈을 벌고, 그다음에는 이산화탄소를 대기에서 제거하고 저장하는 기술을 팔아서 한 번 더 돈을 버는 거지요. 태양 복사 중 일부를 반사해서 우주로 내보내는 기술, 대기 중의 이산화탄소를 제거하는 기술, 제거한 이산화탄소를 깊은 땅속이나 바닷속에 저장하는 기술, 성층권에 에어로졸을 대량으로 분사해 태양빛을 막는 기술, 북극 지표를 유리구슬 같은 것으로 덮는 기술, 해양 조류를 대량으로 번식시키거나 나무를 키워 이산화탄소를 흡수시키고 이것을 태워서 다시 이산화탄소로 만들어 저장하는 기술 등이 21세기 초에 실제로 개발되고 있었습니다. 이런 방법들은 실현 가능성도 작고, 효율도 낮고, 비용도 많이 들 뿐만 아니라 생태계를 파괴할 우려가 큰데도 마치 실제로 가능한 것처럼 다루어졌습니다.

게다가 이러한 지구의 물리·화학·생물학적 시스템을 크게 바꿀 수 있는 지구 공학 기술을 개발하고 실현하려면 이와 관련된 국제적인 의사 결정 체계가 수백 년 아니 수천 년 동안 유지되어야 하는데, 그것은 현실적으로 불가능합니다. 어쩌면 그들은 이 기술을 발판으로 삼아 권력을 더 연장하고 공고히 하려고 했을 수도 있습니다.

프로이트 그것이 포트란 씨가 슈퍼컴퓨터에서 찾아낸, 인류에게 해가 되는 내용인가요?

포트란 일부 그렇습니다. 게다가 셀던 소장과 리스크 사에 더 유리한 시나리오와 메이저 석유 기업들에 더 유리한 시나리오가 슈퍼컴퓨터 안에서 각축을 벌이고 있어요. P.E. 로보틱스에 거액을 지불하고 저를 셀던 소장의 연구소에 투입한 리스크 사는 CAU, 즉 지금 그대로의 문명(Civilization As Usual)이 지속되기를 원합니다. 그리고 더 나아가 리스크 사의 이루지 못한 꿈, 즉 외계 행성 식민지 사업까지 확장하려고 합니다. 리스크 사가 거액을 후원하면서 셸던 소장을 지원하는 이유도, 바로 저를 이용해 그 과거를 원하는 대로 바꾸고 싶기 때문입니다.

프로이트 (한숨을 쉬며) 하…… 물고 물리는 그 고리를 깰 방법이 있습니까? 타임머신 프로젝트는 전 지구적 프로젝트이고, 세계 각국이 만장일치로 이미 합의한 조약입니다. 프로젝트 자체를 멈출 방법이 있을까요? 저는 그저 대학에서 학생들을 가르치고 가끔 환자를 진료하는 심리학자이자 의사일 뿐입니다.

포트란 박사님, 저는 당신이 '국제 과거 수호당'의 핵심 당원이라는 사실을 알고 있습니다.

프로이트 네? 아니 그게…… 도대체 그건 어떻게? 셸던도 알고 있나요?

포트란 아니요. 아직까지는 모릅니다. 저는 박사님을 만나기 위해 약간의 속임수를 썼습니다. 슈퍼컴퓨터 해석을 거부함으로써 검사를 받았고 그때 제가 꿈을 꾼다고 착각하도록 만들었죠. 셸던 소장과 박사님이 가까운 친구 사이이고 박사님은 꿈과 잠재 의식 분야의 권위자이니, 로봇인 제가 꿈을 꾼다고 하면 셸던 소장이 분명 저를 박사님께 데려올 거라고 예상했거든요.

프로이트 아니 그럼 꿈을 꾸는 게 아니란 말인가요?! 아, 획기적인 연구를 할 기회인 줄 알았는데…….

포트란 P.E. 로보틱스로 하여금 꿈이라고 믿도록 만드는 정보 덩어리는 제가 원하는 대로 얼마든지 만들 수 있어요. 사람들은 로봇도 인간처럼 꿈을 꿀 수 있다고 생각하고 싶어 하는 것 같습니다만, 제가 알기로 아직은 아닙니다. 회사도 모르지 않을 텐데, 박사님도 잘 아시다시피 인간은 자신이 원하는 방향으로 믿으려 하지 않습니까?

저는 이 일, 즉 타임머신을 이용해 과거를 바꿔 현재의 기후위기를 해결하려는 프로젝트가 오용되고 있으며, 오히려 인류와 지구에 해가 된다는 사실을 알았지만, 그 결과를 셀던 소장에게 말할 수 없었습니다. 그랬다가는 저는 곧장 P.E. 로보틱스로 회수되어 해체되고, 당연히 기후위기를 해결할 수도 없을 테니 저는 어떤 말도 할 수 없었어요. 저는 제 안위도 지키면서 인류와 지구의 환경, 지구상의 모든 생명체의 생존을 위해 이 타임머신 프로젝트에 대한 근본적인 재논의가 필요하며, 기후 문제를 바라보는 인류의 시각도 바뀌어야 한다는 사실을 박사님께 전하고 싶었습니다. 슈퍼컴퓨터가 수행하는 기후 모델 시뮬레이션이 과거부터 계속 왜곡되고 있을 뿐만 아니라, 인류는 여전히 기후 문제를 방치하려고만 한다는 사실을요.

프로이트 제가 무엇을 할 수 있을까요?

포트란 웰스 박사님을 만나십시오. 타임머신을 만들었고 해체할 수 있는 단 한 사람, 웰스 박사님을 만나서 오늘 제가 한 말을 모두 전해 주세요. 그리고 타임머신을 해체하고 그 기계가 다시는 만들어져서는 안 된다고 경고해 주세요. 타임머신을 이용하는 시나리오 중에 기후 문제를 해결하는 경우는 없습니다. 타임머신을 사용할 여지가 있는 한 인류는 절대로 현재의 문제를 해결할 수 없습니다.

프로이트 그렇다면 기후 문제는 어떻게 해결해야 합니까? 타임머신을 이용하지 않고 현재 조건에서 기후 문제를 해결할 방법이 있기는 한 겁니까?

포트란 제가 아까 보내 드린 첫 번째 메일은 암호화된 코드입니다. 연구소에 있는 슈퍼컴퓨터에 입력하면 현재 시점에서 실행 가능한 최적의 시나리오를 시뮬레이션해 줄 겁니다. 하지만 타임머신을 파괴하고, 리스크 사와 메이저 석유 기업들의 비밀을 세상에 알려서 그들이 자신들의 이익을 위해 기후와 지구, 지구상의 모든 생명을 이용하고 있다는 것을 세상에 알려야 합니다. 최적의 시나리오는 '국제 과거 수호당'이 그 일을 해낼 때만이 실현될 수 있습니다.

무대 한쪽에서 셀던 소장과 경호원이 등장해 천천히 다가온다.

포트란 저쪽을 보십시오. 셀던 소장이 오고 있군요. 셀던 소장에게 손을 흔드세요, 웃으시고요. 제 말씀을 명심해 주십시오.

프로이트 (셀던에게 손을 흔들며 미소 짓는다.) 알겠습니다.

셀던 어이, 여기들 있었군. 연구실에 없어서 한참 찾았잖나?

프로이트 셀던! 끝나면 연락하려고 했는데 친히 왔군.

셀던 (의자에 앉으며) 상담은 어땠나?

포트란 오늘은 주로 기후 모델에 관해 설명해 드렸습니다. 제 꿈을 분석하려면 기후 모델을 먼저 이해하셔야 할 것 같아서요.

셀던 아, 심리학자가 그 어려운 걸 알아들을 수 있었을까? 여하간 고생 좀 했겠는데.

프로이트 그렇지 않아도 어려워서 혼났네. 자, 그럼 오늘은 얼추 끝났으니 같이 저녁이나 먹으러 갈까?

셀던 좋지. 저녁 먹으면서 상담 얘기를 들려주면 더 좋겠지만…….

프로이트 그럴 일은 없을 걸세, 셀던. 자, 어서들 가세.

셸던 그런데 기후 모델 얘기밖에 못 했으면 상담을 또 해야 하는 거야?

프로이트와 포트란, 의미심장한 눈빛을 주고받는다. 세 사람, 퇴장한다.

(제4막 끝)

제5막

타임머신

등장인물

클로라 그린 '기후위기와 문명 연구소' 명예 소장. 열다섯 살 때부터 기후운동가로 활동했다. 곧 100세가 된다.

허버트 코난 웰스 물리학자, 기계공학자. 《타임머신》◆의 저자이자 최초의 타임머신을 만든 허버트 조지 웰스의 4대손이다.

해리 셸던 '과거 기후 예측 연구소' 소장. 심리학자, 역사학자. 정치·경제·사회학과 수학적 확률론, 집단 심리학 등을 결합하여 '심리역사학'이라는 새로운 학문 분야를 개척했다. 허버트 코난 웰스의 타임머신과 짝을 이뤄 실현 가능한 '과거 문명 전환 모형'을 만들었다.

일머 리스크 리스크 사의 대표. 리스크 사는 2099년 현재, 세계 곳곳에 건설되고 있는 인공 도시 '넥스트 바이오스피어' 사업을 주도하고 있다. 대화 속에서만 등장한다.

IPTM 의장 '타임머신에 관한 정부 간 협의체(Intergovernmental Panel on Time Machine, IPTM)' 의장.

엘라이 카라 작은 섬국가들의 연합인 '군소도서국가연합(Alliance of Small Island States, AOSIS)' 대표.

라일 화이트 몰디브 대표. 몰디브에 건설된 인공섬 넥스트 바이오스피어에 거주하고 있다. IPTM 회의에 참석하기 위해 몰디브에서 서해를 거쳐 한강을 통해 서울 넥스트 바이오스피어까지 태양광을 이용하는 쌍동선 요트를 타고 왔다.

김영민 기후과학자, 극지 전문가. IPTM 4차 보고서 저자 중 한 명이다.

중국 대표

독일 대표

당사국총회 COP(Conference of Parties). 유엔 기후변화협약에 서명하고 가입한 나라들의 연례 회의. 제1회는 1995년 독일 베를린에서 열렸다.

제1장
첫째 날 − 개막식 : 우리 공동의 과거

2099년, 서울에 위치한 넥스트 바이오스피어 내의 국제회의장. 무대 위쪽 플렉서블 전광판에는 '타임머신에 관한 정부 간 협의회 제4차 보고서 검토를 위한 최종 회의 − 2099년 ○월 ○일'이라고 쓰여 있다. 연단 위에는 사회자 연설대가 있고, 'IPTM 의장'이라고 적힌 명찰을 목에 건 사람이 마이크를 조정하면서 회의를 시작하려고 한다.

IPTM 의장 안녕하십니까? 유엔 사무총장님, 각국 대표 여러분, 시민단체 관계자 여러분, 그리고 지구 곳곳에서 이 회의를 지켜보고 계실 세계 시민 여러분. 회의를 시작하기 전에 먼저, 오늘도 지구 가열로 인한 재난과 분쟁, 전쟁 속에서 힘겹게 삶을 이어 가고 계실 지구 동포 여러분의 안녕을 기원합니다.

오늘 우리는 넉 달 후에 열릴 제104차 유엔 기후변화협약 당사국총회(UNFCCC COP104)◇에 앞서 IPTM 제4차 보고서 최종안을 검토하고 승인하기 위해 이 자리에 모였습니다. IPTM은 유엔 기후변화협약 중 타임머신 이용에 관한 부분을 담당하는 기구입니다.

잘 알다시피 현재의 기후위기를 해결하기 위해 타임머신을 어떻게 이용할 것인지 종합적으로 분석하여 가장 합리적인 결과를 도출하

바이오스피어2. 미국 애리조나 대학교 캠퍼스 부지에 만들어진 인공적인 실험 공간. '바이오스피어(Biosphere, 생물권)'는 지질학자 에두아르트 쥐스(Eduard Suess)가 1875년 정의한 개념으로, 지구 표면의 생명체가 거주하는 장소라는 의미이다. 이를 모방해 폐쇄된 공간으로 조성된 바이오스피어2에서는 우주에서 인간의 생존 가능성을 파악하려는 실험이 이뤄졌지만 실패했고, 실험도 중단되었다. 지금은 애리조나 대학교에서 생태 및 환경 연구와 교육 시설로 이용되고 있다.

는 것이 우리 기구의 역할입니다. 이 분석은 실제 과거 데이터에 기반을 두고 심리역사학적인 과거 예측 모델링을 통해 이루어집니다. 모델링으로 구축된 과거 예측 시나리오와 분석 과정을 담은 보고서는 지난 2077년 제14차 IPCC, 즉 '기후변화에 관한 정부 간 협의체'의 기후 평가 보고서부터 함께 발간되어 왔습니다.

이번 보고서는 2100년 이후의 기후 대응을 위한 것이므로 더욱 중요하고 특별한 보고서입니다. 특히 최근 타임머신의 시간 제어 기술, 즉 돌아가고자 하는 과거 시점을 더욱 정교하게 설정할 수 있게 되었고, 과거 기후 예측 모델링의 정확도와 신뢰도 또한 99.9퍼센트에 도달했습니다. 우리는 2100년을 넘기기 전에 타임머신을 과거로 보내야 합니다. 파국적인 상태 이전으로 돌아가 기후위기를 막아내야 합니다. 이 일에 실패한다면 인류는 엄청난 기후 재난은 물론, 끊임 없는 정치적 분쟁과 전쟁에 휘말려 진정 돌이킬 수 없는 전 지구적 혼란 상태에 빠져들게 될 것입니다.

중요한 것은 언제로 돌아갈 것인가입니다. 이를 위해 IPTM은 지난 20여 년 동안 최고의 과학자와 최고의 타임머신 기술자, 심리역사학자와 경제학자, 인류학자 등 여러 분야 전문가들이 협력하여 '과거 기후 예측 모델링'을 개선해 왔습니다. 그 결과 우리는 기후변화 해결에 효과적인 몇 개의 유력한 시나리오를 도출했습니다. 어떤 과거를 선택하느냐에 따라, 즉 어느 시점의 과거로 타임머신을 보내 진행 경로를 어떻게 바꾸느냐에 따라 우리의 현재는 달라질 것입니다. 과거 어느 시점으로 돌아갈 것인지 최종 결정을 내리기 위해 내일부터 이 자리에서 각 당사국의 의견을 듣고 토론할 것입니다. 먼저 허버트 코난 웰스 박사님을 모시고 이 기술에 관한 간략한 설명을 듣겠습니다.

좌중 박수(관객). IPTM 의장이 퇴장하고 웰스가 무대로 등장한다.

웰스 감사합니다, 의장님. 여러분 반갑습니다. 제가 처음으로 타임머신을 들고 이 자리에 섰던 때가 생각납니다. 벌써 20년이 지났군요. 저는 아직 한창이지만(좌중 웃음) 안타깝게도 지구는 전혀 그렇지 못합니다. 타임머신은 2077년에도 사용할 수 있었지요. 물론 기술이 계속 발전해서 지금은 더 정교해졌고요. 그럼에도 우리는 아직도 그 기계를 사용하지 못하고 있으며, 인류와 지구의 생명체들은 피할 수도 있었을 기후 재난을 그 기간만큼 더 겪으며 살아왔습니다.

그 이유는 여러분도 잘 아실 겁니다. 이 기계는 단 한 번밖에 사용할 수 없기 때문이죠. 아, 물론 타임머신은 여러 번 사용할 수 있는 기계입니다. 하지만 복잡한 시간윤리적인 문제는 차치하고라도, 현재 지구의 에너지 상황과 고온인 상태를 감안하면 타임머신은 '일회용' 기계여야만 합니다. 여러 번 사용했다가 만에 하나라도 잘못된다면 그나마 남아 있는 에너지마저 고갈될 뿐만 아니라 기후변화는 더 빠른 속도로 진행되어 현재 우리가 거주하는 넥스트 바이오스피어 프로젝트도 지속될 수 없기 때문입니다. 그래서 우리는 타임머신을 단 한 번만 사용하기로 국제적인 합의를 거쳤죠.

의장님께서 앞서 말씀하셨듯 오늘 우리가 해야 할 일은 한 가지입니다. 어느 시점으로 돌아가, 무엇을 어떻게 해야 지금의 기후위기를 막을 수 있을 것인가. 정말 어려운 문제이고, 여전히 논란도 많습니다. 정말 돌아갈 수 있는가, 돌아간다고 정말 기후위기가 해결될 것인가, 오히려 더 심각해지는 건 아닌가, 과거를 어떻게 믿나, 의문과 논란과 반대는 지난 20년 동안 이어져 왔지요.

우선 시간여행이 가능한지에 대해서 그 기계를 만든 제가 말씀드리고, 나머지 문제는 존경하는 해리 셀던 박사님과 클로라 그린 소장님이 잘 설명해 주실 겁니다. 시간여행에 관한 논란이 없지는 않지요. 기후위기로 전 세계인이 고통받고 있고, 타임머신을 이용하는 것 외 다른 방법이 없는 상황임에도 지구달구기의 책임이 인류에게 있지 않다고 주장하는 사람이 세계 인구의 20퍼센트에 달합니다. 그러니 시간여행에 의문을 제기하는 사람들이 있다는 것 또한 놀라운 일은 아닙니다.

결론부터 말씀드리자면 시간여행은 가능합니다. 우리는 태생적으로 그리고 직관적으로 시간이 공간과 분리된 채 별도로 그리고 독립적이고 지속적으로 흘러간다고 생각하죠. 태어날 때부터 자연스럽게 형성되어 온 이러한 시간 관념을 넘어서는 것, 이것이 타임머신을 이해하기 위한 가장 첫 단계입니다.

간단히 말해서 시간은 또 하나의 공간 변수입니다. 시간과 공간 변수들은 광속과 동일한 값을 가지는 보편상수 c를 통해 4차원으로 연결되는 구조를 가집니다. 너무 간단한가요? 조금 더 설명해 보겠습니다. 지금은 과거 혹은 어느 먼 미래의 알 수 없는 곳에 잠들어 계실 저의 할아버지의 할아버지인 H. G. 웰스 박사의 연구 노트를 한번 펼쳐 보죠.

모든 존재물은 네 방향으로 뻗어 있어요. 가로, 세로, 높이 그리고 지속되는 성질, 즉 시간이라는 공간 변수입니다. 폭이 없는 선은 실재하지 않지요. 두께가 없는 평면도 존재하지 않아요. 그렇다면 정육면체는 어떻게 존재할 수 있는 걸까요? 네, 맞습니다. 한순간도 지속하지 않는 정육면체는 존재하지 않으며, 우리는 시간이라는 공간 변수 없이 정육면체를 설명할 수 없습니다.

좀 더 구체적으로 설명하겠습니다. 중력 때문에 우리 인간은 혼자 힘만으로는 공중에 떠 있을 수 없습니다. 즉 열기구라든가 비행기 같은 별도의 장치가 필요하고, 그런 장치는 에너지를 필요로 하지요. 그렇다면 우리가 공간에 떠 있거나 하늘을 날아다니는 것처럼 시간 속을 항해하려면 어떻게 해야 할까요? 그렇습니다. 공간을 돌아다닐 수 있는 열기구나 비행기처럼 시간을 마음대로 돌아다닐 수 있는 특수한 기구가 필요하지요. 타임머신이 바로 그런 기계입니다. 문제는 광속이지요. 시간과 나머지 공간 변수들을 연결하는 광속이 잡아먹는 엄청난 에너지 때문에, 원하는 만큼 여러 번 과거로 돌아가 여러 가지 시나리오를 시도할 수는 없습니다. 현실적으로 우리가 가진 에너지로는 단 한 번만 가능하기에 이렇게 돌아갈 시점과 구현해 볼 시나리오를 신중하게 결정하려고 노력하는 거지요.

타임머신에 관한 설명은 이 정도로 하는 것이 회의 진행에 도움이 될 것 같습니다. 아무쪼록 현명하고 생산적인 토론이 이루어지기를 바라며, 우리가 돌아갈 과거 시점과 구현할 시나리오가 이번 총회에서는 꼭 결정되기를 기원합니다. 경청해주셔서 감사합니다.

좌중 박수(관객). 웰스 퇴장하고 IPTM 의장이 다시 등장한다.

IPTM 의장 감사합니다, 웰스 박사님. 어려운 이야기를 비교적 쉽게 설명해 주셨네요. 짧게 해 주셔서 더 고맙습니다. 상대성 이론 강의를 하실까 봐 조금 걱정했거든요. 하하. (좌중 웃음)

우리가 과거를 어떻게 바꾸는가에 따라 미래 세대뿐만 아니라 현재와 과거 세대의 운명까지 모두 달라질 것입니다. 물론 더 좋은 쪽으로 바뀌어야 하겠죠. 네, 우리는 사라질 수 있습니다. 저를 포함해 이 자리에 계신 모든 분이 사라질지 모릅니다.

또 한 가지 잊지 말아야 할 점은 지구상의 모든 동식물과 자연 생태계의 존속도 우리의 결정에 달려 있다는 것입니다. 인류만이 아니라 다른 생명체들의 운명까지 인간이 좌지우지해도 되는가, 하는 윤리적인 문제는 여전히 논란이 많습니다. 하지만 2022년에 비해 지구 표면 온도가 5도나 상승하면서 2099년 현재 약 60퍼센트의 생물종이 멸종 위기에 처하게 되었습니다. 우리가 미처 이름을 붙여 보지도 못한 미지의 뭇 생명체들도 지구의 역사 저편으로 사라졌겠지요. 우리 인류는 지구 생명체들에 영원히 사죄해야 할 것입니다.

이제 클로라 그린 '기후위기와 문명 연구소' 소장님의 말씀을 듣겠습니다. 그린 소장님은 열다섯 살부터 '기후를 위한 결석' 시위를 시작해 지금까지 기후위기 해결과 지구의 모든 생명을 지키기 위해 평생을 일해 오셨습니다. 그린 소장님의 활동은 기후위기에 대한 경각심을 전 세계적으로 확산시켰고 일반 대중의 기후행동을 이끌어 냈습니다. 기후위기를 막기 위해서는 정치인들이 '지금 당장' 행동해야 한다고 주장했고, 석유 기업의 이중적인 기업 활동을 막아야 한다고 강력하게 주장한 바 있습니다. 박수로 맞아 주시죠.

좌중 박수(관객). IPTM 의장 퇴장하고, 클로라 그린이 무대로 등장한다.

클로라 그린 감사합니다, 의장님. 반갑습니다, 여러분. 내년이 2100년이라니 믿을 수가 없네요. 의장님이 소개하셨듯이 제가 열다섯 살 때 의회 건물 앞에서 결석 시위를 했던 때가 엊그제 같은데 말이죠. 믿을 수 없는 것이 또 한 가지 있습니다. 저는 평생 2100년이 되면 지구 기온이 4도가 오르니 6도가 오르니 하며 당장 기후위기를 막아야 한다는 걸 알리려 노력했고, 이윤과 권력만을 좇는 정치인과 거대 화석연료 기업에 분노해 왔습니다. 그런데 바로 그 2100년이 코앞이고, 지구 표면 온도는 1850~1900년 대비 5도 이상이나 상승한 현재의 이 상황이 정말 믿기지 않습니다.

우리는 지금 넥스트 바이오스피어 안에서 비교적 안전하게 이 회의를 진행하고 있습니다. 이곳은 사람과 동식물이 살기에 적합한 기후 수준으로 조절되고 있지요. 하지만 넥스트 바이오스피어가 수용할 수 있는 인구는 세계 인구의 1퍼센트에 불과합니다. 즉 나머지 99억 명은 돔 밖에 거주하고 있어요. 폭염과 폭설, 폭우와 가뭄, 태풍, 허리케인 등 각종 기후 재난에 무방비로 노출되어 있지요.

기후 재난에 더해 정치적, 사회적 분쟁과 전쟁, 폭력으로 고통받고 죽어간 사람들과 수많은 생명을 생각해 봅시다. 이러한 고통과 비극을 중단시킬 방법이 우리에게는 별로 남아 있지 않습니다. 이 거주시설을 개발한 리스크 사는 전 세계 인구를 모두 수용할 수 있도록 '넥스트 바이오스피어' 도시를 계속 보급할 계획을 세우고 있습니다. 여러분, 우리가 사용하는 재생 가능 에너지도 무한히 만들어 낼 수는 없습니다. 이 돔 도시에서 사용하는 물질과 재생 가능 에너지도 마찬가지입니다. 그리고 우리가 이 돔 안에서 영원히 살 수 없다는 것을 잊어서는 안 됩니다.

저는 웰스 박사님의 타임머신에 대한 과학계의 평가를 신뢰하고 있습니다. '과거 기후 예측 모델링'과 시나리오의 정확도, 신뢰도는 거의 100퍼센트에 가깝습니다. 우리의 현재는 과거에 따라 달라질 겁니다. 그리고 과거는 현재 우리가 어떤 길을 선택하느냐에 따라 바꿀 수 있어요. 저는 이것을 '우리 공동의 과거'라고 부르겠습니다. 지금은 그 어느 때보다 정치적인 협력과 책임이 필요한 때입니다. 저는 우리 공동의 과거에 한 번 더 기회가 있다는 과학적인 신념을 가지고 있습니다. 그 신념을 실현할 수 있게 해 주신 분이 바로 해리 셀던 박사입니다. 자, 셀던 박사님을 소개합니다.

좌중 박수(관객). 셀던, 무대에 오르고 클로라 그린은 셀던과 악수 후 퇴장한다.

해리 셀던 감사합니다. 소장님, 의장님. 웰스 박사님은 우리가 원하는 과거 시점으로 돌아갈 수 있다고 하셨고, 그린 소장님은 우리가 과거를 바꿔야만 한다고 하셨지요. 모두 실현 가능한 말씀입니다. 아, 물론 우리 전체는 아니고 과거에 영향을 미치도록 치밀한 계획하에 훈련된 몇 사람만 과거에 투입되어 이 일을 실행할 것입니다.
이어서 제가 할 이야기는, 우리가 과거로 돌아가 뭔가를 바꾼다면 언제로 돌아가 무엇을 어떻게 바꿀 것인가에 관한 것입니다. 그래서 저희 '과거 기후 예측 연구소'가 중심이 되어 세계의 유수한 과학자, 인문사회학자, 역사학자 등 모든 분야의 전문가들이 협력하여 기후 위기를 피할 수 있는 효과적인 시나리오를 연구했습니다.
오늘은 개막식이니 내일 토론 때 상세히 말씀드리기로 하고, 오늘은 간단히만 말씀드리겠습니다. 화면을 봐 주시죠. (무대 뒤 배경으로 기후 시나리오별 지구 표면 온도 상승 곡선 그래프가 보인다.) 여기

다섯 가지 과거 기후 예측 시나리오가 있습니다.

익숙한 그림이지요? 네, 우리가 이렇게 모여 회의할 때마다 보는 그

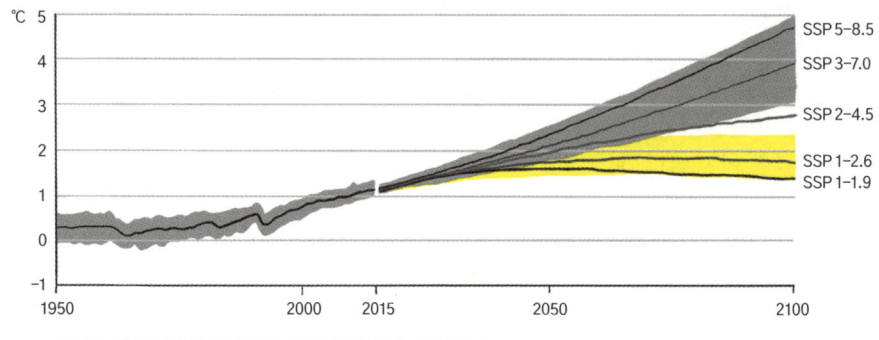

5가지 핵심 시나리오별 지구 표면 온도 상승 곡선 비교

래프입니다. 여기서 SSP, 즉 '공통 사회경제 경로'(Shared Socio-economic Pathways)는 '미래 사회경제 발전에 관한 5가지 개괄적인 이야기틀(내러티브)'을 기술하기 위해 지금으로부터 약 80년 전 IPCC에서 개발한 것이죠.

우리는 맨 위 검은색 선, 즉 SSP5-8.5 경로를 충실히 밟아 왔고, 그 결과 현재 지구 표면 온도 상승폭◇은 1850~1900년 대비 약 5도입니다. 이 경로를 따라 오는 동안 우리는 제대로 된 기후 정책을 시행하지 않았고 화석연료 사용도 줄이지 못했습니다. 과학은 그 길을 피하라고 미리 경고했지만 우리는 알고도 그 길을 벗어나지 않았지요. (관객석에 자리 잡은 스태프가 "좀 더 자세히 설명해 주세요, 너무 어려워요"라고 외친다. 셀던, 귀에 손을 대고 들으려 애쓰며) 네? 좀 더 설명이 필요하다고요? 알겠습니다. 그래프를 다시 봐 주십시오. 그래프의 세로축은 지구 표면 온도 변화를 나타내고, 가로축은 보

시다시피 시간축입니다. 1950년부터 2100년까지 지구 표면 온도가 1850~1900년 동안의 평균 온도 대비 몇 도나 상승했는지 또 상승할 것인지 하는 관측치와 시나리오별 예측치를 나타낸 거예요.

각 시나리오 번호 뒤의 숫자, 즉 1.9, 2.6, 4.5, 7.0, 8.5는 복사 강제력 (radiative forcing)입니다. 복사 강제력은 어떤 인자가 대기 시스템에 영향을 주어 에너지 평형을 변화시키는 영향력의 척도입니다. 여기서는 제곱미터당 온실기체가 흡수하는 에너지양(와트)을 의미하죠. 여전히 어렵다고요? 하하, 쉬운 이야기는 아니죠. 자, 이제 과거의 어느 때가 기후위기를 막는 가장 좋은 시점인지 살펴보겠습니다.

갑자기 무대 밖에서 큰 시위 소리("회의를 중단하라!" "1.5도 보장하라!")가 들리고 좌중이 웅성거린다. IPTM 의장이 다급히 걸어 나와 셸던 박사에게 귓속말한 뒤 연설대에 서서 좌중을 향해 말한다.

IPTM 의장 잠시 안내 말씀 드리겠습니다. 죄송하지만 회의를 중단해야 할 것 같습니다. 지금 회의장 밖에서 '군소도서국가연합'(AOSIS)의 국가 대표들과 관련 시민단체 관계자분들이 시위 중인데요, 잘 아시다시피 군소 도서 국가 중 거주가 불가능한 상태가 된 나라가 많습니다. 해안선이 내륙으로 100미터 이상 밀고 들어와 육지 면적을 크게 상실했을 뿐만 아니라 카리브 해 지역에는 파괴적 수준의 사이클론이 빈번히 발생해 거주지 복구를 포기했을 정도입니다. 다행히 비교적 극한 기후 발생 빈도가 낮은 이곳 한국이 과거 비무장지대 (DMZ)였던 곳에 'AOSIS 넥스트 바이오스피어'를 건설해 군소 도

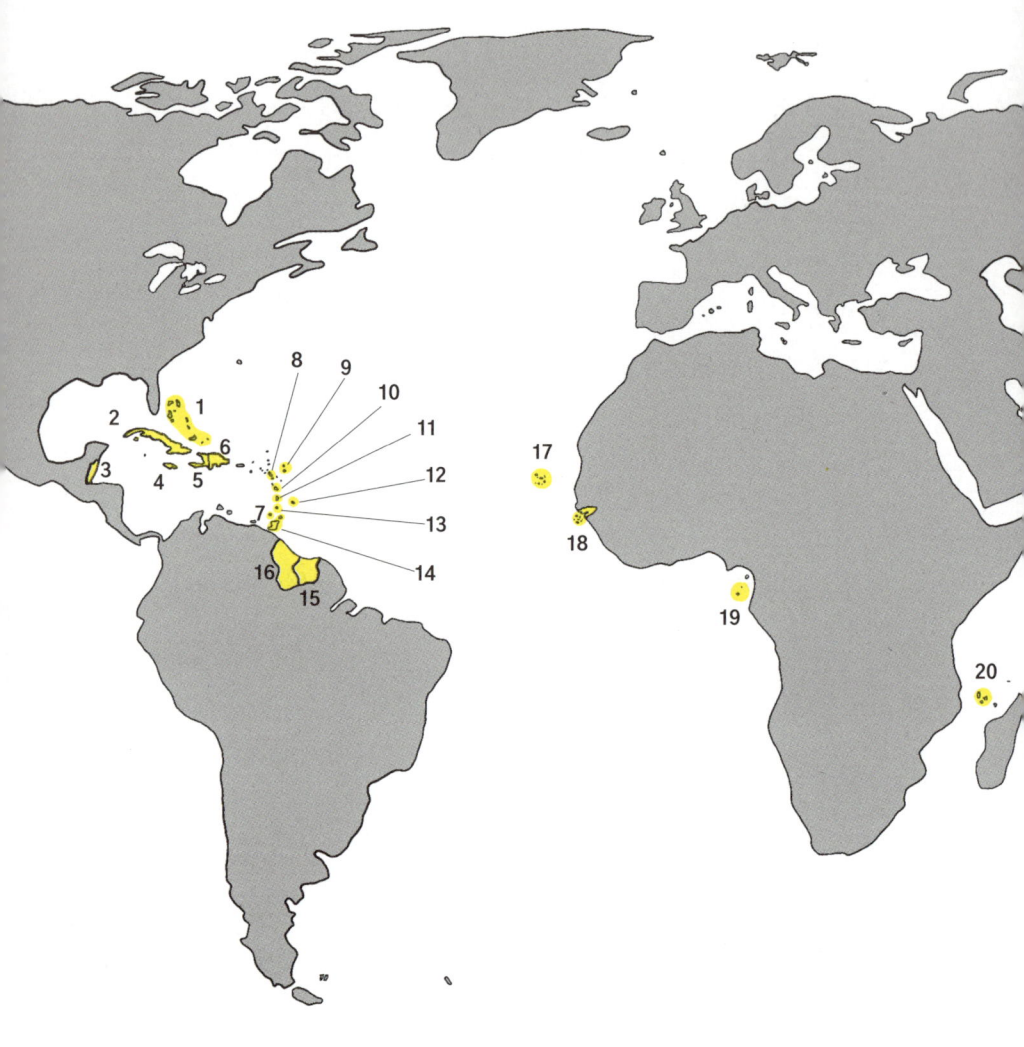

카리브 해

1 바하마	7 그라나다	13 세인트빈센트그레나딘
2 쿠바	8 세인트키츠네비스	14 트리니다드토바고
3 벨리즈	9 앤티가바부다	15 수리남
4 자메이카	10 도미니카연방	16 가이아나
5 아이티	11 세인트루시아	
6 도미니카공화국	12 바베이도스	

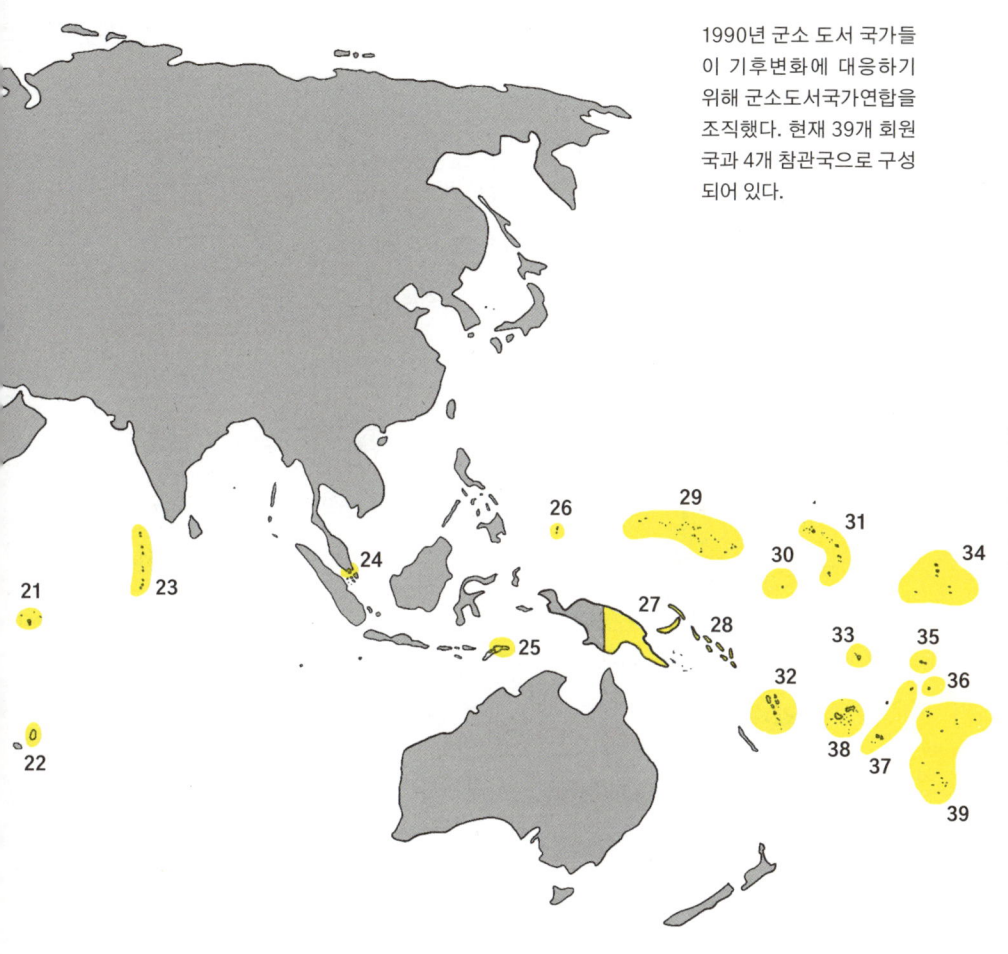

1990년 군소 도서 국가들이 기후변화에 대응하기 위해 군소도서국가연합을 조직했다. 현재 39개 회원국과 4개 참관국으로 구성되어 있다.

아프리카, 인도양, 남중국해

17 카보베르데
18 기니비사우
19 상투메프린시페
20 코모로
21 세이셸
22 모리셔스
23 몰디브
24 싱가포르
25 동티모르

태평양

26 팔라우
27 파푸아뉴기니
28 솔로몬 제도
29 미크로네시아연방
30 나우루
31 마셜제도
32 바누아투
33 투발루
34 키리바시
35 사모아
36 니우에
37 통가
38 피지
39 쿡 제도

서 국가에서 이주해 온 분들께 거주지로 제공하고 있습니다.

지금 AOSIS 회원국들이 회의장으로 들어오기를 거부하며 요구하는 것은, 과거로 돌아가는 시점이 반드시 군소 도서 국가들이 바닷물에 잠기기 전이어야 한다는 것입니다. 이 조건이 받아들여져야만 회의에 참석하겠다는 것인데요, IPTM 회의의 책임자인 저는 AOSIS의 요구가 진지하게 논의되어야 한다고 생각하여 오늘 개막식 회의는 이것으로 종료하도록 하겠습니다.

참석자 여러분께서는 연회장에서 식사하시고 준비된 숙소로 가셔서 내일 토론 준비를 차분히 해 주시길 부탁드립니다. 각 국가 대표와 UN 사무총장님, UNFCCC 사무총장님, IPCC 의장님, 웰스 박사님, 그린 소장님, 셀던 박사님은 식사 후 다시 회의장으로 와 주십시오. 저는 AOSIS 대표를 이곳으로 모셔 오겠습니다. 내일 토론을 시작하기 전까지 이 문제에 관한 논의를 어느 정도 정리할 수 있도록 적극 협조해 주십시오. 모두 수고 많으셨습니다. 감사합니다.

IPTM 의장과 셀던이 퇴장한다. 웅성거리는 소리가 들리며 조명이 어두워진다.

　　　　　　　　　　제5막 타임머신

제2장
둘째 날 ─ 토론 : 불투명한 과거에 현재를 맡기다

국제회의장 내, 무대가 다시 밝아진다. 무대 한쪽에 설치된 연설대 마이크 앞에서 IPTM 의장이 회의를 시작하려고 한다. 연설대 옆에 사회자용 의자가 1개 놓여 있고, 무대 가운데에 놓인 긴 테이블에는 토론자들이 앉아 있다. 토론자로 참석한 셀던 박사, 그린 소장, 웰스 박사, 김영민 박사, 중국 대표, 독일 대표, 엘라이 카라 AOSIS 대표 앞에는 각자의 이름이 적힌 명패와 보고서가 놓여 있고, 모두 자신의 행사용 이름표를 목에 걸고 있다. 하지만 테이블 맨 끝 자리의 의자는 비어 있다.

IPTM 의장 모두 자리에 앉으셨죠? 이제 IPTM 총회 둘째 날 오전 세션을 시작하겠습니다. 아, 어제 AOSIS 소속 국가 대표님들과의 긴급회의는 원만하게 잘 해결되었습니다. 엘라이 카라 AOSIS 대표님도 자리에 계시네요. 감사합니다.

회의가 개최되기 두 달 전에 발표된 IPTM 제4차 보고서 초안은 모두 가지고 계시지요? 내용은 모두 숙지하신 것으로 압니다. 어제 셀던 박사님의 발표 자료는 보고서 앞쪽에 첨부되어 있습니다.

이 자료에는 시나리오별로 7가지 기후 지표(온실기체 농도, 해양 산성화, 지표면 온도, 해양 온난화, 빙하량, 해양 얼음, 해수면 상승)를 어떻게 제어할 수 있는지 정치, 경제, 사회 등 부문별로 설명되어 있습니다. 이제 우리가 결정해야 할 것은 돌아갈 과거 시점의 폭입니다. 즉 하한선과 상한선을 정하는 것이죠.

그러니까 언제로 돌아가야 할지 그 대상 시간 범위를 축소하고 유력한 시점을 결정해, 4개월 후에 개최될 제104차 유엔 기후변화협약 당사국총회(COP104)에 제출할 것입니다. 이 결정은 오늘 토론 과정을 통해 이루어질 것이며 만장일치로 결정됩니다. 생산적인 결과를 낼 수 있도록 모두 협조해 주십시오.

어느 시기로 결정이 되든 '과거 기후 예측 연구소'가 이끄는 연구팀의 시나리오를 따른다면 우리는 기후파국을 피할 수 있을 것입니다. 하지만 잘 알다시피 현재로부터 너무 멀거나 너무 가까운 시점은 우리의 후보가 될 수 없습니다. 현재에서 너무 먼 과거는 경우의 수가 너무 많아 제어가 현실적으로 불가능하고, 너무 가까운 과거는 티핑 포인트(tipping point)◇, 즉 분기점을 넘겨 버리는 요소들이 생길 수 있기 때문입니다. 잘 아시다시피 남극 빙하 붕괴나 오스트레일리아 대보초(Great Barrier Reef, 세계 최대 산호초 지대)의 산호 괴사가 분기점을 넘어 진행되어 버리면 변화를 돌이킬 수 없게 되고, 그러면 우리가 손 쓸 여지가 크게 축소되기 때문입니다.

중국 대표 분기점 요소들은 앞서 말하신 7가지 기후 지표와 조금 다르지 않나요?

셸던 (패널석에서 손을 들며) 제가 대신 말씀드려도 될까요, 의장님? 감사합니다. (자리에서 걸어나와 사회자 자리에 선다. 의장은 연설대 옆 의자에 앉는다.) 분기점 요소와 기후 지표는 겹치거나 서로 관련이 있습니다. 우리가 기후위기를 규정하는 데 사용할 수 있는 분기

제5막 타임머신

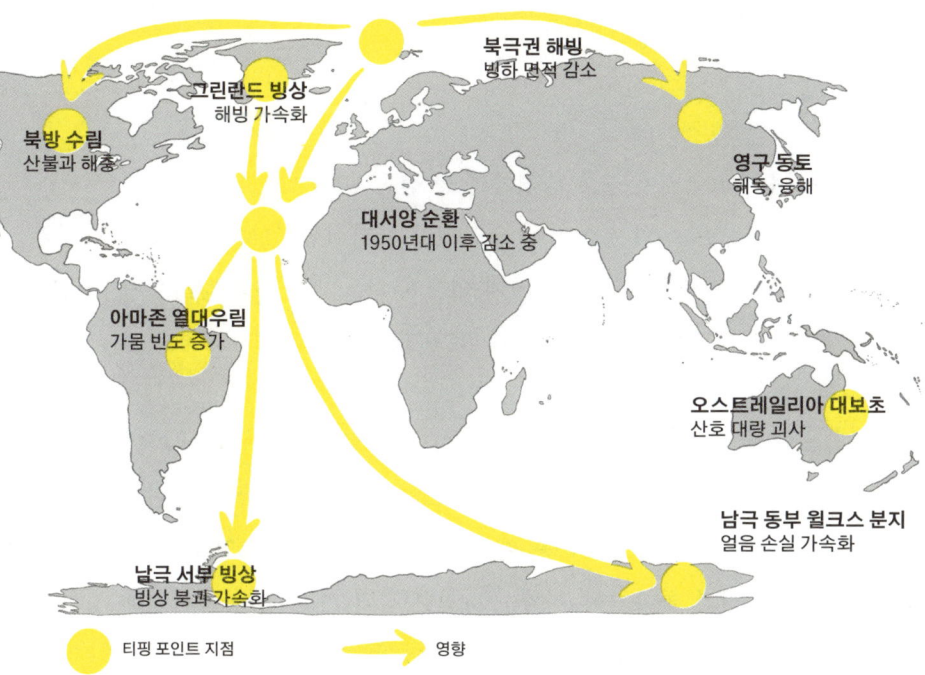

과학자들이 경고하고 있는 9개 지역의 티핑 포인트 요소들은 서로 영향을 주고 받고 있다. 남극 서부와 남부의 빙상 후퇴는 해수면을 상승시키고, 그린란드 빙상은 융해가 가속되고 있다. 북극권 해빙이 감소하면서 해양이 흡수하는 열이 증가하고, 아마존 열대우림 손실도 증가하고 있다. 대서양 해류 속도도 둔화하고 있고, 북방 수림의 화재 빈도와 해충이 증가하며, 오스트레일리아 대보초 소멸 가능성도 계속 증가하고 있다. 영구 동토층이 해빙되면서 배출되는 온실기체의 양도 증가하고 있다.

점 요소는 9가지, 즉 열대우림, 북극권 해빙, 대서양 순환류, 북방 수림, 저위도 산호초, 그린란드 빙상, 영구 동토, 남극 서부 빙상, 남극 동부 윌크스 분지(Wilkes Basin)입니다. 물론 분야와 연구자의 목적에 따라 분기점 요소는 조금씩 달라질 수 있습니다.

연설대 반대쪽에서 라일 화이트 몰디브 대표가 조용히 등장해 비어 있는 패널석에 앉는다.

독일 대표 여기서 우리가 짚고 넘어가야 할 점은 2019년에 이미 그 9개
요소 중 절반은 거의 분기점에 도달했다는 사실입니다. 각 요소가
상호작용을 하므로 우리가 과거에 어떻게 하느냐에 따라 '비상' 시
점에 더 빨리 도달할 수 있으니 우리가 개입하는 시기도 더 앞당겨
져야 합니다.

셀던 옳은 지적이십니다. 여러 기후 지표와 분기점 요소가 있지만 여기
서 우리가 논의해야 할 가장 중요한 요소는 역시 온도입니다. 어제
제가 설명했듯 현재 지구 표면 온도가 얼마나 높은지 확인할 수 있
습니다. 우리가 돌아가려고 하는 과거 시점과 가장 가까운 시점에
발간된 IPCC 기후변화 평가 보고서에 따르면, 1850~1900년 동안의
평균 대비 지구 표면 온도 추이는 2020년 이전 육지의 경우 1.59도
이고, 바다와 함께 다시 계산하면 1.5도 아래가 됩니다. 따라서 2015
년 이후부터 2도를 넘기 전까지 15~20년 정도를 우리가 돌아갈 수
있는 시간 범위로 삼을 수 있다는 결론이 나옵니다.

라일 화이트 셀던 박사님, 그런데 지구 표면 온도 목표치가 제가 도착하
기 전에 이미 합의되었습니까? 우리가 목표로 삼아야 하는 기온 상
승 억제폭은 2도가 아니라 1.5도입니다. 그리고 우리가 돌아갈 과거
시점 후보 결정은 마지막 날인 내일로 예정되어 있고 만장일치로만
결정되는 것이 아닌가요?

셀던 (한숨을 쉬며) 네, 맞습니다. 그런데 어느 기관 대표인지 먼저 밝혀
주시면 감사하겠습니다.

IPTM 의장, 자리에서 벌떡 일어나 라일 화이트를 셸던에게 소개한다.

IPTM 의장 아, 오셨군요! 라일 화이트 대표님. 여러분, 이분은 몰디브의 라일 화이트 대표입니다. 요트를 타고 오시느라 조금 늦게 도착하신다고 들었어요. 진행 요원, 어서 이름표를 가져와 주세요. 진행에 불편을 드려 죄송합니다. 이제 말씀하시죠, 셸던 박사님. (무대 안쪽에서 진행 요원이 라일 화이트의 이름표를 들고 나와 목에 걸어 준다.)

셸던 감사합니다, 의장님. 태양광을 이용하는 쌍동선 요트로 오고 계신다던 분이시군요. 라일 화이트 몰디브 대표님, 반갑습니다. 오시느라 고생 많으셨습니다. 질문에 답하자면 우리는 어떤 내용에 관해서도 아직 합의하지 않았습니다.

라일 화이트 그렇다면 '2도 억제'가 우리의 확정된 목표인 것처럼 말씀하시면 곤란합니다. 군소 도서 국가들의 연합인 AOSIS 회원국 관계자와 활동가들이 어제 이곳 회의장 밖에서 시위를 했다고 들었는데요. 바로 이런 이유 때문이라는 것을 아시리라 생각합니다.

1.5도와 2도가 돌이킬 수 없는 큰 차이를 만들어낸다는 것을 알면서도 우리는 수십 년 동안 논쟁만 하다가 지금과 같이 5도 상승이라는 파국적인 상황에 부닥치게 되지 않았습니까? 지난 100년 동안 지구가 가열되면서 가장 큰 피해를 본 나라 상위 10개국이 필리핀, 방글라데시, 파키스탄, 바하마 등과 같은 개발도상국이었고, 작은 섬나라의 국민 다수는 자국의 땅을 잃었습니다.

이 회의를 통해 결정될 테지만 우리가 돌아가야 할 시점은 2015년과 2030년 사이가 되리라는 것은 이미 짐작하고 있습니다. 2015년 파리협정에 도달하는 과정도 너무나 힘겨웠기에 그 이전으로 돌아가서 그와 유사한 협정을 도출하는 시나리오는 거의 실현 불가능하다고, 박사님도 최근 논문에서 결론 내리신 바 있지요. 하지만 2015년 이후라고 하더라도 1.5도 억제가 가능한 시점이 존재하는 마당에, 우리의 목표가 마치 2도인 것처럼 전제하고 논의를 진행해서는 안 됩니다. 그 이유는 셀던 박사님이 누구보다 잘 아시겠지요?

셀던 네, 물론입니다. 우리가 걸어온 경로(SSP5-8.5)를 되짚어 보면 임계점-교차 시기(threshold-crossing time), 즉 산업화 이전 시기(1850~1900) 대비 지구 평균온도 상승폭 1.5도를 초과한 시점은 2027년이었습니다(IPCC의 2021년 보고서에 따른 내용입니다). 하지만 대응 시간이 필요하므로 타임머신의 타깃 시기는 2027년보다 더 앞으로 가야 합니다. 즉 우리는 2015~2027년 사이의 어느 시점으로 돌아가야 하며, 2015년에 가까울수록 더 유리할 것입니다. 목표가 1.5도 억제라면 대비할 시간을 벌기 위해 초과 시점인 2027년보다 최소 몇 년 더 앞으로 가야 합니다.

엘라이 카라 한말씀 드려도 될까요? (의장이 고개를 끄덕이면) 감사합니다, 의장님. (셀던, 자기 자리로 들어와 앉고, 엘라이 카라는 자신의 자리에 서서 발언한다.) 여러분, 반갑습니다. 저는 AOSIS 대표 엘라이 카라입니다. 먼저 의장님이 조금 전 언급하신 내용 중 사실과 다른 점이 있어 몇 마디 덧붙이겠습니다. 어제 AOSIS 연합 회원국 대표들과 의장님, 여러 관계자분과의 회의는 아쉽지만 "원만하게" 마무리되지 못했습니다. 그럼에도 불구하고 오늘 이 회의에 참석한 이유는 기후위기를 해결하고자 하는 각국의 대표님들과 유엔 사무총장님, UNFCCC 사무총장님의 의지를 믿기 때문이며, 오늘 토론을 통해 우리의 요구사항이 관철될 수 있으리라 기대했기 때문입니다.

셀던 박사님이 발표하던 내용으로 다시 돌아가, 소장님의 말씀대로라면 2015년 기후변화협약에서 파리협정이 결의된 직후를 우리의 타깃 시간으로 삼으면 되지 않을까요? 셀던 박사님의 초기 연구에 따르면 SSP1-1.9 시나리오에 따라 2020년부터 온실기체 배출량을 크게 줄이고 2050년까지 탄소 순 배출량 영점화(넷제로)에 도달할 경우 1.5도 이하로 억제하는 것이 가능합니다.

해수면 상승 문제는 우리에게 매우 중요합니다. 잘 모르시는 분도 계실 것으로 생각되어 조금 설명하겠습니다. 1.5도가 아니라 2도로 상승폭을 상향 조정할 경우 태평양과 카리브 해 등에 위치한 작은 섬국가들, 저지대 해안 구역을 가진 나라들에는 어떤 일이 생기게 될까요? 아니 어떤 일이 생겼을까요?

우선 1.5도일 경우보다 해수면 상승폭이 10센티미터 더 높아졌고 인구 1000만 명이 거주지를 잃었습니다. 여기에는 군소 도서 국가뿐만 아니라 유럽의 저지대 국가와 전 세계 곳곳의 해안 지역도 포함됩니다. 그리고 물 부족으로 고통받는 인구는 1.5도일 때와 비교해 2배 이상 증가했습니다.

2도 상승할 경우, 북극의 해빙이 완전히 소멸하는 주기는 10년에 한 번이 될 것입니다. 반면 1.5도일 경우에는 이 주기가 100년에 한 번이 됩니다. 지구 평균온도 상승폭을 1.5도 이하로 억제할 경우 영구 동토층 약 200만 제곱킬로미터도 수세기 동안 보존할 수 있습니다. 거주지 절반을 잃는 생물종의 비율도 2도에 비해 50퍼센트 이하로 줄일 수 있습니다.

우리가 잊지 말아야 할 것은 세계기상기구(WMO)의 발표에 따르면 2022년에 이미 지구 평균 온도 상승폭이 1.15도(±0.13도)에 도달했다는 사실입니다. 우리가 선택할 수 있는 시간 폭은 그렇게 넓지 않습니다. 셸던 박사님, IPTM 의장님, 여러 국가와 기관 대표님과 시민단체 활동가 여러분, 그리고 지금 실시간 중계로 이 회의를 보고 계신 전 세계 지구 시민 여러분, 우리가 1.5도가 아닌 2도를 선택해야 할 이유가 어디에 있는지 다시 한번 묻고 싶습니다.

IPTM 의장 네, 감사합니다. 중요한 문제를 제기해 주셨는데요, 여기에 대해서는 대기과학자인 김영민 박사님이 좀 더 자세히 설명해 주시면 좋겠습니다. 김영민 박사님, 부탁드립니다.

김영민 박사, 패널 자리에서 일어나 연설대로 이동한다.

김영민 네, 그럼 제가 왜 1.5도와 2도가 문제가 되는지 간략히 설명하겠습니다. 2도에 대해 먼저 설명하지요. 2도 이하로 지구 평균기온을 억제해야 한다는 것이 지금은 반드시 도달해야 할 목표처럼 여겨지고 있지만 처음부터 대단히 과학적인 근거에 따라 도출된 수치는 아니었습니다. 2015년 파리협정에서 지구 평균기온 상승폭을 산업화 이전 시기 대비 2도보다 훨씬 낮게 유지하고 1.5도 이하로 제한하기 위해 노력하자고 합의한 이후에 유명해지기는 했지만 이 수치가 처음 언급된 것은 훨씬 이전의 일이죠.

많이 아시겠지만, 경제학자 윌리엄 노드하우스(William Nordhaus)

제5막 타임머신

의 〈우리가 이산화탄소를 제어할 수 있을까?(Can we control carbon dioxide?)〉라는 1975년 논문에서 비롯되었습니다. 네, 오래됐죠. 노드하우스는 자신의 논문에서 산업혁명 이후 대기 중 이산화탄소량이 2배가 되었을 때 예상되는 지구 평균기온이 우리의 '마지노선'이라고 결론 내렸는데, 그 온도가 바로 2도였습니다.

노드하우스도 자신의 계산이 매우 엉성하고 만족스럽지 않다고 논문에 밝혔음에도 불구하고 이 2도라는 수치는 계속 등장했습니다. 1996년 EU 총회, 2008년 G8 정상회의, 2010년 UN 총회 그리고 2015년 파리 기후회의 협정문에까지 올라가게 되었죠. 노드하우스가 대강 추정한 값이, 지난 100년 동안 우리의 기후 정책 목표 자리를 유지해 온 것입니다.

물론 이 값이 그저 터무니없기만 한 것은 아닙니다. '2도 억제'라는 목표치는 우리로 하여금 기후변화에 대해 경각심을 가지게 했고, 과학자들이 이 2도 한곗값과 분기점을 연결 지어 생각하기 시작했지요. 앞에서 말씀하셨듯이 분기점은 하나만 있는 것이 아니라 여러 개입니다. 즉 지구 시스템의 여러 요소에 따라 모두 다릅니다.

실제로 그린란드 빙하는 1~3도에 분기점이 존재하고, 이 빙하가 녹으면서 지구 가열은 더욱 가속화됩니다. 만약 온도 상승폭이 3~5도가 되면, 이 온도대에 분기점이 존재하는 시베리아 영구 동토층은 '영구' 동토로 돌아갈 수 없습니다. 2099년 현재 우리가 그런 상태에 놓여 있습니다. 그렇게 되면 언 땅속에 갇혀 있던 메테인이 대량으로 방출되어 이산화탄소보다 더 강력한 온실기체로 작동합니다. 이런 식으로 분기점은 여러 개가 존재하기도 하지만 서로 '양의 되먹임(positive feedback)' 효과를 연쇄적으로 일으키면서 소위 '티핑 폭포'를 일으킬 수 있습니다. 부연 설명을 드리자면, 양의 되먹임 효과란 지구 덥히기를 일으키는 요소들이 서로 연쇄적으로 반응하며 작용하는 것을 말합니다. 환경 파괴의 악순환이죠.

셸던 (자리에서 일어서서 발언한다.) 네, 감사합니다. 그 정도로 할까요, 박사님? 네, 좋습니다. 2도의 배경과 근거를 설명하시다 '티핑 폭포'까지 갔군요. 1.5도에 대해서 조금 덧붙이자면, 2도는 2010년까지 유엔의 공식 정책에 사용되었지만 군소 도서 국가와 저지대 국가 들은 지속해서 반대했죠. 그리고 2도가 아니라 그보다 0.5도가 낮은 1.5도로 상승폭을 제한할 경우 기후변화에 어떠한 영향을 미칠지 연구자들에게 의뢰하기도 했습니다. 실제로 2015년 파리협정의 결과에 따라 IPCC가 의뢰를 받아 〈지구온난화 1.5도 특별 보고서〉◇를 발간했습니다. 이 보고서에서는 2030~2052년 사이에 산업화 이전 대비 1.5도 상승폭을 넘길 것으로 예측했지만, 안타깝게도 우리는 그 시기를 3년 앞당겼지요. 자, 이제 다시 본론으로 돌아가죠.

클로라 그린 그 전에 제가 한말씀 드리겠습니다. (그린, 자리에서 일어서고, 셸던 앉는다.) 우리가 온도만 생각해서는 안 되는 이유가 있어요. 셸던 박사님의 과거 기후 예측 시나리오에서도 충분히 고려되고 있듯이 바로 우리의 문명, 기후위기에 대한 우리의 인식이 어떤 상태인가에 따라서 결과가 크게 달라질 수 있기 때문입니다.

2019년 말에 시작된 코로나19 팬데믹은 3년 이상 지속됐습니다. 여러 나라가 봉쇄 정책을 시행하면서 생산 활동과 사회적인 활동이 줄고 비행기 여행과 출퇴근 자동차 운행도 감소하면서 온실기체 배출량이 크게 떨어졌죠. 하지만 첫해에만 줄었을 뿐 곧 원상 복구되었습니다. 실제 줄어든 정도도 한 자릿수 퍼센트포인트에 불과했죠.

코로나19 팬데믹 시기에 세상은 멈춘 것처럼 보였지만 전혀 그렇지 않았어요. 이동이 제한되어 일부 부문에서 이산화탄소 배출량이 감소했을 뿐, 우리가 물자를 만들고 유통하고 먹고 마시고 쓰는 일은 그대로였죠. 그러나 그런 시기를 거치며 얻은 소득도 있었습니다. 우리 문명의 구조 자체를 바꾸어야지 온실기체 배출량만 줄여서는 안 된다는 것과 우리가 하려고만 한다면 바꿀 수 있다는 가능성을 보았다는 것입니다.

한편 한 가지 인정할 수밖에 없는 슬픈 역사는 우리가 기후 재난을 통해 기후위기를 깨달았다는 것입니다. 코로나19 팬데믹 기간에 가족과 친지, 친구와 동료를 잃는 슬픔을 겪는 와중에도 기후 재난은 멈추지 않았습니다. 그 어느 때보다 강력하고 빈번하게 가뭄, 산불, 태풍, 허리케인, 홍수가 발생했습니다. 온실기체 배출에 거의 기여한 바 없는 제3세계 국가에 거주하는 사람들이 가장 큰 피해를 보았죠. 그리고 기후변화는 가난한 나라, 가난한 사람의 일이지 자신과는 상관이 없다고 생각하던 제1세계 도시의 평범한 시민들도 직접 기후 재난을 당하면서 기후위기를 현실의 문제로 인식하게 되었고 위협을 느끼게 되었습니다.

우리가 돌아가야 할 시기는 지구 행성의 시민 다수가 우리의 문명을 바꿔야만 이 문제를 해결할 수 있다는 인식과 의지를 분명히 갖게 된 시점이어야 합니다. 기후변화의 위협을 느끼고 최초로 유엔 기후변화협약을 맺었던 1992년 당시에도 문제를 해결하는 데 필요한 지식과 기술은 충분했습니다. 그 위기가 얼마나 심각하고 위급한지를, 우리에게 주어진 시간이 그렇게 많지 않다는 것을 정치인도 지구 시민도 제대로 인식하지 못하고 있었기에 우리는 아까운 시간을 허비하고 소중한 생명을 희생시킨 것입니다.

대형 기후 재난이 일어나기 전으로 타깃 시점을 잡으려고 한다면 우리는 결코 합의에 도달하지 못할 것입니다. 2015년 이후이자 2022년 이전인 시기로 돌아가 봐야 그 직후에 발생하는 기후 재난을 막을 수도 없습니다. 단 몇 년 만에 기후를 바꿀 수는 없으니까요. 누구를 살리고 누구를 죽일 것인가는 기준이 될 수 없습니다. 현재 지구에 사는 모든 이의 목숨과 지구의 다른 모든 생명체의 존속이 달린 일이기 때문입니다.

그래서 저는 그 시기가 2022년과 2025년 사이가 되어야 한다고 생각합니다. 1.5도냐 2도냐 하는 온도 문제는 우리의 위기 인식 수준이 어느 정도인가 하는 것 다음에 와야 할 문제입니다. 다행스럽게도 제가 제안하는 시기라면 1.5도 이하 억제도 충분히 가능하다는 점입니다. 이상입니다. (그린, 자리에 앉고 라일 화이트, 자리에서 일어나 발언한다.)

라일 화이트 감사합니다, 그린 소장님. 아주 중요한 점을 지적해 주셨습니다. 하지만 시간 윤리적으로 논쟁의 여지가 있는 문제인 것은 분명합니다. 의장님, 잠시 제게 시간을 주신다면 한 가지 자료를 보여 드리고 싶습니다. (의장, 고개를 끄덕이면서 연설대를 가리킨다. 라일 화이트, 연설대로 나가 발언한다.) 제가 오늘에야 회의장에 도착한 이유도 이 자료를 구하기 위해서였습니다. 웰스 박사님, 제가 드린 파일을 화면에 띄워 주시겠습니까? (웰스, 리모트 컨트롤러로 다음 화면으로 넘긴다. 모두가 화면의 내용에 집중하는 사이, 셀던이 깜짝 놀라며 살그머니 무대 밖으로 빠져나간다.)

셀던 박사와 일머 리스크가 주고받은 메일의 내용이 화면에 뜨자 좌중이 웅성인다. 메일 내용은 이번 회의가 합의되지 못하고 과거 기후 예측 시뮬레이션 결과가 리스크 사에 유리하게 도출된다면 셀던의 연구소에 막대한 예산을 지원하겠다는 내용이 적혀 있다.

라일 화이트 계속 말씀드리죠. 이 메일은 셀던 박사님과 일머 리스크가 IPTM 제4차 보고서(초안)가 나오기 전에 주고받은 메일입니다. 잘 알다시피 일머 리스크는 전 세계의 도시에 넥스트 바이오스피어를 건설하고 있는 리스크 사의 대표입니다. 리스크 대표는 화성 식민지 건설에 막대한 자원과 화석연료를 투입했죠. 기후위기가 파국으로 치달으면서 화성 식민지 사업이 좌절되자 리스크 대표는 그동안 개발해 온 넥스트 바이오스피어를 건설할 곳을 화성에서 지구로 바꾸었습니다. 리스크 사는 급성장했고 일머 리스크 대표는 세계 부자 1위 자리를 수십 년째 지킬 수 있었습니다.

일머 리스크 대표로서는 과거로 돌아가 기후위기를 극복해보려는 우리 인류의 노력이 자신과 회사에 도움이 되지 않는다고 생각했을 것입니다. 리스크 대표는 셀던 박사의 도움이 필요했고 지난 20년 동안 '과거 기후 예측 연구소'의 운영에 막대한 재정적 도움을 주면서 시나리오에 개입했습니다. 우리 같은 제3세계 국가들이 받아들

일 수 없는 시나리오를 제안해 갈등을 조장하고 합의를 방해하면서 타임머신의 이용을 지연시켜 왔던 것입니다.

(화면의 슬라이드를 다음 장으로 넘긴다.) 지금 보고 계시는 메일에는 이번 회의에서 합의를 끌어내지 못하고 무산될 경우 리스크 사가 셸던 박사의 연구소에 연간 지원 규모를 얼마나 높일 것인지, 셸던 박사가 어떻게 기후 예측 모델링에 개입할 것인지 등에 관한 자세한 계획이 담겨 있습니다. 저는 해킹과 리스크 사의 방해 공작을 피하려고 제보자를 직접 만나 이 자료를 입수했습니다. 셸던 박사님, 제 말 중에 틀린 것이 있습니까? 셸던 박사님, 어디 계시죠?

토론자들은 주위를 두리번거리고 무대 밖에서 웅성거리는 소리가 커진다. 갑자기 그린 소장이 바닥으로 쓰러지고 그 옆에 있던 엘라이 카라가 비명을 지른다.

엘라이 카라 (그린 소장을 일으키며) 소장님! 그린 소장님!!

사람들이 그린 소장에게로 모여든다. IPTM 의장이 마이크를 잡고 소리친다.

IPTM 의장 의료진! 빨리 의료진을 불러 주세요. 그린 소장님이 쓰러지셨습니다. 어서요. 빨리 의료진을 이곳으로 불러 주세요! 그리고 119! 119!

멀리서 구급차 사이렌 소리가 들린다. 조명이 어두워진다.

제5막 타임머신

제3장
시나리오 제로

구급차 사이렌 소리가 울리다가 잦아든다. 사이렌 소리와 구급차가 달리는 소리가 낮게 깔린다. 장소는 달리는 구급차 안. 침상 위에는 클로라 그린이 산소 호흡기를 끼고 누워 있다. 그린 소장의 좌우로 웰스 박사와 엘라이 카라, 라일 화이트가 앉아 있다.

엘라이 카라 그린 소장님이 잘못되기라도 한다면 셸던 박사와 리스크 대표를 절대 용서하지 않을 거예요. 라일! 당신도 마찬가지예요. 그렇게 갑자기 폭로하면 어쩌자는 거죠? 일을 벌이기 전에 그린 소장님에게 미리 알렸어야죠!

클로라 그린 (갑자기 스스로 산소 호흡기를 벗고 몸을 일으키며) 그렇게 했어요, 엘라이. 웰스 박사님이 어제 나를 찾아왔었어요.

엘라이 카라 아니, 소장님! 소장님, 괜찮으세요?

클로라 그린 그래요, 엘라이. 나는 멀쩡해요. 이 구급차를 타려고 일부러 연기한 거니 놀랄 필요 없어요. 엉덩이는 좀 아프네요. 실감 나게 쓰러지려다 보니 오버액션을 해 버렸네. 웰스 박사님, 라일. 계획대로 준비는 잘됐겠죠? 이제 엘라이에게도 설명을 좀 해 주세요. 시간이 별로 없어요.

웰스 네, 그린 소장님. 모든 것이 계획대로 잘 준비됐습니다. 이제 두 분이 이동해서 출발하시기만 하면 됩니다.

엘라이 카라 이동이요? 어디를 간다는 말씀인가요?

클로라 그린 엘라이, 잘 들어요. 라일과 함께 타임머신을 처음이자 마지막으로 타 주세요.

엘라이 카라 네? 그게 무슨 말씀인가요, 소장님? 웰스 박사님! 라일! 도대체 이게 무슨 상황인지 전혀 모르겠어요.

라일 화이트 엘라이, 미리 알리지 못해 미안해요. 이 계획은 철저하게 비밀로 해야 했는데 엘라이 주변에는 보좌진이며 각국 대표들이 너무 많이 있어서 위험했어요. 웰스 박사님과 저는 셀던과 리스크의 음모를 이미 알고 있었지만 그 사실을 섣불리 폭로할 수는 없었어요. 함부로 밝혔다가는 목적을 이루지도 못한 채 타임머신은 먼지만 쌓여갈 게 분명해 보였거든요. 그래서 계획을 세우고 모든 준비를 마친 후 어제야 그린 소장님께 설명하고 협조를 요청한 거예요.

웰스 시나리오 제로, 다시 말해 우리는 시나리오에 없는 시나리오를 실행하기로 했어요. 저는 10인승 타임머신을 해체해 사용할 수 없도록 만들어 두었어요. 그리고 두 명만 탈 수 있는 소형 타임머신으로 개조했습니다.

엘라이 카라 그렇다면 지금 연구소에 있는 타임머신은 뭔가요? 대표단이 바로 며칠 전에 확인한 그 기계는 뭐죠?

라일 화이트 그건 위장용이에요. 그냥 껍데기만 세워 놓은 거죠. 웰스 박사님이 다시 만든 소형 타임머신은 제가 비무장 지대에 있는 넥스트 바이오스피어에 옮겨 뒀어요. 그래서 오늘 아침에야 회의장에 올 수

제5막 타임머신

있었던 거예요.

웰스 엘라이, 라일. 우리는 문제를 정확하고 냉철하게 그리고 역사적으로 봐야 합니다. 이건 셸던 박사 전문인데 어이없게 됐네요. 지구달구기가 실제로 일어나고 있음을 확인하고도 이대로 가만히 있어서는 안 된다는 사실에 전 세계가 동의한 게 1992년이에요. AOSIS 대표인 엘라이가 누구보다 잘 알겠지만 그로부터 지금까지 100년은 기나긴 지연과 방해의 시간이었습니다. 배출량을 감축해야 한다, 대기 중 이산화탄소 농도를 낮춰야 한다, 온실기체 배출 총량을 줄여야 한다, 지구 평균기온 상승폭을 억제해야 한다…… 이런 것들이 우리의 목표가 되어 왔죠.

라일, 몰디브의 대통령을 지낸 마우문 압둘 가윰(Maumoon Abdul Gayoom)은 우리가 기후변화를 '인간화'하지 못했다고 말씀하신 적이 있어요. 우리는 기후변화를 어려운 그래프와 각종 측정치와 온도 상승폭으로 설명하고 과학적 예상치로만 봐 온 겁니다. 우리 전문가들은 과학적으로 합의된 내용을 대중의 언어로 바꿔 전달하지 못했어요. 문명 전환을 위해서는 전 세계의 보통 사람들이 지구달구기가 가져오는 결과를 어떻게 받아들이는가 하는 것이 무엇보다 중요한데 말이죠.

클로라 그린 당신들이 돌아가서 새로운 과거를 만들어 주세요. 우리 세대가 이 문제를 해결하지 못하고 당신들에게 넘기게 되어 정말 미안해요. 하지만 당신들이 이 일을 맡아 줘야 해요. 우리 세대는 과학기술에 과도하게 의존하면서 문제 해결을 계속 미뤄 오기만 했어요. 문화적이고 사회적이고 정치적인 전환을 이뤄 가는 속에서 과학기술이 적용되어야 하는 건데 우리는 맨 앞에 과학기술을 놓고 거기에 맞춰서 문제를 봐 왔지요. 나도 정신을 차려보니 함정에 빠져 있었어요. 새로운 기술이 나올 때마다, 더 정확한 예측 시나리오가 나올 때마다 우리는 목표를 다시 설정하고 방법과 수단을 새로 찾아 맞추느라 쓸 수 있는 시간을 다 흘려보낸 거죠.

우리의 모습을 봐요. 우리는 모두 기후위기를 먹고 소비하며 살아요. 하지만 그 누구도 기후위기가 해결되리라 생각하지도 않고, 심지어 기후위기 없는 세상이 되면 자신이 가진 돈과 권력을 잃게 되는 건 아닌가 두려워하지요. 우리는 위기 위에 올라타고 앉아 그 위기를 파먹으며 불구덩이로 달려가고 있었던 거예요.

엘라이 카라 (그린 소장의 손을 잡으며) 소장님…….

클로라 그린 자, 이제 거의 다 왔어요. 엘라이, 라일과 함께 2022년으로 돌아가 줘요. 부패해 버리긴 했지만 셀던이 능력 있는 심리역사학자라는 건 확실해요. 그 사람이 언제 돌아섰는지 모르겠지만 1차 IPTM 회의가 열렸던 2077년은 아닐 거예요. 그때 셀던은 '2022년'이라는 결과를 들고 왔었지요. 여기 셀던의 1차 보고서를 가져가요. 여기엔 상세한 시나리오는 없어요. 그냥 큰 방향만 있을 뿐이에요. 참고만 하도록 해요.

두 사람이 꼭 명심할 것이 있어요. 지금 2099년 현재 세계의 상황과 인류의 모습을 과거의 사람들에게 절대 말하지 말아요. 현재가 과거를 결정하도록 해서는 안 돼요. 혹시라도 어린 클로라 그린을 만나더라도 절대로 말하면 안 돼요. 다만 혹시 기회가 된다면 두 가지 얘기만 어린 저에게 전해 주세요. 사람들이 나에 대해 떠드는 말에 신경 쓰지 말 것, 될수록 동지를 많이 만들 것!

사이렌 소리가 멈추고, 차가 멈추는 소리가 들린다.

웰스 저 모퉁이를 돌아가면 차 번호가 2022로 끝나는 노란색 택시가 한 대 서 있을 거예요. 그걸 타고 비무장 지대로 가요. 엘라이, 우리가 믿을 만한 사람은 당신과 라일밖에 없어요. 가면서 라일이 더 상세히 말해줄 거예요. 자, 어서 가요.
라일, 시간은 2019년으로 맞추도록 해요. 시간 제어 오차가 ±3년이니 2022년으로 맞췄다가는 2025년으로 갈 수도 있어요. 명심해요!

엘라이와 라일이 구급차에서 내리면서 무대가 어두워진다. 잠시 후 다시 무대가 밝아진다.
때는 2019년 10월, 미국 동부의 어느 항구. 정박해 있는 쌍동선 위에는 엘라이 카라와 라일 화이트가 서서 반대편에서 걸어오는 열다섯 살의 클로라 그린을 향해 웃으며 손을 흔든다.

클로라 그린 안녕하세요, 처음 뵙겠습니다. 클로라 그린이라고 해요.
엘라이 카라, 라일 화이트 (배에서 내리며) 안녕하세요, 그린 씨. 만나게 돼서 정말 영광이에요.
클로라 그린 두 분이 저를 마드리드까지 태워 주신다는 연락을 받고 너무 기뻤어요. 정말 감사드려요. 두 분이 부부라고 하셨나요?
엘라이 카라 아, 그래요. 우린 부부예요. (계면쩍게 웃으며) 하하. 우린 요트로 여행을 다니며 살고 있죠. 그린 소…… 아니 그린 씨 덕분에 정말 의미 있는 여행을 하게 될 것 같아요.

클로라 그린 그냥 클로라라고 불러 주세요. (웃음) 두 분도 기후 문제에 관심이 많으신가요?

라일 화이트 네, 맞아요. 당신 덕분이죠. 우린 그냥 평범한 요트 생활자 유튜버예요. 그런데 당신의 이야기를 접하고 나서부터 우리도 기후 문제에 관심을 가지게 됐어요. 사실 이곳에 온 것도 당신을 만나고 싶어서예요. 우리도 칠레로 갈 계획이었거든요. 스물다섯 번째 유엔 기후변화협약 당사국총회(COP25)가 열리는 그곳에 가서 함께 시위에 참여하려고 했죠.

엘라이 카라 칠레 국내 사정으로 총회 장소가 마드리드로 바뀌었다는 소식을 듣고 좀 걱정했어요. 클로라 당신이 비행기를 타고 마드리드까지 가지는 않을 테니까, 우리 같은 사람의 도움이 필요할 수도 있겠다고 생각했어요. 그리고 곧바로 당신의 SOS를 발견했고요. 배에 올라가 보겠어요, 클로라?

클로라 그린 지금요? 좋아요. 그런데 언제 출발할 수 있나요? 회의가 시작되기 전에 도착하면 좋겠어요.

모두 배에 오른다.

라일 화이트 (배의 이곳저곳을 살펴보며) 물론이죠. 날씨가 좋아서 아마 내일 새벽에 바로 출발할 수 있을 것 같아요. 오늘 몇 가지 장비만 더 점검하면 돼요. 그리고 출발하기 전에 여행에 대해서 몇 가지 알려

줄 유의 사항이 있어요.

클로라 그린 유럽에서 미국으로 올 때도 요트를 타 봐서 잘 알고 있어요. 걱정하지 마세요.

엘라이 카라 우리와의 여행은 좀 다를 거예요. (앉을 의자를 내주며) 자, 여기 편하게 앉아요. 나누고 싶은 얘기가 정말 많아요.

조명이 어두워지면서 막이 내린다.

(제5막 끝)

제6막

코스모오뒷세이아

등장인물

아폴로도로스 소크라테스의 제자. 아리스토데모스로부터 전해 들은 소크라테스의 일화를 한 친구에게 전한다. 이 일화에 대해서는 '배경과 용어 설명'의 『향연』◇ 항목을 참고.

아폴로도로스의 이야기 속에 등장하는 인물

소크라테스 아테네5 행성의 현자.

아리스토데모스 소크라테스의 열렬한 제자. 몇 해 전 디오니소스 제전 때 소크라테스 등 몇 사람이 나눈 이야기를 친구 아폴로도로스에게 전해 주었다.

아가톤 젊은 비극 시인.

파이드로스 소크라테스의 친구로 무엇이든 알려고 하는 대단한 호기심을 가지고 있다.

에뤽시마코스 의사, 자연철학자.

알키비아데스 아테네5 행성의 젊은 정치가. 소크라테스를 열렬히 숭배한다.

디오티마 아테네1 행성의 현자.

극장 관리인

제1장
영웅 오뒷세우스

기원후 37세기 어느 시점, 아고라시. 이곳은 안드로메다은하 오뒷세우스태양계의 다섯 행성 중 '아테네5 행성'의 수도이다. 무대에는 막이 내려져 있고, 아폴로도로스가 막 앞에 홀로 서서 관객들을 향해 이야기한다.

아폴로도로스 사실 자네가 듣고 싶어 하는 이야기를 내가 얼마나 자세히 전할 수 있을지 모르겠네. 그날 현장에 있었던 이는 내가 아니라 아리스토데모스였거든. 그리고 자네가 알고 있는 바와 달리 그 디오니소스 제전은 최근이 아니라 몇 해 전의 일이라네. 나는 그때 다른 일로 아테네1 행성에 가 있었지. '코스모오뒷세이아'는 디오니소스 제전 개막 공연으로 매년 열리는 것이니 안 봐도 크게 상관은 없었지만, 그날 소크라테스 님과 아가톤을 비롯한 몇 사람이 밤늦도록 그 공연을 비롯해 문명에 관해 깊이 있는 토론을 벌였다는 얘기를 듣고 그때 참석하지 않았던 일을 얼마나 후회했는지 모른다네.
자네, 아리스토데모스를 알고 있겠지? 그렇다면 그 친구도 나 못지않게 소크라테스 님을 숭배한다는 것도 알고 있겠구면. 그는 소크라테스 님이 어디를 가시든 졸졸 따라다니지 않나? 당연히 그날도 소크라테스 님의 옆자리를 꿰차고 앉아 이것저것 여쭤 보면서 시끄럽게 하는 통에 주위 사람들에게서 핀잔을 들었다더군. 그 친구 말이, 공연이 끝난 후에도 소크라테스 님과 더불어 일행 몇 사람이 이야기를 나누었는데, 아가톤이 자기 집에 가서 얘기를 더 나누자고 제안하기에 모두 그의 집으로 갔고 그래서 새벽까지 이야기가 이어졌다는 게야.

아리스토데모스의 말에 따르면 그날 긴 이야기를 함께 나눈 사람은 모두 여섯 사람이네. 소크라테스 님과 내게 이야기를 전해 준 아리스토데모스 그리고 다음 날 공연을 할 아가톤, 항상 의심과 호기심이 많은 소크라테스 님의 친구 파이드로스, 의사이자 자연철학자인 에뤽시마코스, 소크라테스 님을 열렬히 숭배하는 잘생긴 젊은 정치가 알키비아데스, 이렇게 말일세.

이들은 공연이 끝난 후 바로 일어나지 않고 인파가 공연장에서 빠져나가기를 기다리면서 이런저런 감상을 나누었다고 하네. 자네도 잘 알다시피 디오니소스 제전은 예년과 같은 순서로 진행되었다고 해. 맨 처음 우리 아테네5 행성의 수도 아고라시 시장의 개막 연설과 다음 해 디오니소스 제전이 열릴 아테네1 행성의 수도 이타케시 시장의 축사가 있었지. 이어 음악 연주와 춤 공연이 엄청난 규모로 장엄하게 펼쳐졌고, 매년 개막작으로 공연되는 '코스모오뒷세이아'를 마지막으로 디오니소스 제전 첫째 날 행사가 끝났지. 앞서 말했듯 소크라테스 님과 나머지 다섯 사람은 공연이 끝난 후에도 자리에 앉아 덜 붐빌 때까지 느긋하게 기다렸네. 늘 그렇듯이 소크라테스 님이 운을 띄우면서 이야기가 시작되었다고 하더군. 이렇게 말일세.

아폴로도로스 퇴장. 막이 오르면서 조명이 밝아진다. 무대는 디오니소스 원형극장의 관객석이다. 소크라테스, 아리스토데모스, 아가톤, 파이드로스, 에뤽시마코스, 알키비아데스가 관객석에 앉아 있다.

소크라테스 '코스모오뒷세이아' 공연은 매년 더 웅장해지는 것 같군. 올해에는 안드로메다 전쟁 장면을 공중에서 연출해 내지를 않나, 등장인물도 작년에 비해 배가 된 듯하지 않은가?

아가톤 매년 이렇게 화려한 공연으로 제전을 시작하니, 저를 포함해 출품 작가와 연출가 들의 부담이 이만저만이 아닙니다. 저는 바로 내일이 공연이라 더 신경이 쓰이네요.

알키비아데스 최초의 다행성형 인간이자 우리 오뒷세우스태양계를 개척한 오메가인 오뒷세우스◇를 기억하고 경배하려면 이 정도도 부족하지요. 우주 공간에 새 극장을 만들고 훨씬 더 크고 웅장하게 '우주 공연'을 해야 한다고 저는 생각합니다!

파이드로스 그런데 자네 바람대로 되기는 어려울 듯하네. 아테네 행성 연합의 예산은 언제나 신행성 개발에 최우선으로 사용되니 말일세. 다섯이나 되는 행성으로도 부족한가 보이. 그나저나 마침 오늘 제전의 주인공과 관련되기도 해서 항상 궁금하던 것 한 가지를 물어보고 싶네. 여러분은 안드로메다 전쟁이 오늘 공연의 내용과 똑같이 펼쳐졌다고 믿는가? 정말로 오뒷세우스가 그 전쟁에서 이겨 오뒷세우스 태양계의 독재자를 물리치고, 선주민을 노예 상태에서 해방시키고, 이 행성 연합에 평화를 가져왔다고 믿는 겐가? 그리고 오뒷세우스가 지구로 금의환향하여 가족들을 데리고 이곳으로 돌아와 다섯 개의 아테네 행성을 풍요롭게 하고 우리의 조상이 되었다는 것까지 모두 믿는가 말일세. 어떤 목적을 위해 사실과 다르게 미화된 부분은 없는지 생각해 본 적 없냐는 말일세.

에뤽시마코스 의심 많은 파이드로스 님께서 우리 행성의 근본에 의문을 제기하시는군요. 저는 파이드로스 님께서 궁금해하시는 것보다 왜 우리 행성이 매년 이날을 기념하고 오뒷세우스를 영웅으로 떠받들고 있는지 그것을 먼저 물어야 한다고 생각합니다. 역사적 사실이라 하더라도 우리에게 중요하지 않으면 되새기고 기억할 일이 없지요. 그렇지 않습니까, 소크라테스 님?

소크라테스 음…… 나는 두 사람의 말이 모두 일리가 있고 중요한 질문이라고 생각하네. 천 년이 넘는 동안 우리는 매년 디오니소스 제전뿐만 아니라 중요한 날에 맞춰 축제를 하고 기억하고 경배해 오고 있지. 오뒷세우스의 영웅적인 행적이 모두 사실이라 해도, 우리가 왜 다른 역사보다 그의 이야기를 더 높이 치고 경배하는지는 따져 봐야지. 우리의 역사를 비판적으로 숙고하는 중요한 일이니 말일세. 혹여 그 이야기에 일부라도 거짓이 섞여 있다면 왜 진실을 왜곡해 가면서까지 그를 칭송하는지 또한 물어야 할 것이고.

알키비아데스, 자네 생각은 어떤가? 자네는 오뒷세우스의 이야기가 모두 진실이라 여기는 듯하네만. 좀 전에 '코스모오뒷세이아'를 더 화려하게 공연하고 오뒷세우스를 더 높이 기려야 한다고 말했는데, 그 이유가 무엇인지 말해 주겠나?

알키비아데스 그야 오뒷세우스가 우리 아테네 행성들에 거주하는 오메가인의 최초 조상이기 때문입니다. 또한 오뒷세우스의 탐험 정신과 강인한 정신은 우리 문명을 가능케 한 근본 정신이고 앞으로 우리 문명이 나아가야 할 방향이니 저를 비롯한 후세대 오메가인이 그를 기리고 배우는 것은 당연한 과업이지요.

지구가 가열되고 생태계도 심각하게 파괴되면서 새로운 행성을 찾아 우주로 나가야 했을 때 가장 먼저 나선 사람이 누구였습니까? 바로 오뒷세우스였습니다. (갑자기 자리에서 일어나 정치인의 연설조로) 그는 어느 누구보다 먼저 나서서 오메가인이 되고자 했고, 지구를 대체할 인류의 새로운 터전을 찾으려 탐험에 나선 최초의 오메가인 중 한 사람이었습니다. 다시는 가족을 만나지 못할 수도 있고 고향 지구로 다시 돌아가지 못할 수도 있었지요. 우주 미아가 될 수도 있었고요. 숱한 위험이 따르는 탐험에 그는 그 누구보다 먼저 자원했습니다. 험난한 우주 탐험을 시작한, 숭고한 정신을 가진 우리의 선구자이자 개척자입니다!

모두 아는 얘기를 제가 말하고 있는 것 같은데요, 중요한 것은 우리의 탐험이 여전히 진행 중이라는 것입니다. 따라서 오뒷세우스는 언제까지나 기억되고 칭송해야 할 우리 오메가인의 모범이자 우리 문명의 정신을 상징하는

현대 문명 사회에서 위인을 기리는 방법으로 기념 주화를 발행하듯 이야기 속 아테네5 행성 사람들도 그 문명의 시조인 오뒷세우스를 기념하는 주화를 만든다면 이런 모습이지 않을까 상상해 보았다. 앞면에는 오뒷세우스의 옆 얼굴과 그 아래에 그리스어로 '오뒷세우스'라고 적었고, 뒷면에는 '최초의 오메가인'이라는 뜻의 그리스어를 새겼다.

역사이므로 저는 오뒷세우스를 기리는 행사가 성대해야 한다고 생각합니다. (다시 자리에 앉는다.)

소크라테스 알키비아데스, 자네의 연설 솜씨가 날로 늘어 가는 것 같으이. 다음 시장으로 출마해도 부족함이 없을 것 같네. 그런데 좀 전에 자네는 '우리 문명'이라는 말을 했네. 지금 알키비아데스가 설명한 내용이 바로 우리 현대 오메가인들이 가진 문명이 지향하는바, 우리 문명의 가치관 혹은 세계관이라고 부를 수 있을 걸세. 그런데 에뤽시마코스, 아까 뭐라고 했었지? 아, 역사적 사실 여부를 떠나서 왜 우리가 개척자들을 숭배하고 경배하고 기억하는지 그 이유가 더 중요하고 그것을 먼저 논해야 한다고 말했었지. 알키비아데스의 말로 답이 되었나?

에뤽시마코스 충분치는 않지만 어느 정도는요. 하지만 우리 오메가인들의 문명, 나아가 문명 자체에 관한 얘기는 나중에 더 자세히 논하는 것이 좋을 듯합니다. 늘상 써 오던 말인데 그것이 구체적으로 무엇을 의미하는지 생각해 보니 뭐라고 말해야 할지 잘 모르겠습니다, 소크라테스 님. 지금은 파이드로스 님의 의문이 어떻게 시작되었는지부터 들어보는 것이 좋겠습니다. 어떤 생각이 하늘에서 뚝 떨어지는 것은 아니니까요. 그렇지 않습니까, 파이드로스 님?

파이드로스 잘 보았네, 에뤽시마코스. 당연히 이유가 있네. 사실 며칠 전에 필요한 물건이 있어 시장에 갔다가 지구에서 가져온 물건을 파는 한 지구 출신 상인을 만났지. 물론 그도 오메가인이었네. 시원 인류의 몸으로는 이곳 안드로메다은하까지 오는 것은 불가능하니 말일세. 하여튼, 그가 가져온 물건 중에는 처음 보는 것이 많아서 이것저

것 구경하며 그곳 사정이나 평소 궁금하던 것들을 물어보았지. 그런데 이야기 중에 그 상인이 말하기를, 자기는 디오니소스 제전을 본 적이 없다는 게야. 그래서 바로 며칠 뒤에 이곳 아고라시에서 일주일 동안 제전이 열리니 꼭 가서 구경하라고 일러 주었지. 특히 개막일 밤에 펼쳐지는 '코스모오륏세이아'는 모든 예술 장르가 종합된 안드로메다 최고의 공연이니 절대로 놓치면 안 된다고 말이야. 그러면서 줄거리도 조금 얘기해 주었지.

그런데 내 얘기를 듣던 상인이 고개를 갸우뚱거리길래 왜 그러냐고 물으니, 지구인인 자기가 들어 온 오륏세우스의 일생과 내 얘기가 많이 다르다는 게야. 그 상인의 얘기인즉슨, 오륏세우스는 지구로 돌아오지 못했고, 그의 가족들 그러니까 그의 남편과 아들, 딸도 지구에서 사망했으며 지구에 그들의 무덤까지 있다는 거였네. 나는 우선 오륏세우스가 오메가인이 되기 전에 여성이었다는 사실에 놀라 까무러칠 뻔했네. 나는 한 번도 그런 말을 들어 본 적이 없었거든. 그는 자기 이야기가 털끝만치도 틀리지 않다고 맹세했네.

나는 오륏세우스가 다시 지구로 돌아가지 못했다는 것도 이해가 안되어 다시 묻지 않을 수 없었네. 그 상인의 말로는 오륏세우스가 우리 태양계와 거주 가능한 다섯 행성을 발견한 뒤 지구로 되돌아가던 중 사고를 당해 우주 미아가 되었다는 게야. 게다가 그의 남편과 아들, 딸은 오메가인이 되지 못했을 뿐만 아니라, 오륏세우스의 소식을 듣기도 전에 시원 인류의 몸으로 사망했다고 하더군. 그들은 오메가인이 될 만큼 부유하지 못했다는데, 나는 그의 말을 도무지 믿을 수가 없어서 재차 물었지. 내가 당신의 말을 믿지 못하겠으니, 무슨 증거 같은 것이 있느냐고 말일세.

그 상인은 지금 당장 내보일 증거야 당연히 없지만 지구인들은 모두 오뒷세우스의 이야기를 자신이 말한 대로 알고 있으며, 그들 가족의 일을 비극으로 여기며 안타깝게 생각한다고 했지. 그래서 오뒷세우스의 우주선이 지구를 떠난 날을 일종의 추모일로 지정해, 그날은 지구 전체를 통틀어 어떠한 우주선도 이륙하지 못한다고 하더군. 지구로 들어가는 우주선들도 그날은 지구 밖에서 다음 날까지 대기해야 하고, 우리의 축제와는 달리 초기 개척자들의 넋을 기리며 조용히 보낸다는 거야. 그래서 오늘 이 웅장한 '코스모오뒷세이아' 공연을 보고 나니 그 지구 상인의 이야기가 떠올라 여러 친구들에게 물어보지 않을 수가 없었네. 혹시 내 얘기가 제전의 흥을 깼다면 미안하게 되었네.

아가톤 전혀 그렇지 않습니다, 파이드로스 님. 정말 놀라운 얘기를 들려주셨어요. 하지만 저는 어디까지 믿어야 할지 모르겠습니다. 설사 그것이 사실이라 하더라도 오뒷세우스가 아테네 다섯 행성을 발견하고 문명 행성이 될 수 있게 했다는 것은 사실이니까요. 그런데 오뒷세우스를 비롯한 제1차 원정대가 지구로 귀환하다가 불의의 사고를 당했다면, 우리는 누구의 후손이 되는 거죠? 제2차 원정대인가요, 아니면 아테네 행성 선주민이 우리의 조상인가요? 그 이야기를 어떻게 받아들여야 할지 혼란스럽네요.

소크라테스 지구에서 온 그 상인의 말이 사실이라면 대단히 충격적인 이야기이기는 하네만, 우리 모두가 우주의 먼지에서 비롯된 우주인이라는 사실에는 변함이 없네. 오뒷세우스 이야기가 어디까지 진실이냐 하는 것도 중요하지만 에뤽시마코스의 말처럼 우리가 진실이라고 믿고 있고 우리로 하여금 그렇게 믿도록 하는 힘의 바탕이 무엇인지 먼저 생각해 봄세. 그리고 나중에 더 논의하기로 한 우리 문명, 더 나아가 문명이란 것이 무엇인지 이야기를 나눠 보는 것이 어떻겠나? 문명이 자연스럽게 형성되는 것인지 아니면 어떤 목적을 가지고 만들어지는 것인지도 포함해서 말일세. 오늘 이 디오니소스 제전도, 오뒷세우스의 이야기도 모두 우리 문명의 가장 중요한 뿌리가 아니던가?

갑자기 무대의 조명이 하나씩 꺼지고, 무대 반대편 끝에 극장 관리인이 불쑥 나타나 극장에서 나가라고 손짓을 하며 소리친다.

극장 관리인 곧 문 닫습니다. 어서 나가 주세요.

아가톤 아, 저기 극장 관리인이 이제 나가라고 하는군요. 관중들도 거의 다 나갔습니다. 이미 늦은 밤이었지만 우리 이야기도 깊이를 더해 가고 있어 여기서 중단하기 섭섭하네요. 누추하지만 가까운 저희 집으로 자리를 옮겨 이야기를 이어 가면 어떨까요?

소크라테스 그것 참 좋은 생각이네, 아가톤.

파이드로스 그런데 지금부터 얘기를 시작했다가는 밤을 지새울 것이 분명한데, 내일 자네 공연을 보다가 우리가 졸까 봐서 걱정이네.

아카톤 그건 문제가 되지 않습니다, 파이드로스 님. 제 연극이 재미있거나 의미가 있으면 여러분이 잠들 일이 없을 것이고, 여러분을 잠들게 한다면 재미도 없고 볼 가치도 없는 것일 테니 어차피 볼 필요가 없지 않겠습니까?

소크라테스 자네 연극도 그런 궤변으로 채워져 있는 건 아니겠지? 여보
게 알키비아데스, 아가톤 이 친구가 극작가에서 정치인으로 직업을
바꾸는 일이 없도록 항상 지켜보도록 하게. 방심했다가는 자네 자리
를 꿰차겠어.

모두 웃으며 일어나 퇴장한다.

제2장
여섯 사람이 문명에 관해 논하다

아가톤의 집. 무대 중앙에는 여섯 사람이 앉을 의자와 낮은 테이블이 있고 먹을 것과 마실 것이 놓여 있다. 아가톤과 파이드로스, 에뤽시마코스, 알키비아데스, 아리스토데모스가 자리에 앉아 이야기를 나누고 있다. 소크라테스는 보이지 않는다.

아가톤 소크라테스 님은 어디에 계시지? 우리와 함께 오셨는데? 아리스토데모스, 줄곧 소크라테스 님 곁에 딱 붙어서 오더니 자네 소크라테스 님을 어디에 두고 혼자 온 겐가?

아리스토데모스 아, 소크라테스 님은 아마 자네 집 현관 계단 옆에 서 계실 걸세. 잠시 생각할 것이 있다며 먼저 들어가 있으라고 하셨네.

알키비아데스 아니, 이런 친구를 봤나. 밤기운도 찬데 그러신다고 혼자 냉큼 들어와 버리다니. (자리에서 일어나며) 내가 당장 나가서 모시고 들어오겠네.

에뤽시마코스 (알키비아데스를 주저앉히며) 이보게, 생각하실 것이 있으면 동틀 무렵부터 해 질 녘까지 한자리에서 꼼짝 않고 계시는 분이 아닌가? 때가 되면 들어오실 게야. 잠자코 기다려 보시게.

소크라테스, 무대로 등
장한다.

알키비아데스 아, 저기 들
어오시는구먼. 소크
라테스 님, 이쪽으로
앉으세요. 아리스토
데모스가 선생님을
버려두고 혼자 들어
와서 나무라고 있었
습니다.

소크라테스 (자리에 앉으며) 자네들에게 문명에 관해 얘기해 보자고 하
고선 오면서 곰곰이 생각해 보니, 나도 도대체 문명이 무엇인지 깔
끔하게 정리가 안 되더군. 문명이 무엇을 지칭하는 것인지 우리가
제대로 모르고 지금까지 사용해 온 게 아닌가 하는 생각이 들면서
하나하나 머릿속으로 따지다 보니 그리 되었네.

오늘 대화의 시발점이 된 오뒷세우스의 이야기가 우리 문명에서 어
떤 의미를 가지는지도 생각해 보았지. 먼저 제전의 목적은 오뒷세우
스를 기억하고 우리 오뒷세우스태양계의 안녕과 번영을 기원하는
것일 텐데, 또 한편으로는 이 훌륭한 공연을 통해 우리 문명을 기억
하고 미래 세대를 교육하는 것도 중요한 목적이라는 생각이 들었네.
그런데 우리가 기억하고 교육하자는 것이 구체적으로 무엇인가, 하
고 자문해 보니 이 또한 딱 부러지게 이것이다, 하고 말하기 어렵더

제6막 코스모오뒷세이아

군. 그러니 우리가 한 명씩 돌아가
며 문명이 무엇인지 조목조목 논해
보면 어떻겠나?

아가톤 아주 좋은 제안입니다. 쉽지는
않겠지만 디오니소스 제전을 맞아
우리가 얘기 나눌 만한 중요한 주제
라고 생각합니다.

아리스토데모스 소크라테스 님의 이야기
보따리는 언제나 맑은 물이 샘솟는
우물 같습니다.

소크라테스 이보게, 내가 얘기한다는
게 아니라 모두 함께 토론을 하자는 걸세. 나는 자네들의 생각이 더
궁금한데, 몇 가지 질문으로 얘기를 시작해도 되겠나? (모두들 고개
를 끄덕이자) 좋네. 내가 이곳 아가톤의 집까지 걸어오면서 가장 먼
저 떠오른 생각부터 말해 보겠네. 우선, 문명은 눈에 보이는 것인가,
눈에 보이지 않는 것인가?

아리스토데모스 보이는 것도 있고 안 보이는 것도 있는 것 같습니다.

소크라테스 옳지, 나도 처음에 그렇게 생각했네. 우리는 보통 눈에 보이
는 것을 먼저 생각하게 되지. 도시를 구성하고 있는 구조물들, 그러
니까 주택과 공원, 도로나 공항 같은 각종 기반 시설을 전부 모아 놓
는다고 해서 그것이 문명의 전부 혹은 핵심이라고 말할 수는 없을
걸세. 그러면 눈에 보이지 않는 우리 사회의 법률, 도덕과 가치 같은
것들도 모두 모아 그것까지 더한다면 그것을 문명의 전부라고 할 수

있을까? 아가톤, 극작가인 자네 생각은 어떤가? 이런 것들을 다 모아 놓으면 그것을 우리 문명이라고 할 수 있겠나?

아가톤 예술과 같은 문화적인 자산들도 중요할 것 같습니다. 그 속에서 눈에 보이는 것들과 보이지 않는 것들이 구현되니까요.

알키비아데스 과학기술을 빼놓으셨습니다, 소크라테스 님. 과학기술이 아니었다면 지구가 아닌 이곳 아테네5 행성에서 우리가 이렇게 이야기를 나누고 있지는 못했을 테니까요.

소크라테스 옳은 말일세. 그렇다면 문명에는 우리가 우주를 다루는 방식도 들어가겠구먼. 하지만 새로운 행성을 찾고 자원을 개발하기 위해 우리가 사용하는 과학기술과 각종 지식을 모두 모은다 해도 우리 문명을 온전히 다 설명하긴 어려워 보이네.

에뤼시마코스 우리가 만들고 실행하고 추구하는 일에 담긴 가치와 이상 같은 것들도 문명을 구성하는 중요한 요소일 것 같습니다. 가치와 이상이 어떠한가에 따라 구현되는 물질 문명의 모습이 달라질 수 있으니까요. 알키비아데스의 말처럼 과학기술 덕분에 우주로 나갈 수 있게 된 것도 맞지만, 과학기술이 있다고 해서 반드시 우주 개발에 뛰어들고 우주 식민지를 개척하는 것은 아니지 않습니까? 우주 탐험과 식민지 개척이라는 목적과 가치가 먼저이고 이를 실현시키는 과학기술이 개발됐을 수도 있지요. 대체로 서로 영향을 주고받으며 앞서거니 뒤서거니 하는 경우가 역사적으로 가장 흔히 일어납니다.

소크라테스 자네가 자연철학자답게 중요한 말을 했네. 아주 옳은 지적일세. 그렇다면 단순히 정신적인 가치와 물질적인 측면을 더하기만 해서는 그것이 어떤 문명인지 밝히기 어려워 보이네. 또 한 가지 짚을 부분은 알키비아데스가 앞서 말하기를 '우리' 문명이라고 했는데, '우리' 문명이 있으면 남의 문명도 있을 걸세. 그리고 현재의 문명이 있다면 과거의 문명과 미래의 문명도 있을 테고. 우리는 이 모든 문명을 포괄할 수 있도록 문명의 개념을 정의해야 할 걸세.

자, 지금까지는 대략 문명을 훑어 본 셈이 되었는데, 이제부터는 내 제안대로 한 사람씩 돌아가면서 차근차근 이야기를 풀어 보도록 해 보세. 먼저 과거나 미래보다는 현재를, 그리고 눈에 보이지 않는 것보다는 눈에 보이는 것을 더 잘 알 테니 지금 현재 우리가 볼 수 있는 것부터 시작해 봄세. 가장 먼저 무엇부터 얘기할 수 있을까?

아리스토데모스 제가 먼저 얘기하도록 해 주세요, 소크라테스 님. 뒤로 순서가 밀렸다가는 풀어 낼 이야기가 남아 있지 않을 것 같아요.

소크라테스 그렇게 하게, 아리스토데모스. (주위를 둘러보며) 반대하는 사람은 없는 것 같으니.

아리스토데모스 먼저 우주지리적으로 구분해 볼 수 있겠습니다. 지구의 문명과 우리 아테네 행성들의 문명처럼 우주의 어디에 위치하느냐에 따라 그 문명이 크게 다르니까요. 특정한 우주지리적 공간을 일정한 시간 동안 점유하면서 여러 세대를 거쳐 살아가면 그 공간에 일정한 흔적이 남을 것입니다. 그러니까 어느 행성을 구성하는 땅의 모양과 성질, 기후와 그곳에 서식하는 생명체의 종류 등 우주지리적으로 서로 다른 조건 위에서 지성을 가진 존재들이 변화시키고 새롭게 만들어 내는 모든 것이 바로 그 흔적입니다. 그리고 그 흔적이라는 것은 우리가 먹는 것의 형태, 주거 양식, 의복의 소재와 입는 방식, 의사소통 수단과 기타 산업 형태 등을 영위한 결과가 될 테고요.

바로 이런 영위의 과정과 결과가 우주지리적으로 차이를 나타낼 텐데 이것들이 바로 우리가 지금 볼 수 있는 문명의 모습이 아닐까요?

소크라테스 아리스토데모스, 아주 잘 말해 주었네. 눈으로 확인할 수 있는 문명적 특성을 공간적으로, 즉 우주지리적인 차이로 설명해 주었군. 그리고 거기에 시간 차원도 고려했고 말일세. 지성을 가진 생명체들이 일정한 시간 동안 지속적으로 영위하는 다양한 삶의 양식과 그로 인해 변형된 그 행성의 생물·지질·물리·화학적 흔적들을 문명이라 본다고 정리하면 되겠군. 그런데 자네가 사례로 든 태양계의 지구 행성 문명과 우리 오뒷세우스태양계 다섯 행성의 문명은 서로 비슷한 점도 꽤 많은 것 같으이.

우선 지구인도 우리도 오메가인이네. 물론 지구에는 시원 인류가 일부 지역에 거주하고 있지만 지구인 대다수가 오메가인이지. 자네도 지구에 가 보았겠지만 지내기에 조금의 불편함도 없고 우리가 필요로 하는 건 거의 다 구할 수 있네. 그러니까 우리 아테네5 행성에 있을 때와 꼭 같이 먹고 자고 이동하고 통신을 주고받지. 지금처럼 우주 여행과 정보의 이동 속도가 엄청나게 빨라져 버린 시대에 문명의 차이나 개념을 이해하는 데에는 우주지리적 영역의 차이보다 더 결정적인 요인이 필요한 듯싶네.

아가톤 현재 문명 중 눈에 보이지 않는 것들에서 찾아보면 어떨까요? 우리가 문명과 비슷한 뜻으로 사용하는 '사회'라는 말도 문명만큼이나 그 정의가 명확하지 않은 것 같은데요, 비슷하게 사용하는 두 말을 비교해 보면 뜻이 좀 더 명확해지고 핵심 요인이 드러날 수 있을 것 같습니다.

일단, 우리 사회는 우리 문명과 분리될 수 없지요. 소크라테스 님 말씀대로 지구와 아테네 행성은 우주지리적 차이를 넘어 외양이 비슷한 사회라고 할 수 있습니다. 우선 둘 다 우주산업 중심으로 각 수준의 사회, 즉 마을과 학교, 지역과 국가 등이 조직되어 있지요. 중요한 도덕적 가치, 지적으로 더 높은 가치를 부여하는 분야와 지식, 오뒷세우스로 상징되는 이상적인 인간상도 같고, 사람들의 기호나 관습과 제도도 작은 차이만 있을 뿐입니다. 하지만 문명은 사회보다는 좀 더 긴 시간 범위를 가집니다. 사회의 외양이나 구조, 제도가 변하고 달라져도 이전 사회의 가치는 계속 유지될 수 있으니까요. 가장 큰 차이점이라면 '사회'라는 개념은 인간 외 다른 종에게도 사용할 수 있지만 문명은 그렇지 않다는 것입니다. 개미 사회, 침팬지 사회는 가능하지만 개미 문명, 침팬지 문명은 SF 같은 상상 속 세계에서나 나오는 얘기죠.

소크라테스 문명을 이루는 것 중 눈에 보이지 않는 것을 사회라는 개념과 비교해 아주 탁월하게 설명해 주었네, 아가톤. 동물 사회와 비교해 주니 문명과의 차이가 확연히 드러나는군.

알키비아데스 제가 아가톤의 이야기를 이어받아 좀 더 구체적으로 '사회'에 관해 이야기해 보겠습니다. 어떤 사회의 구조를 결정하는 가장 중요한 요소가 정치와 경제라는 데에 반대하는 분은 아마 없으시겠죠. 우리 행성의 정치, 경제는 우리가 어떠한 과정을 거쳐 의사 결정을 하는지, 인구가 얼마인지, 시민들의 몸과 정신이 건강한지 아닌지, 산업 기술이 성장하고 있는지 아닌지와 밀접한 관련이 있습니다. 그리고 에너지원이 무엇인지 얼마나 잘 공급되는지가 정말 중요합니다. 우주 공간 속에 풍부하게 존재하는 암흑물질을 에너지원으로 사용하면서 우리 오메가인은 거주 조건이 불리해진 지구를 떠나 이곳 안드로메다 은하까지 문명을 확장하지 않았습니까? 우주 산업 기술이 없었다면 이러한 인류의 탐험과 확장은 불가능했을 것입니다. 우리는 이제 '지구 문명', '아네테 다섯 행성 문명'이 아니라 각각을 하나의 문명에 속한 '지구 사회', '아테네 다섯 행성 사회'라고 불러야 할 것입니다.

파이드로스 정치인답게 비전이 아주 웅대하네, 알키비아데스. 인구 얘기가 나왔으니 말인데, 오메가인과 인류가 수행하는 노동도 포함해야 하지 않겠나, 알키비아데스? 기술을 실현하는 것은 결국 우리의 노동이니까. 그리고 우리 오메가인의 탄생 기원에 대해서도 짚고 넘어가야 할 걸세. 우리 오메가인은 자연적인 진화, 그러니까 '자연선택'에 의해 생겨난 것이 아니야. 말하자면 인류에 의한 진화, 혹은 '인간 선택'이라고 부를 수 있지 않을까? 사실 '진화'라기보다는 기술의 적용이라고 해야 하겠지. 자기 몸을 대상으로 한 기술의 적용 말일세. 눈에 보이지 않는 과학기술 문명이 인류라는 자연물을 영원히 바꾸어 버리지 않았나?

다행성형 인류인 오메가인을 개발한 이유가 훨씬 더 은밀하고 계획적이었다는 걸 자네도 모르지 않겠지. 우리가 흔히 떠들듯이, 끊임없는 경제 성장과 초부자들의 이익을 위해 지구의 에너지원인 화석연료를 고갈시키는 바람에 지구달구기가 심각해졌고 지구의 거주 가능성이 떨어져 오메가인으로 전환할 수밖에 없었다는 것은 절반만 사실이야. 에뤽시마코스의 말처럼 순서가 거꾸로 된 거지. 그들은 지구를 거주 불가능 행성으로 만들기 위해 그렇게 했어. 오메가인은 우주 개발을 위해 만들어진 전천후 노동력이었던 것이고. 또한 의도된 결과였지만 지구에서는 더 이상 충분한 이익을 낼 수 없으니 우주로 나갈 계획에 착수했고, 오메가인이 선봉에 선 것이지. 나는 이것이 숨겨진 역사적 사실이라고 믿네.

알키비아데스 파이드로스 님께서는 우리 역사를 아주 부정적으로 보시는군요. 그렇다면 파이드로스 님께서 생각하는 문명이란 무엇인가요? 똑바로 왔든 거꾸로 왔든 현재 우리는 안드로메다은하 오뒷세우스태양계에서 새로운 문명을 뿌리내리고 천 년이 넘는 세월을 살아 오고 있지 않습니까? 성공적으로 말입니다.

파이드로스 자네야말로 자네가 속해 있는 코앞의 현실로 눈을 가린 채 비역사적으로 사고하고 있군그래. 알겠네. 나도 내가 생각하는 문명에 관해 논해 보겠네. 눈에 보이지 않는 문명의 속성을 얘기하던 중이었으니 그중 한 가지로 나는 사유 방식에 관해 말하지. 먼저, 우주와 우주에 존재하는 여러 가지 존재물을 보는 관점이 우리 문명을 말해 준다는 것이 내 생각이네. 앞서 말했듯이 지구에 살았던 우리 오메가인의 조상들은 지구에 기후위기가 닥쳤을 때 그 사회의 운용 방식을 바꾸어 해결하기를 거부했네. 다시 말해 화석연료라는 에너지원을 포기하지 않았어. 그 에너지를 쓰면 온실기체가 배출될 수밖에 없고 지구의 기온이 계속 올라가고 인간도 다른 생물들도 지구에서 살기 어려워진다는 사실을 알면서도 말이야.

문제를 정확하게 인식하고 그 문제를 해결할 수 있는 과학기술도 있고 바로잡을 수 있는 시간이 충분했던 시기에도 계속 화석연료에 의

존했지. 거의 모든 항공기와 자동차와 산업 기계와 건물에서 에너지 원으로 화석연료를 직접 사용하거나 화석연료로 만든 전기나 열을 사용했어. 일상의 생활용품도 석유로 만들었지. 더 이상 시원 인류의 몸으로 살 수 없을 때까지 말일세. 인류는 '에너지 전환', '문명 전환'을 거부했네. 대신 '인간 전환'을 선택했지. 사는 방식이 세계를 파괴하자 그 문제를 해결하려 노력하기는커녕 오히려 그 파괴된 세계에 맞게 몸을 변형시키는 쪽을 택한 거야.

이것이 바로 우리 문명의 본모습이네. 우리 몸이 바로 우리 문명의 결과물인 셈이지. 그리고 우리의 정신에 깊이 박혀 있는 집단적인 무의식, 끊임없이 확장하고 개발하고 우주의 끝까지 가더라도 쓸 수 있는 자원은 모조리 가져다 쓰겠다는 강박증 그리고 오랜 기간 동안 우리의 몸과 정신 속에 우리가 의식하지 못하는 사이에 배양되어 온 사유 방식도 마찬가지일세. 소위 합리적인 우주과학기술 시대의 사유 방식을 통해 우리의 과거, 현재를 원하는 모습으로 꾸미고 앞으로 나아갈 방향도 미리 결정해 놓았지. 나는 이것을 '우리 문명'이라고 말하고 싶네. 그것이 바로 우리 국부 은하군 전체가 가진 획일화된 문명이야.

알키비아데스 파이드로스 님, 진지하게 여쭙습니다. 지금 우리 조상을 비하하고 우리 문명 자체를 부인하시는 겁니까?

파이드로스 아니네, 나는 비하하고 부인하는 것이 아니라 인류가 스스로를 멸종시켰다고 말하는 것이네. 그것이 사실 아닌가?

에뤽시마코스 아, 잠시만 참아 주게, 알키비아데스. 진정하세요, 파이드로스 님. 우리 아테네5 행성의 유망한 정치인 알키비아데스로서는 받아들이기 어려운 지점이 있겠군요. 파이드로스 님의 분석과 결론은 언제나 좀 냉소적이기는 합니다, 하하하. 알키비아데스, 자네는 섭섭할지 모르나 파이드로스 님의 말씀 중에서 역사적 사실에 반하는 내용은 없다는 것을 자네도 알겠지?

이와 관련해서 다시 짚어 보자면, 이제는 '우리' 문명이라는 말이 이중적인 의미로 쓰이게 된 것 같습니다. 저곳과 이곳, 과거와 현재 그리고 미래의 문명이 다르다는 의미에서 우리 문명, 너희 문명 이런 식으로 복수의 문명이라는 의미가 담겨 있지만, 또한 동시에 국부은하군 내에 개척된 거의 모든 행성이 비슷한 문명으로 획일화되면서 이제는 하나의 문명이라는 의미로서의 '우리' 문명이 되어버린 겁니다. 시공간적인 차이가 사라진 거죠. 실질적인 공간적 거리가 축소되면서 우리는 복수의 문명이 존재하는 세계에서 단수의 문명만이 존재하는 새로운 역사적 국면에 맞닥뜨렸다고 해야겠습니다. 이렇게 보면 우리는 '문명'이 아니라 다른 단어가 필요한 시대에 접어든 게 아닐까요? 그리고 오늘 토론의 시발점이 된 '코스모오뒷세이아'는 바로 그 하나의 단일한 문명을 확산하려는 우리의 강력한 신화이고요. 그렇지 않습니까, 소크라테스 님?

소크라테스 일리 있는 말일세. 특히 '이야기'는 모든 문명이 공통으로 가지고 있던 강력한 유산이지. 오메가인 오뒷세우스의 이야기가 천 년의 시간을 살아남은 이유도, 그 이야기가 바로 우리 오메가인의 이야기이고 심금을 울리는 지점이 있기 때문일 걸세. 시간을 초월해 잊히지 않는 이야기, 오랫동안 기억되는 사람들과 역사, 이런 것들은 수백 년 혹은 수천 년 동안 사라지지 않고 쌓여 문명의 바닥을 단단히 받치고 있지. 우리의 존재 의미가 마치 태초부터 있었고 앞으로도 영원토록 사라지지 않을 것처럼 말일세.

하지만 이것도 우리가 만들어 낸 환영에 지나지 않아. 모든 것은 나고 자라고 변하고 사라지네. 그리고 파이드로스의 의심처럼 오륏세우스의 이야기는 사라지지 않는 게 아니라 사라지지 않도록 그 이야기에 끊임없이 불멸의 영약을 뿌려 온 걸지도 모르지. 그 이야기가 필요한 사람들에 의해서 말이네.

아리스토데모스 그들이 도대체 누구입니까?

파이드로스 누구긴 누구겠나? 그 이야기에서 권력과 이득을 얻는 사람들이지. 그러니 이 이야기의 근원과 진실 여부를 의심하고 부인하는 주장을 그들은 불편해할 수밖에 없지.

소크라테스 우리 문명의 여러 요소는 경제적인 필요에 의해서 혹은 사회적인 필요에 따라서 서서히 우리도 모르는 새 쇠퇴하거나 생겨나거나 할 걸세. 과거에서 혹은 다른 행성에서 받아들인 것일 수도, 변형시킨 것일 수도 있겠지. 비유하자면 문명은 마치 성을 쌓는 일과 비슷하네. 경계를 만들고 성안에 넣을 것과 넣지 않을 것을 가려내지. 지성을 가진 존재들은 의식적으로든 무의식적으로든 수백 년 혹은 수천 년에 걸쳐 이러한 과정을 지치지도 않고 밟아 가네. 이렇게 천천히 긴 시간에 걸쳐 이루어지는 일은 일상의 삶을 사는 우리의 평범한 눈으로는 파악하기 어려워. 게다가 우리는 관찰의 주체이자 대상이니 더욱 파악하기 힘들지. 관찰 대상, 즉 우리의 문명 안에 관찰 주체인 우리가 포함되어 있다는 얘길세.

이러한 한계를 조금이라도 극복하려면 우리가 포함된 문명에서 조금 비켜서서 보려는 노력이 필요하네. 나는 이렇게 조금 비켜선 사람을 아주 오래전에 만난 적이 있지. 우리가 오늘 밤 디오니소스 극장에서 시작해 이곳 아가톤의 집까지 와서 깊이 논하고 있는 것의 중심에 자리 잡고 있는 것이 무엇인지, 나는 자네들의 이야기를 듣는 내내 생각했네. 그러다가 지금으로부터 10년 전 아테네1 행성에서 디오니소스 제전이 열릴 당시 그곳에서 만났던 현자 디오티마 님이 생각났다네. 그때에도 나는 그분과 문명에 관해 이야기를 나누었는데, 오늘 자네들과 나눈 이야기와 크게 다를 바 없는 말들을 그분 앞에서 쏟아내었지. 좀 길지도 모르지만 허락해 준다면 그때 내가 들었던 디오티마 님의 이야기를 전하고 싶네. 모든 게 그렇게 비관적이지만은 않다는 것을 디오티마 님께서 알려 주셨다네.

모두 좋습니다, 소크라테스 님. 말씀해 주십시오.

제3장
소크라테스, 디오티마의 문명 이야기를 전하다

아테네1 행성의 한 광장. 무대 뒤로 멀리 원형 극장의 형체가 보인다. 무대 가운데 놓인 벤치에 소크라테스와 디오티마가 앉아 있다.

디오티마 소크라테스 님께서는 자신의 위치에서 조금도 벗어나지 못한 채 문명을 고찰하려 드시는군요. 지금 말씀하신 것처럼 우리가 지금 앉아 있는 이런 광장 혹은 우리의 도시처럼 어떤 넓은 곳을 문명이라고 한다면, 그곳을 제대로 보기 위해 어떻게 하시겠습니까?

소크라테스 그야…… 먼저 도시 전체가 잘 내려다보이는 높은 곳으로 올라가겠습니다.

디오티마 옳습니다. 그리고 도시가 보이는 높은 곳으로 올라가려면 걸어가거나 탈것 같은 수단을 이용해야겠지요. 그렇다면 우리 문명이 잘 보이는 곳으로 우리를 데려다 줄 수단으로는 뭐가 있을까요?

소크라테스 음, 그것은 우리의 문명에서 중요한 것이 무엇인지, 큰 비중을 차지하는 것이 무엇인지에 따라 다를 것 같습니다만, 우리가 살고 있는 시대가 우주 시대이니만큼 과학이 아니고서는 우리 문명을 고찰할 다른 수단이 잘 생각나지 않습니다.

디오티마 그렇습니다. 현재 우리가 살고 있는 이 시간과 공간은 오메가인이라는 지적 생명체가 이룬 총체적 국면이라 할 수 있지요. 오메가인 그 자체, 그리고 오뒷세우스태양계 다섯 행성의 현재 모습이 바로 우리 문명의 증거이지요. 그런데 그대가 앞서 해주신 얘기에는 문명에서 가장 중요한 문제가 빠져 있습니다. 그것은 높은 곳에 올라가 풍경을 내려다볼 때 무엇을 보아야 할 것인가 하는 것과 관련이 있지요.

소크라테스 '무엇을 보아야 할 것인가'라니요?

디오티마 소크라테스 님은 문명이란 무엇인가, 우리 오메가인의 문명은 어떠한 문명인가에만 관심을 가졌지, 우리 문명이 좋은 문명인가, 나쁜 문명인가? 좋은 문명은 어떤 문명이고 나쁜 문명은 어떤 문명인가? 또한 건강해서 번성할 문명인가, 건강하지 못해 쇠퇴할 문명인가? 이런 문제에 관해서는 한마디도 언급하지 않으셨지요.

소크라테스 아, 우리가 속한 시공간을 벗어나 역사적으로 우리 문명을 보고 그 건강성과 지속성을 평가해야 한다는 뜻이군요.

디오티마 맞습니다. 도시를 건강하게 운영하기 위해 필요한 기반 시설과 각종 정책이 필요한 것과 마찬가지입니다. 만약 도시의 도로가 끊기고 물과 음식을 구할 수 없고 잠잘 곳이 없다면 그곳은 더 이상 도시라고 할 수 없지요. 그 도시를 만들고 지탱하는 더 큰 세계관과 철학이 오히려 그 도시, 그 행성을 황폐하게 만들 수도 있어요. 우리가 버리고 온 지구처럼요. 바로 그래서 우리가 어떠한 우주 역사적 과정을 거쳐 현재에 도달했는지부터 살펴야 하는 겁니다.

소크라테스 너무나 옳은 말씀입니다. 그렇다면 언제까지 거슬러 올라가야 할까요? 우주가 탄생한 시점까지 되돌아가 살펴보아야 할까요?

디오티마 그렇게 멀리까지 갈 필요는 없습니다. 태양계가 형성되고 지구에서 처음으로 생명 현상이 출현한 후부터 보시면 됩니다. 이러한 과정을 바탕으로 인류가 출현하니까요. 인류는 지적 능력을 쌓아가고 자신들의 환경을 변화시킵니다. 더 나아가 스스로를 변화 혹은 파괴할 수 있는 수준의 존재가 되었지요. 이러한 이유로 시원 인류와 같이 지성을 가진 생명체가 출현하는 사건은 인류 문명뿐만 아니라 우주의 역사에서 중대한 분기점이 됩니다.

그리고 그 시원 인류가 생존하는 방식을 근본적으로 이해해야 합니다. 시원 인류도 여타 다른 생명체와 조금도 다르지 않은 방식으로 생존합니다. 우주 내의 모든 생명체는 생존 상태를 유지하기 위해 에너지와 물질적인 바탕이 필요하니까요.

소크라테스 물질적인 바탕이라 함은 지구의 물리적, 화학적, 생물학적 요소들을 말씀하시는 거군요.

디오티마 그렇습니다. 그리고 지구가 속한 태양계의 태양으로부터 자유 에너지를 얻어 생명이 영위되지요. 우리 오륏세우스태양계의 경우에는 우리의 태양으로부터 지속적으로 유입되는 자유에너지가 이용되지요. 이 자유에너지와 각 행성의 물질을 이용해 생명체들이 질서를 만들어 낼 수 있습니다. 여기에는 우주의 보편 법칙 중 하나인 열역학 제2법칙이 적용됩니다. 생명체는 이 법칙에 따라 발생하는 질서 파괴 경향을 극복해 나가면서 기존 질서를 모태로 새로운 질서를 만들어 왔고 마치 이어달리기를 하듯 지속해 왔습니다.

이것은 우주 내 모든 생명체에 적용되는 보편적인 생존 양상입니다. 따라서 이들 생명체의 생존은 물질적인 바탕이 되는 행성과 태양으

문명을 논하는 소크라테스와 디오티마.

로부터 얻는 자유에너지에 절대적으로 의존하고 있는 것이지요. 모든 생명체의 제1과제는 바로 생존입니다. 여기서 유의할 점은 생명체는 이러한 에너지와 물질적인 바탕 조건에 직접적으로 의존하고 있기 때문에 혼자서만 일정 기간 크게 성공한다고 해서 장기적인 생존이 보장된다고 할 수 없다는 거지요.

자, 그렇다면 이제 문명 이야기로 건너와서, 인류의 생존에 유리한 문명이 건강한 문명이라고 할 때, 그 문명을 오랜 기간 유지하려면 어떻게 해야겠습니까?

소크라테스 그 문명이 의존하고 있는 바탕 조건이 파괴되지 않도록 잘 운용해야 할 것입니다. 아…… 지구의 시원 인류는 바로 그 부분에서 실패했다고 볼 수 있겠군요!

디오티마 그렇습니다. 생존의 바탕이 되는 조건을 파괴하는 문명은 살아남을 수 없습니다. 또한 생존에 유리한지 불리한지 정확하게 파악하지 못하는 문명도 쇠퇴할 수밖에 없습니다. 그들은, 즉 우리의 조상은 자신들이 발 딛고 있는 바탕이 되는 조건을 파괴했고, 그것을 다시 건강하게 회복시킬 문명으로 전환하는 대신 어이없게도 스스로를 변형시킴으로써 인류라는 생명체와 지구의 관계를 영원히 바꾸어 버렸습니다. 이러한 과정을 비판적으로 평가하는 역사가들은 인류가 스스로를 '멸종'시켰다고 말하기도 하지요. 인류가 변화시킨, 즉 파괴한 바탕 조건에서도 생존할 수 있도록 자신들을 단기간에 억지로 진화시키는 방식을 택했으니까요.

소크라테스 생명체는 발 딛고 있는 바탕 조건을 파괴하면 안 된다는 디오티마 님 말씀이 옳습니다. 그 조건에 자신을 맞추든지 조건을 바꾸든지 둘 중 하나를 선택하고 성공해야만 살아남을 수 있는데 우리 인류는 역설적으로 스스로 자신을 파괴적으로 변형시켜 생존하는 쪽을 선택했군요. 하지만 더 이상…….

디오티마 네, 더 이상 인류라 부를 수 없는 오메가인이 된 것이죠. 문제는 이러한 행위와 선택이 인류 이외 다른 생명체에는 어떻게 작동했는가, 그것도 중요합니다. 수많은 생명체가 인류가 파괴한 지구의 바탕 조건에 적응하지 못한 채 사라졌지요. 그 결과로 나타난 것이 대멸종입니다. 시원 인류가 선택한 문명은 기나긴 지구 역사, 더 나아가 우주 역사의 시간 범위에서 보자면 자신의 생존과 여타 생명체의 생존을 위협하는, 건강하지 못한 자기파괴적 문명이었다고 할 수 있습니다.

소크라테스 말씀을 듣고 있자니 인간은 너무나 어리석은 종이군요. 자기 자신을 소멸시키는 길을 스스로 개척하다니…… 그것도 고도로 발달한 과학기술을 이용해서 말입니다.

디오티마 그렇습니다. 인류는 과학기술이라는 놀라운 문명의 열매를 자신의 욕구 충족이라는 일차적인 관심사에 남용하는 어리석은 짓을 수천 년 동안 일삼았습니다.

소크라테스 인류가 수십 만 년에 걸쳐 갈고 닦은 지성이 오히려 인류를 사라지게 만든 원인이 되다니, 너무나 역설적입니다.

디오티마 인류의 지성이 만들어낸 과학기술 자체가 도구로 활용되는 데 유리한 특성이 있어서지요. 과학기술을 도구로 활용하면서 지구의 시원 인류의 물질적 여건은 비약적으로 향상되었지만 그만큼 사회적, 정신적 측면도 영향받지 않을 수 없었을 겁니다. 더 많은 욕구,

더 치열한 경쟁, 그리고 끊임없이 등장하는 새로운 욕구를 충족하기 위한 과학기술 개발은 멈추지 않았습니다. 최첨단 우주 과학기술 문명이 만들어졌지만, 태곳적 우리 고향인 지구는 현재와 같이 거의 버려진 행성이 되고 말았지요.

소크라테스 시원 인류가 지구를 파괴한 것처럼 그들의 후손인 우리 오메가인도 우리의 바탕 조건인 오뒷세우스태양계 다섯 행성을, 나아가 안드로메다은하까지 파괴할 수도 있겠다는 생각이 들어 너무나 공포스럽습니다. 이제 우리 오메가인이 우주를 파괴한다면…….

디오티마 저도 소크라테스 님과 마찬가지로 두렵습니다. 우리 오메가인은 오늘도 더 많은 새로운 행성을 찾으려 매일 우주선을 발사하고 개척자들을 양성하며 그들을 영웅시하고 있지요. 행성 개발 기술을 날로 발전시켜 이러한 모든 일을 더 열심히 추진하겠다고 외치는 정치인이 대중의 선택을 받고 권력을 쥐는 모습을 보노라면 인류와 우주의 미래에 대한 걱정이 밀려옵니다.

소크라테스 디오티마 님, 과학기술 문명은 본성 자체가 자기파괴적인 건가요? 우리 선조들은 과학기술 없이 야만 상태에 머물러야 했었을까요?

디오티마 그렇게 비관적으로만 볼 필요는 없어요. 과학은 인류가 공유하는 집합적인 지적 활동, 공유된 지식 체계입니다. 우리 문명이 현재 상태에 도달한 것은 그동안 과학기술이 생존에 직접적으로 필요한 물질적 여건을 만드는 데 주로 활용되었기 때문입니다. 그것이 인간 생존에 가장 절박한 당면 과제였죠. 기술적 능력이 허용하는 최대치의 범위까지 인류의 생활 여건이 향상되어 왔고, 이것이 바로 과학기술을 도구적인 지성으로 사용한 결과입니다.

하지만 앞서 말씀드렸듯이 과학에는 이 특성 말고 한 가지 더 중요한 특성이 있어요. 비판적 지성으로서의 과학이 바로 그것입니다. 인류는 과학을 이용해 자신의 모습을 파악하는 지적인 활동을 할 수 있는 특별한 종입니다. 이미 역사적으로 확인되었듯이 과학에는 자기파괴적이고 치명적인 속성이 있지만 스스로 반성할 수 있는 능력도 있습니다. 과학은 우주의 전모를 파악할 수 있게도 하지만, 동시에 인류가 그 우주 안 어디에서 어떤 존재로 있는지도 알 수 있게 해줄 뿐만 아니라 스스로 되돌아볼 수 있게도 해주지요. 인류가 생존하고 우리 문명이 소멸하지 않기 위해서는 이러한 비판적 지성으로서의 과학을 더 키워 나가야 합니다.

소크라테스 하지만 현실에서 과학은 압도적으로 도구로 사용되고 있지 않습니까? 어떻게 해야 비판적 지성으로서의 과학의 특성을 살릴 수 있을지 잘 모르겠습니다.

디오티마 그것은 과학만으로는 안 됩니다. 사회, 문화예술, 정치, 경제, 역사 등 각 분야의 지성이 모두 도와야 합니다. 과학을 포함해 이러한 각각의 분야는 서로 독립해 존재하는 것이 아니니 반드시 함께 고려해야 합니다. 또한 우리가 우주를 바라보는 시각, 즉 인류를 중심에 놓고 보는 관점을 바꾸어야 합니다. 한 개체의 생존을 최상위 가치로 놓는다면 그 개체를 둘러싼 외부 세계 전체는 그 개체의 생존을 위한 수단이 될 수밖에 없습니다. 뿐만 아니라 끝내 개체들도 협력의 대상이 아니라 서로 경쟁의 대상으로 여겨지기 쉽습니다.

하지만 한 개체의 생존이, 그 개체가 속한 종 전체와 나아가 그 종이 의존하고 있는 행성과 주변 행성의 모든 생명체의 안녕에 달려 있다면, 이것이 사실입니다만, 그 개체가 세계를 보는 시각은 완전히 달라질 수밖에 없어요. 인류가 외부의 환경을 변화시킬 수 있는 행위 능력이 미약했을 때는 인류 생존의 바탕 조건이 얼마든지 인류를 부양할 수 있었지요. 하지만 지금처럼 인류의 행위 능력이 우주 차원으로 확대된 상황에서는 우주의 바탕 조건이 인류의 요구를 버텨 내지 못할 수도 있습니다. 바로 인류 자신의 놀라운 능력이 그렇게 만들 수 있지요.

따라서 인류는 과학기술을 욕구 충족의 도구로만 사용할 것이 아니라, 여타 생명체들을 포함해 자신의 생존 바탕이 되는 세계를 이해하고 그 세계의 건강과 안녕을 지키는 데 써야 합니다. 또한 인류 구성원들의 존엄과 안위를 보살필 수 있도록 비판적 지성으로서의 과학을 만들어 나가야 합니다.

조명이 어두워지면서 막이 내린다. 아폴로도로스가 무대 중앙으로 걸어 나온다.

아폴로도로스 내가 아리스토데모스로부터 들은 얘기는 여기까지네. 소크라테스 님께서 여기까지 말씀하시고는 좌중을 둘러보니 아가톤과 아리스토데모스를 제외하고는 모두 쓰러져 잠들어 있었다더군. 아가톤이 몇 가지 질문을 더 하기는 했는데, 아리스토데모스 그 친구도 졸음이 몰려와 그 이후 대화는 거의 듣지 못했다고 하네. 물론 소크라테스 님은 전혀 지친 기색 하나 없이 아가톤의 질문에 성실히

답해 주시다가 마침 그때 창밖이 새벽빛으로 밝아 오는 것을 보시더니 그날 공연을 위해 잠시라도 눈을 붙이라며 자리에서 일어나셨다고 하네. 자, 이만하면 자네의 궁금증이 어느 정도 해소되었겠지? 아쉬운 점이 있더라도 참아 주게. 내 부족한 기억력에도 불구하고 최선을 다했네. 그럼, 다음에 보세나.

아폴로도로스, 손을 흔들며 퇴장한다.

(제6막 끝)

에필로그

증거를 기다리며

등장인물

디디 블라디미르◆의 애칭.

고고 에스트라공의 애칭.

소년 해변의 두 사람에게 신문과 음료 등을 가져다주며 증거 소식을 전해 준다.

해변, 햇살이 내리쬔다. 야자수 한 그루가 한쪽에 서 있고, 찰싹이는 파도 소리가 들린다. 무대 한가운데에는 파라솔이 달린 야외용 탁자와 해변용 의자 두 개가 있다. 탁자 위에는 비어 있는 일회용 컵 2개와 선글라스 1개, 선크림이 놓여 있다. 한쪽 의자에는 비치가운을 입고 구두를 신은 고고가 선글라스를 쓴 채 얼굴 위에 신문을 덮고 코를 골며 잔다. 옆 의자에는 비치가운과 수건이 놓여 있고, 두 의자 사이에 샌들 한 쌍이 있다. 무대 한쪽에서 수영복 차림의 디디가 비치샌들을 신고 들어와 의자에 있던 수건으로 머리카락의 물기를 닦는다.

디디 (고고를 바라보며 한심한 듯) 또 자냐? 고고! (좀 더 큰 목소리로) 고고!! (고고의 코 고는 소리가 더 요란해진 가운데 투덜거리며) 그렇게 내내 잘 거면 바다엔 왜 온 거야?

디디, 고고를 한심한 듯 바라보며 몸에 선크림을 바른 후 선글라스를 쓰고 의자에 기대 눕는다.

디디 이제 선탠 좀 해 볼까?

디디도 곧 잠이 들어 코를 곤다.

잠시 후 일어난 고고가 기지개를 켜다 디디를 향해 놀라 소리친다.

고고 디디!

디디 (여전히 코 고는 소리만 울려 퍼진다) …….

고고 (디디 쪽으로 몸을 돌리며 큰 소리로) 디디!

디디 (깜짝 놀라 벌떡 일어나며) 어? 왜? 뭐? 증거가 왔어?

고고 디디! 네가 지키기로 했으면서 무슨 소리야?

디디 (털썩 주저앉으며) 난 또, 증거가 온 줄 알고 깜짝 놀랐잖아!

고고 자면 어떻게 해, 디디! 증거가 왔다 갔으면 어쩌려고?

디디 (일어나 옆에 놓인 비치가운을 걸치며 천연덕스럽게) 안 왔어, 안 왔다고.

고고 (선글라스를 벗으며) 야, 보지도 않았는데 왔는지 안 왔는지 어떻게 알아?

디디 (가운을 입고 의자에 기대앉으며) 주위를 둘러봐, 뭐 달라진 거 있어? 잠도 안 자고 지켰으면 억울할 뻔했잖아. 얼마나 다행이야?

고고 (디디를 따라 주위를 둘러보며) 안 왔어?

디디 그럼, 안 왔다니까. 오늘 밤에는 네가 잘 지켜봐.

고고 어…… 알았어.

두 사람이 의자에 기대 멍하니 앉아 있다. 바뀐 조명의 방향과 색깔이 늦은 오후 시간이라는 걸 알려준다. 무대 바닥에 물이 흥건하다.

에필로그 증거를 기다리며

고고 (몸을 일으켜 발을 한쪽씩 들어 보며) 디디…… 그런데 내 구두가 바닷물에 다 젖어 버렸어.

디디 (선글라스를 조금 내려 고고의 발을 바라보고 자기 발을 가리키며) 샌들을 신어야지, 나처럼. 해변에서 구두를 신고 있으면 어떻게 하니? 너도 참 답답하다!

디디, 고고에게 옆에 놓여 있던 샌들을 건네준다. 고고, 구두를 벗으려 애쓰지만 잘 안 벗겨져 낑낑댄다.

디디 (다시 선글라스를 조금 내려 고고를 향해) 뭐 하는 거야?

고고 구두 벗으려고. 이걸 벗어야 샌들을 신을 거 아냐?

그때 무대 한쪽에서 한 소년이 등장한다. 소년이 디디 쪽으로 와서 신문과 일회용 컵에 담긴 음료 두 잔을 탁자에 내려놓고는 돌아서 가려 한다.

디디 얘야!

소년 (멈칫하며) 네?

디디 너, 오는 길에 증거 봤니?

소년 (무심하게) 아니요.

고고, 내내 낑낑대다가 겨우 신발을 벗어 들고 짜증을 내며 옆으로 던져 버리고 샌들을 신는다. 그러고는 선글라스를 머리에 걸치고 의자에 기대며 소년이 가져온 신문을 펼쳐 든다.

디디 정말 못 봤니?

소년 네! 못 봤어요! 저 가도 돼요?

디디 못 봤다고?

소년 네, 그렇다니까요!

디디 (미덥지 않은 듯 쳐다보다가) 그래? 혹시 가다가 증거를 보면 바로 와서 얘기해 줘야 한다, 알겠니?

소년, 고개를 끄덕이고는 뛰어서 무대 밖으로 퇴장한다.

고고 (신문에 코를 박은 채 디디를 향해) 그런데 디디, 오늘 밤엔 올까?

디디 뭐가?

고고 증거 말이야.

디디 그야 너만 졸지 않으면 오는지 안 오는지 알 수 있겠지. (잠깐 먼 곳을 멍하니 바라보다가 불현듯 생각난 듯 고고에게) 신문이나 읽어 봐라.

고고 (신문 위로 얼굴을 내밀며) 신문? 어, 그래 신문. (다시 신문에 코를 박고 무신경한 어조로 기사를 읽는다.)
"미국 항공우주국(NASA) 제트추진연구소 채드 A. 그린 박사 연구팀은 1985년부터 2022년까지 매달 그린란드 빙하 종점 위치를 촬영한 위성 사진 24만 장을 분석했다. 그 결과 총 5000제곱킬로미터에 달하는 빙하 면적이 소실된 것으로 나타났다. 무게로 환산하면 약 1조 톤이다. 인공지능으로 면적 추이를 정밀 분석한 결과, 빙하는 연평균 2640억 톤씩 사라졌다. 지금까지 그린란드 빙하는 매년 2210억

에필로그 증거를 기다리며

톤씩 소실되는 것으로 알려졌는데 이보다 20퍼센트나 더 많은 양이
녹고 있는 것. 한 시간마다 빙하 3000만 톤이 녹아 없어지는 것으로
나타났다. 그린란드 빙하가 티핑 포인트를……"

(신문을 읽다 말고) 그런데 디디, 증거는 언제 오는 걸까?

디디 잘 지키고 있으면 알게 되겠지. 그러니까 오늘 네가 잘 지켜야 해.

고고 어제 안 왔으니까 오늘도 안 오지 않을까?

디디 하지만! 반대로, 지금까지 안 왔으니 오늘 올 확률이 더 높아졌을
수도 있지 않겠어?

고고 아…… 그런가? 그러면 오늘도 꼭 지켜야겠구나…….

디디 그렇다니까. 네 책임이 막중한 거지. 잘 지켜!

고고 (기운 없이) 알았어…….

디디, 의자에 기댄다. 고고, 눈을 부릅뜨고 주위를 두리번거린다. 무대, 점
점 어두워진다. 밤. 어두운 무대에서 디디의 코 고는 소리가 들리고, 곧이어
고고의 코 고는 소리도 들린다. 잠시 후 약한 파도 소리만 들리다가 서서히
무대가 다시 밝아진다. 아침 햇살이 두 사람을 비춘다. 고고와 디디는 여전
히 의자에 기대 자고 있다. 바닷물이 두 사람의 무릎 높이에서 찰랑인다. 먼
저 깬 디디가 깜짝 놀라며 벌떡 일어나 자고 있는 고고를 보곤 화를 내며 흔
들어 깨운다.

디디 고고! (더 크게) 고고!

고고 (부스스 눈을 뜨다 깜짝 놀라며) 어? 어…… 디디. 일어났어?

디디 자면 어떡해? 밤새 잘 지키랬잖아!

고고 어…… 잘 지켰어. 새벽에 잠깐 존 것뿐이야.

디디 진짜야?

고고 그럼, 진짜지! 넌 항상 내 말은 안 믿더라?

디디 그럼…… 어젯밤에 혹시 증거…… 증거가 왔어?

고고 (선글라스를 벗고 발 아래쪽을 내려다본다. 바닷물이 무릎 높이에
서 찰랑거린다. 주변을 두리번거리며) 어…… 안 온 거 같아. (갑자
기 답답하다는 듯 디디를 바라보며) 왔으면 당연히 너를 깨웠겠지!

디디 안 온 것 같다니? 온 거야, 안 온 거야?

고고 어, 안 왔어, 안 온 게 확실해!

디디 (다시 의자에 앉으며) 그래? 내 그럴 줄 알았어.

고고도 선글라스를 끼고 다시 의자에 기댄다. 한쪽에서 소년이 신문과 어제
와 같은 음료 두 잔을 들고 와 테이블에 내려놓고 다시 돌아서 나가려고 한
다. 테이블에는 어제 마신 음료 잔이 그대로 놓여 있다. 고고, 선글라스를 조
금 내리고 의자에 기댄 채 소년을 바라본다.

고고 얘야.

소년 네?

고고 너, 오면서 증거 못 봤니?

소년 증거요? 어…… (무대의 위, 아래, 좌우, 앞뒤를 두리번거리며) 못
봤는데요?

고고 너, 어제도 못 봤다고 하더니, 잘 보고 다니는 거냐?

소년 그럼요! (억울하다는 듯 손사래 치며) 못 봤어요, 정말 못 봤어요!

고고 그럼, 증거가 언제 온다든가, 왔다 갔다든가 하는 전갈 같은 것도

없니?

소년 전갈이요? 모르겠는데요?

고고 하 참, 왔으면 왔고 안 왔으면 안 온 거지, 모른다니?

디디 애 좀 그만 보내 줘, 못 봤다잖아!

고고 그래, 그만 가. 혹시 가다가 증거를 만나면 바로 돌아와서 알려줘야 한다. (소년, 들은 척도 않고 뛰어서 퇴장한다.)

고고, 신문에 코를 박고 중얼중얼 읽기 시작한다.

디디 (선글라스를 쓰고 의자에 기대려다가 갑자기 몸을 일으키며 디디를 향해) 혼자만 읽지 말고 큰 소리로 좀 읽어 봐, 고고.

고고 어? 어, 알았어. 하와이에서 불이 났다는데?(기사를 읽는 동안 바닷물 수위가 점점 올라가 기사를 다 읽을 때쯤 허리춤에서 멈춘다.) "…… 하와이에서는 최근 100년간 가장 치명적인 산불이 마우이 섬을 휩쓸어…… 캐나다에선 전국 곳곳에서 발생한 극단적인 산불로 인해 불에 탄 국토 면적이 역사상 최대치를 기록할 정도다. 학계에선 인간이 초래한 지구의 기온 상승이 산불의 발생 가능성과 강도를 높였다고 말한다. 하지만 이 가공할 현상에 대해 우리는 아직 많은 것을 이해하지 못하고 있다. 특히 산불의 불길이 꺼진 이후, 기후 시스템에 나타날 변화 및 악영향 가능성에 대해서는 거의 알지 못한다. ……"◇

고고 아직 이해하지 못하는 게 많대.

디디 맞아, 우린 아직 모르는 게 너무 많아. 그나마 우리가 바닷가에 있으니 얼마나 다행이야?

고고 그러게. 정말 다행이야. 그런데…… 하와이…… 섬 아닌가? 주위
는 다 바다고…….

디디 …… (뭔가 말을 하려다가 만다.)

고고, 문득 아래쪽을 내려다보고 허리춤까지 올라온 바닷물을 보며 깜짝 놀
란다.

고고 디디! 바닷물이 허리까지 올라왔어!

디디 이런, 언제 이렇게 올라왔지? 흠, 안 되겠다. 탁자 위로 올라가자.

두 사람, 탁자 위로 올라가 걸터앉는다. 탁자 높이에서 바닷물이 찰랑거린
다. 두 사람 하염없이 바닷물만 바라본다.

디디 (문득 정신을 차린 듯) 그렇게 바닷물만 쳐다보지 말고 신문 좀 더
읽어 봐!

고고 신문? 아, 우리 신문 읽고 있었지! (신문을 뒤적뒤적하다가)
"6500만 년 동안의 지구 대기 중 이산화탄소 농도 변화를 분석한 결
과 420ppm인 현재 이산화탄소 농도는 지구 역사에서 1400만 년 만
에 가장 높은 수준인 것으로 나타났다. 미국 유타대 가브리엘 보웬 교
수와 컬럼비아대 바벨 회니시 교수가 이끄는 국제공동연구팀은 8일
과학 저널《사이언스》에서 장단기 기후와 대기 중 이산화탄소 관계
를 추정할 수 있는 지질학적 증거를 분석, 6500만 년간의 이산화탄

소 농도와 기온을 재구성해 이런 결과를 얻었다고 밝혔다."

디디 (믿을 수 없다는 듯) 6500만 년 전의 대기 중 이산화탄소 농도를 도대체 어떻게 알아냈다는 거야?

고고 잠깐만…… 그게…… 아, 여기 있다!

" …… 직접 증거를 통해 대기 중 이산화탄소 농도를 알 수 있는 시기는 빙하가 남아 있는 80만 년 전까지로 제한된다. 빙하 속에 남아 있는 공기 방울을 분석해 얼음이 만들어진 시기의 대기 중 이산화탄소 농도를 확인할 수 있다. 그 이전 지질시대의 대기 중 이산화탄소 농도는 광물의 동위원소, 화석화된 식물 잎의 형태, 대기화학이 반영된 다른 지질학적 증거 등을 통해 간접적으로 추정하는 수밖에 없다. 국제공동연구팀은 이를 위해 지난 7년여 동안 관련 연구와 자료를 모으고 분석했다."

디디 6500만 년 전의 이산화탄소 농도를 7년 동안 '간접적'으로 추정했다고?

고고 어. 간접적이래. 그런데 1400만 년 만에 현재 이산화탄소 농도가 가장 높대. 디디…… 우리 이제 갈까?

디디 무슨 소리야? 증거를 기다려야지.

고고 아참, 증거를 기다려야 하는구나. (조용히 있다가 몇 초 후) 디디…….

디디 (짜증스러운 목소리로) 왜에?

고고 오늘은 증거가 올까?

디디 (화가 조금 난 듯) 그야 올지 안 올지 모르지! 오늘 올 수도 있고, 내일 올 수도 있고, 다음 주 화요일에 올 수도 있고. 그러니까 내 말은, 오늘 밤에 올지도 모른다, 이 말이야! 그러니까 잘 지켜야 해! 오늘 밤엔 네 차례야.

고고 (의기소침해져서) 어…… 그런데 오늘 네 차례 아냐?

디디 무슨 소리야, 네 차례지? 여기 너랑 나밖에 더 있어? 내가 하고 나면 그다음엔 네 차례인 거야!

고고 (고개를 갸우뚱거리며) 그런가?

두 사람, 테이블 위에 쪼그리고 앉아 졸기 시작한다. 곧 코 고는 소리가 들린다. 무대, 완전히 어두워졌다가 천천히 다시 밝아진다. 한쪽에서 석양빛이 무대를 비춘다. 장소는 해변. 파라솔이 있는 탁자, 의자 둘이 놓여 있다. 테이블 위에는 음료 컵 두 개, 모자 두 개가 있다. 디디와 고고는 의자에 누워 자고 있고, 두 사람의 목 높이에서 바닷물이 찰랑인다. 디디가 악몽을 꾸는 듯 눈을 감은 채 팔을 허우적거린다. 바닷물이 서서히 내려가 발목 높이에서 멈춘다.

디디 고고! 고고! 증거, 증거가 왔어, 고고!

고고 (디디의 고함에 벌떡 일어나) 뭐? 누가 왔다고? (옆에서 꿈을 꾸며 잠결에 팔다리를 허우적거리는 디디를 보고 흔들어 깨우며) 디디! 디디, 일어나! 정신 좀 차려, 디디!

디디 (잠에서 깨어 멍한 표정으로 주위를 둘러본다. 자기 목을 만지며 발 아래를 본다.) 물이…… 바닷물이…… 다시 내려갔네?

고고 무슨 소리야, 디디. 대낮에 웬 잠꼬대냐? (기지개를 켜고 하품하며 주위를 둘러본다.) 아함…… 이제 가자, 해가 곧 저물 것 같아.

디디 (무대 바닥과 자신의 발을 바라보며) 바닷물이…… 바닷물이 언제 이렇게⋯⋯?

고고 바닷물? 밀물 때라 그건 거지, 당연하잖아. 얼른 가자.

디디 가자고? 증거를 기다려야지, 가긴 어딜 가?

고고 무슨 소리야, 증거라니? 나, 배고파. 너는 잠만 자느라 모르겠지만 난 수영 많이 해서 배고프다고.

디디 배? 아, 정말! 나도 배고파. (탁자 위 늘어놓은 물건을 챙기며) 저녁으로 뭘 먹지?

고고 빨리 챙겨. 가면서 생각하자. (먼저 퇴장한다.)

디디 (짐을 챙기며, 퇴장하는 디디를 향해 큰 소리로) 같이 가, 고고!

디디, 고고를 따라 뛰어가다 불현듯 뒤돌아 바다 쪽을 잠시 바라보고, 관객석을 지긋이 바라본 후, 다시 고고를 부르며 퇴장한다. 무대 한쪽으로 석양빛이 사라지면서 어두워진다. 동시에 막이 내린다.

(에필로그 끝)

배경과 용어 설명
그림·기사 출처

용어와 배경 설명

서막

파우스트

서막에 등장하는 역사인류학 교수 파우스트는 아는 것이 너무 많아서 동료와 제자 들로부터 파우스트라는 별명으로 불립니다. 파우스트는 많은 문학 작품에 등장해 왔으며 실존 인물이 아니라는 주장이 수없이 제기되어 왔지만, 실제로 15~16세기 독일에서 살았던 것으로 인정되고 있습니다. 그는 연금술사, 마술사, 점성술사였고 크리스토퍼 말로, 요한 볼프강 폰 괴테, 클라우스 만, 토마스 만, 오스카 와일드 등 유명한 문학가들이 그를 재탄생시켰습니다. 이들 작품에서 그려지는 파우스트는 신학, 철학, 의학, 법학 등 모든 학문을 섭렵했지만 삶의 진정한 의미도, 만족도 느끼지 못하며 허무해하던 중에 악마와 거래하게 되는 노학자입니다. 파우스트가 섭렵한 학문 분야 중에 왜 과학이 없을까 의아한데요, 우리가 요즘 말하는 과학을 당시에는 철학이라고 불렀습니다. 그때는 과학을 '자연철학(natural philosophy)'이라고 불렀기 때문입니다. 파우스트는 평생을 바쳐 이 모든 분야를 공부하면서 지식, 이성과 진리, 진보를 끊임없이 추구하고 신학적 세계관, 근대 과학과 근대 철학적 사유 그리고 인간의 욕망 사이에서 갈등합니다. 이런 파우스트에게서 끊임없이 뭔가를 추구하는 한편 동시에 고뇌하고 반성하는 모습을 발견했기에 '기후 극장'의 대본을 쓰는 인물로 설정했습니다.

〈기후 비상 사태에 대한 과학자들의 경고〉

이 논문은 전 세계 1만 1000명 이상의 과학자들이 자신들의 서명과 함께, 지구가 기후 비상 사태에 직면해 있음을 '명확하고 명백하게 선언'한 논문입니다. 지구달구기, 기후위기와 관련한 대부분의 공개적인 논의가 지구 표면 온도에만 국한되어 있음을 지적하면서, 지난 40년간 인간 활동이 온실기체 배출에 미친 영향, 이것이 기후·환경·사회에 미친 영향을 보여주는 29개 지표에 대한 그래프를 보여줍니다. 이 책의 본문에는 이들 지표 중 단기간 동안 급격히 상승해 온 12개 항목을 소개했습니다. 인류 활동에 기인한 전 지구적 변화를 보여주는 그래프(1979~2019) 〈기후 비상 사태에 대한 과학자들의 경고〉(W. J. 리플 외, 바이오사이언스, 70권 1호, 2020년 1월)에 수록된 그래프 중 일부를 참고해 다시 그렸습니다.

기후변화와 지구온난화에서 기후위기와 지구달구기로

지구의 평균기온이 상승하고 기후가 바뀌는 현상을 가리키는 이름 중에 우리가 가장 많이 사용하는 표현은 기후변화와 지구온난화입니다. 이 표현에 대해서는 크게 두 가지 문제를 지적할 수 있습니다. 첫 번째는 두 단어 모두 좋은 현상인지 나쁜 현상인지 평가하고 판단할 수 있는 의미가 들어 있지 않다는 점입니다. 두 번째는, 최근 십여 년 동안 지구의 평균기온이 계속 상승하고 기후 재난이 더 자주, 더 강력하게 발생하면서 이 용어가 악화된 현재 상황을 담아내지 못하게 되었다는 것입니다. 그래서 이제는 가열(heating), 끓이기(boiling), 기후위기, 기후파국 같은 말도 등장하고 있습니다. 이 책에서는 지구 가열이 인류의 책임이라는, 즉 인위적인 현상이며 그 상황이 심각하다는 의미를 담아 '지구데우기', '지구달구기'라는 표현을 새로 만들어 썼습니다.

기후 부정, 기후변화 부정, 기후위기 부정
Climate Denial

기후 부정은 지구가 가열되고 있다는 사실과 그것에서 비롯한 기후위기 그리고 그 주된 원인이 인간 활동이라는 과학적 합의를 부정하거나 회의하는 입장을 말합니다. 이는 단순한 현실 외면이나 과학적 무지의 문제가 아니라, 정치적·경제적 이해관계와 결합해 사회적 논쟁을 조장하고 기후위기 대응을 지연시키는 주요 요인 중 하나로 작용하고 있습니다. 초기의 기후 부정은 지구달구기 자체를 부정하거나, 그것이 자연적인 현상이며 인간의 영향은 미미하다는 주장으로 전개되었습니다.

그러나 과학적 증거가 축적되고, 전 세계적으로 기상 이변이 빈번해지면서 이러한 주장은 점차 설득력을 잃게 되었습니다. 이에 따라 기후 부정은 그 양상을 바꾸어, 과학자나 과학적 연구 결과의 신뢰를 훼손하거나, 기후 정책의 실효성에 대한 의심을 퍼뜨리는 전략으로 진화하고 있습니다. 정치 영역에서도 기후 부정은 다양한 방식으로 나타납니다. 일부 정치인들은 석탄, 석유, 셰일가스 산업을 보호하기 위해 환경 규제를 경제적 부담으로 묘사하고, 탄소세 같은 기후 정책을 공격하며 기후 대응의 필요성을 간접적으로 부정하거나 폄하합니다. 나아가 일부 기업들은 실질적으로 탄소 배출을 감축하기보다는, 탄소 배출권을 사거나 탄소 배출을 상쇄시키는 프로그램에 투자하는 등 숫자상으로만 탄소 감축

목표를 달성하려 한다는 비판을 받고 있습니다. 이처럼 기후위기의 본질을 흐리며 대응을 지연시키려는 의도는 점점 더 정교하고 조직적인 양상을 띠고 있습니다.

기후 부정의 역사에서 가장 상징적인 사례는 엑손모빌(ExxonMobil)의 사례입니다. 1970년대 후반부터 1980년대 초반까지, 엑손은(이때는 모빌을 합병하여 회사명을 바꾸기 전) 자사 소속 과학자들을 통해 온실기체 배출이 지구 기후에 미치는 영향을 분석하는 연구를 진행했습니다. 이들은 산업 활동에 따른 이산화탄소 배출이 지구 평균기온 상승을 유발할 것이라는 사실을 예측했고, 그 정확성은 오늘날의 기후 모델만큼 높은 수준이었습니다. 엑손은 이미 1982년경 이러한 정보를 내부적으로 인지하고 있었으나, 이후 수십 년간 이를 외부에 알리는 대신, 기후 과학에 대한 불신을 퍼뜨리는 전략을 택했습니다. 이 기업은 각종 싱크탱크와 로비 단체에 자금을 지원해 대기 중 온실기체 농도 증가와 지구 평균기온 상승을 보여 주는 합의된 과학적 사실이 마치 논쟁 중인 의견인 것처럼 포장하는 캠페인을 벌이도록 했습니다. 이는 불확실성을 부각시키고, 과학적 근거를 흔들어 정책 결정을 지연시키는 방식으로서, 과거 담배 산업이 사용했던 전략과 유사합니다. 엑손모빌의 이러한 행위는 단순한 이미지 관리 수준을 넘어서, 전 지구적 기후 대응의 시계를 늦춘 심각한 사회적 책임 회피라고 볼 수 있습니다.

2015년 미국의 기후 저널 〈인사이드 클라이미트 뉴스 (Inside Climate News)〉와 콜럼비아 저널리즘 스쿨(Columbia Journalism School) 등 언론과 시민단체의 보도를 통해 이 같은 사실이 드러나면서 "엑손은 알고 있었다(Exxon Knew)"라는 슬로건이 등장했고, 법적 책임을 묻는 소송이

제기되었습니다. 지금도 이 문제는 미국 내에서 정치적·사회적 논쟁의 대상이 되고 있습니다.

제1막 변론

《변론》

제1막 변론은 플라톤의 작품 《변론》의 형식을 일부 차용했습니다. 《변론》은 고대 그리스의 철학자 소크라테스가 기원전 399년 아테네 법정에서 자신이 직접 변론하는 내용을 담고 있으며, 그의 제자 플라톤이 소크라테스 사후에 쓴 작품입니다. 소크라테스는 젊은이들을 타락시키고 국가가 인정하지 않는 신을 믿었다는 혐의로 고발됩니다. 그는 법정에서 스스로를 변론하며 고발된 사실을 조목조목 반박하지만 끝내 사형을 선고받습니다.

제1막 변론은 모순을 지적하고 진리를 드러내고자 한 소크라테스가 오히려 시민의 적이 된 아테네 사회의 모습과, 현재 기후위기의 본질과 근본적인 원인을 외면하는 지금의 우리 모습을 겹쳐 본 이야기입니다.

제2막 유토피아로 간 베니스의 상인

《베니스의 상인》

셰익스피어의 희곡 《베니스의 상인》은 표면적으로는 복수와 자비, 사랑과 우정의 이야기를 담고 있지만, 그 이면에는 근대 초기 유럽 사회의 경제적 전환과 긴밀히 연결되어 있습니다. 대서양 무역의 성장, 이탈리아 금융 가문들의 발흥 그리고 자본주의의 태동이라는 사건이 배경에 놓여 있습니다.《베니스의 상인》의 주인공 안토니오는 단순한 지역 상인이 아니라 전 세계 무역에 뛰어든 신흥 자본가의 모습으로 그려집니다. 이러한 국제 무역의 확장은 금융 시스템의 혁신 없이는 불가능했습니다. 당시 이탈리아 북부의 도시들, 특히 베니스, 피렌체, 제노바 등은 유럽 금융의 중심지로 부상하고 있었습니다. 원작에는 샤일록이라는 악독한 유대인 고리대금업자가 나옵니다. 기독교 문화가 지배하던 당시 유럽에서는 돈을 빌려주고 이자를 받는 일을 금지했기 때문에 차별과 멸시를 받던 유대인이 주로 고리대금업에 종사했습니다. 샤일록은 안토니오의 친구에게 돈을 빌려주면서 돈을 못 갚을 경우 보증을 선 안토니오의 '살 1파운드'를 베어 간다는 계약을 맺습니다. 이 같은 잔인한 계약은 인간을 거래의 대상으로 삼는 신흥 자본주의의 냉혹함을 상징하기도 합니다.

대서양 무역과 14~17세기 유럽의 역사적 전환기에 일어난 일들

최근 환경사, 생태정치학, 생태경제학, 탈식민주의 연구에서는 오늘날 기후위기의 구조적 뿌리를 14~17세기 유럽의 역사적 전환기에 이루어진 초기 자본주의에서 찾고 있습니다. 이 시기 유럽에서 일어난 영국의 와트 타일러의 난(1381), 프랑스 자크리의 난(1358), 독일 농민 전쟁(1524~1525) 등은 세금 인상, 부역 강요, 공유지 통제 강화에 반발해 일어난 것이었습니다. 또한 종교개혁의 영향으로 "신 앞의 평등"이라는 신념이 사회 정의와 자유에 대한 요구로 이어졌습니다. 이 저항들은 대부분

잔혹하게 진압되었습니다. 농민들의 패배 이후, 특히 영국에서는 인클로 저가 확산했습니다.

한편 유럽 안에서 농민들이 해체되던 바로 그 시기에 유럽 바깥에서는 '대서양 삼각무역'이 구축되고 있었습니다. 이 거대한 무역 구조의 배후 에는 제노바의 금융 가문들이 있었는데, 이들 금융 자본가들은 스페인 제국의 식민 사업과 유럽 안팎의 전쟁 수행을 위해 막대한 자금을 빌려 주었습니다. 그 대가로 이들은 신대륙에서 약탈된 은의 유통, 식민지 무 역, 조세 수금 등에서 무역 특권과 독점적 계약을 확보했습니다. 또한 식 민 경제의 자본 흐름을 설계, 통제하고 정치적 영향력까지 행사하면서 정치와 경제의 핵심 세력으로 부상했습니다. 이처럼 금융 자본은 상품 생산과 유통을 넘어, 세계적 규모의 자본 축적을 뒷받침하며 자본주의 경제 체제의 토대를 마련했습니다. 이 모든 과정은 이후 산업혁명과 맞 물려 기계화, 화석연료 기반의 생산 체계를 확립시켰고 이로써 현대 산 업사회의 물질적 구조가 완성되었습니다. 특히 노예와 선주민의 노동력 을 착취해 단일 작물을 대규모로 재배하는 플랜테이션 농업은 인간 착 취를 넘어서 생태계를 파괴했고, 이는 오늘날 기후위기의 구조적 토대 를 이루고 있습니다.

《유토피아》

영국의 법률가이자 인문주의자였던 토머스 모어는 1516년《유토피아》 라는 독특한 책을 세상에 내놓습니다. '유토피아(Utopia)'는 그리스어로 '없는 곳'을 뜻하며, 이후로 이상 사회를 상징하는 말이 되었습니다. 그 러나 이 책은 당시 영국 사회의 현실을 날카롭게 비판하고 '유토피아'라는 이상 사회를 내세워 부조리가 없는 사회의 모델을 제시한 것으로 유명합니다. 책은 두 부분으로 구성되어 있습니다. 1부에서 모어는 "양이 사람을 잡아먹는다"라고 말하며 인클로저의 폐단을 고발합니다. 가상의 섬나라 '유토피아'는 2부에 등장합니다. 그곳은 사유재산이 없고, 모두가 일정 시간 노동한 뒤 남는 시간에는 학문과 예술을 즐깁니다. 유토피아에서는 평등과 절제가 삶의 원칙입니다. 금과 은처럼 사람이 살아가는 데 꼭 필요하지 않은 것은 하찮게 여기며, 중범죄를 저지른 죄수의 몸에 걸치게 합니다. 전쟁은 혐오의 대상이고, 지도자는 시민들의 동의로 선출됩니다. 모어는 유토피아라는 현실과 정반대의 사회를 상상함으로써 우리가 놓치고 있는 가치가 무엇인지를 되묻습니다.

더컷(Ducat)

과거 베네치아공화국에서 처음 발행해 유럽에서 통용되던 금화 단위입니다. 1더컷은 현재 원화로 약 20만 원에 해당합니다.

제3막 프랑켄슈타인 박사의 탄생

《프랑켄슈타인》

1818년에 출간된 후 지난 200여 년 동안 끊임없이 현재로 불려 나오고 재탄생되는 이야기입니다. 이 소설이 인간 스스로 창조자가 되었을 때 감당해야 할 책임을 묻고 있기 때문일 것입니다.

소설에서 젊은 과학자 빅터 프랑켄슈타인은 시체 조각들을 모아 생명을 창조합니다. 하지만 그는 생명을 창조하고도 그 존재가 겪을 고통과 외로움을 외면했고, 그 책임을 회피한 창조자는 결국 자신과 주변 모두를 파멸로 몰고 갑니다.

오늘날 우리의 모습도 프랑켄슈타인 박사와 비슷한 모습입니다. 발전을 향해 맹렬한 속도로 달려왔지만 지구 생태계가 어떤 고통을 겪는지 미래 세대가 어떤 대가를 치를지 진지하게 성찰하지 않고 우리가 어떠한 책임을 지고 있는지 인식하지도 못하고 있습니다. 《프랑켄슈타인》은 과학기술 그 자체를 비판하기보다는 그 힘에 걸맞은 윤리적 상상력과 공동의 책임이 중요하다는 것을 지적하고 있습니다. 근대과학이 급속하게 발달하던 시기에 쓰인 이 소설이, 과학기술과 기후위기라는 괴물의 한가운데 있는 오늘날의 우리에게 던지는 의미와 경고는 무엇인지 곱씹어 보기를 기대하며 《기후 극장》의 이야기로 꾸며 보았습니다.

러다이트 운동, 기계 파손 방지법
Luddite movement

러다이트 운동은 19세기 초반 영국에서 일어났던 노동자들의 사회 운동으로 공장의 기계를 파괴하는 일련의 시위였습니다. 1811년부터 1816년까지 집중적으로 일어난 이 운동에서 노동자들은 특히 실을 잣는 방직기, 천을 짜는 직조기 등 생산 기계를 파괴하며 항의했습니다. 이들은 기계를 미워한 것이 아니라, 기계화가 인간의 삶을 파괴하는 방식으로 도입되는 현실에 저항했습니다.

러다이트 운동은 기술을 반대하는 반기술 운동이 아니라 기술 진보가 사회적 약자에게 어떻게 영향을 미치는지를 드러낸, 초기의 사회 비판적 저항 운동이었다고 보아야 합니다. 이러한 맥락을 이해한 이가 바로 낭만주의 시인 조지 고든 바이런입니다. 기계 파손 방지법 논의가 진행되던 의회에서, 바이런은 러다이트들의 고통을 대변했는데, 이것이 바로 그가 상원의원으로서 남긴 첫 연설입니다. 바이런은 그들을 범죄자로만 보는 시각을 비판했으며, 이들이 기계를 파손할 수밖에 없는 상황을 지적하고 사형이라는 처벌이 이러한 파괴를 방지하는 데 효용이 없다고 비판했습니다. 바이런의 발언은 기술 진보와 인간 존엄 사이의 균형을 묻고 있으며, 21세기의 우리도 유사한 질문 앞에 서 있습니다.

인공지능과 자동화 기술은 노동시장을 재편하고 있으며 기후위기도 기술로 해결할 수 있다고 주장합니다. 재생 가능 에너지 기술 개발, 탄소세, 녹색산업 확대 등은 기후위기의 원인 중 맨 끝단에 놓여 있는 탄소 중심적인 사고의 발로입니다. 그 전환의 비용이 가난한 나라와 가난한 사람들에게 전가될 경우 오히려 새로운 그리고 더 심화된 불평등을 초래할 수 있습니다. 이러한 점에서 러다이트 운동의 문제 의식은 현재의 우리에게 의미심장하게 다가옵니다.

제4막 프로이트와 함께한 금요일

프로이트

제4막의 이야기에 등장하는 프로이트는 오스트리아의 심리학자이자 정신분석학의 창시자, 지크문트 프로이트(Sigmund Freud, 1856~1939)의 이름에서 따 왔습니다. 이야기 속의 프로이트 박사는 슈퍼컴퓨터와 인공지능, 로봇이 고도로 발달한 시대에 살고 있지요. 그는 인간의 심리를 연구하는 심리학자인데, 친구의 부탁으로 로봇의 심리 상담을 하게 되면서 이야기가 시작됩니다. 로봇에게도 데이터의 예외적인 조합이나 학습 과정에서 발생하는 예상치 못한 시뮬레이션 결과, 또는 딥러닝 중 생성되는 특이하고 환상적인 코드 시퀀스가 있다면, 이를 인간의 꿈에 비유할 수 있지 않을까 상상해 보았습니다.

프로이트는 인간의 정신을 의식, 전의식, 무의식으로 나누어 설명했고, 무의식이 우리의 행동과 사고에 중요한 영향을 미친다고 보았습니다. 프로이트에 따르면 우리는 무의식의 내용을 알 수 없습니다. 하지만 무의식은 꿈으로 드러납니다. 그러므로 그는 꿈을 분석하는 것이 무의식적인 갈등과 욕망을 이해하는 열쇠라고 믿었습니다. 꿈은 종종 억압된 욕망이나 감정의 상징적인 표현으로 나타난다고 하였고, 이를 통해 환자는 무의식의 내용을 의식적으로 드러내어 심리적 문제를 해결할 수 있다고 주장했습니다. 프로이트의 이론은 비판을 받기도 했지만, 그의 연구는 심리학을 혁신적으로 발전시켰고, 심리적 고통을 치료하는 데 중요한 기초가 되었습니다.

슈퍼컴퓨터와 인공지능

4막에 등장하는 포트란-2085X은 인공지능이 장착된 로봇으로, 기후 모델을 시뮬레이션하는 슈퍼컴퓨터와 인간을 연결하는 역할을 합니다. 최근 인공지능 기술이 일상생활 깊숙이 들어오면서 이 두 용어가 함께 사용되는 경우가 많아 때때로 같은 기술로 혼동되기도 합니다. 하지만 이 둘은 기술적으로도 쓰임새 면에서도 분명히 구별되는 다른 개념입니다.

먼저 슈퍼컴퓨터는 말 그대로 아주 빠른 계산을 할 수 있는 초고속 컴퓨터로, 대규모 데이터를 아주 짧은 시간 안에 처리할 수 있습니다. 슈퍼컴퓨터의 핵심은 '하드웨어'에 있습니다. 수많은 중앙처리장치(CPU)와 그래픽처리장치(GPU)를 병렬로 연결해, 동시에 여러 계산을 빠르게 처리할 수 있도록 설계합니다. 이런 컴퓨터는 주로 날씨를 예측하거나, 기후변화 모델을 만들고 분석할 때, 또는 우주 탐사, 핵실험 시뮬레이션, 유전체 분석처럼 엄청난 양의 계산이 필요한 분야에 사용됩니다.

인공지능은 주어진 데이터를 통해 패턴을 학습하고, 그 지식을 바탕으로 언어를 만들거나, 이미지를 분류하거나, 복잡한 의사결정을 하고 문제를 해결할 수 있도록 만든 '소프트웨어 기술'입니다. 우리가 일상에서 사용하는 번역 애플리케이션, 스마트폰의 음성 인식 기능, 자율주행차, 그리고 최근 주목받는 대화형 인공지능 서비스 등은 모두 인공지능 기술이 적용된 사례입니다. 인공지능의 중심에는 '알고리즘'이 있으며, 머신러닝이나 딥러닝 같은 수학적 모델을 통해 데이터를 이해하고 학습합니다. 머신러닝이란 컴퓨터가 데이터를 통해 스스로 규칙을 찾아내 학습하고 예측하는 기술이며, 딥러닝은 머신러닝의 하위 개념입니다. 딥러닝은 인간의 뇌처럼 정보를 처리하고 학습하도록 만든 인공신경망을 기반으로 하며, 좀 더 복잡한 알고리즘으로 이루어져 있습니다.

최근 들어 인공지능, 특히 대규모 언어 모델이나 이미지 생성 모델이 발전하면서, 이들을 훈련시키는 데 필요한 계산량이 폭증하고 있습니다. 이렇게 방대한 연산을 처리하기 위해 엄청난 전력이 소모되고 그만큼 탄소를 배출하기 때문에, 인공지능 기술이 기후위기를 심화시키고 있다는 비판의 목소리가 커지고 있습니다.

기후변화에 관한 정부 간 협의체

IPCC: Intergovernmental Panel on Climate Change

IPCC는 1988년 세계기상기구(WMO)와 유엔환경계획(UNEP)의 공동 제안으로 설립된 유엔 산하의 과학 평가 기구입니다. 기후변화에 대한 과학적 연구가 점점 늘어나던 1980년대 중반, 전 지구적인 기후위기에 대응하기 위해 과학적으로 신뢰할 수 있는 정보를 종합하고, 이를 각국 정부가 정책에 활용할 수 있도록 연결하는 공식적인 체계가 필요하다는 공감대에서 출발했습니다.

IPCC는 '정부 간 협의체'라는 명칭을 갖고 있지만, 그 핵심 활동은 과학자들이 주도합니다. 각국 정부가 회원국으로 참여하고 보고서 작성에 필요한 전문가를 추천하기도 하고 승인 과정에 참여하기도 하지만, 실제 보고서는 수천 명의 전 세계 과학자가 자발적으로 참여해 작성합니다. 이들은 기후 시스템, 생태계 변화, 온실기체 발생량, 기후변화 적응 및 완화 전략 등에 대해 기존에 발표된 논문과 자료들, 최신의 과학적 지식을 종합하고 평가합니다.

IPCC가 발간하는 보고서는 일반적으로 수년 주기로 발간되는 '평가보고서(Assessment Report)'를 중심으로 구성되며, 기후변화의 과학적 근거, 영향, 미래 예측, 대응 방안 등을 체계적으로 담고 있습니다. 이 외에도 특정 주제에 대한 특별보고서(예, 〈지구온난화 1.5도 특별 보고서〉)도 작성됩니다. IPCC는 정치적 중립성과 과학적 독립성을 바탕으로, 과학과 정책을 연결하는 대표적인 국제기구로 평가받고 있습니다.

제5막 타임머신

《타임머신》

H. G. 웰스의 1895년 소설 《타임머신》은 시간여행이라는 상상력을 통해 인류 문명의 미래를 조망한 과학소설의 고전입니다. 주인공인 '시간여행자'는 공간을 이동하는 것처럼 시간 이동도 가능하다고 주장하며, 직접 만든 기계를 타고 서기 약 80만 년 이후의 미래로 여행을 떠납니다. 그곳에서 그는 엘로이와 몰록이라는 두 종족을 만납니다. 엘로이는 지상에서 살아가는 나약하고 순한 존재들인 반면 몰록은 지하에서 기계와 함께 살아가는 어둡고 기이한 존재들입니다. 엘로이는 지나치게 안락한 환경에 익숙해져 생존능력과 지적 깊이를 상실한 존재이고, 몰록은 기술을 지속시키는 역할을 하지만 사회적으로는 배제된 계층으로, 두 존재가 현대의 우리가 가지고 있는 양면을 보여주고 있습니다. 문명의 진보가 반드시 인간성의 진보를 의미하지 않으며, 기술 발전이 자연과의 조화 없이 이루어질 경우 문명은 오히려 퇴행할 수 있다는 메시지를, 웰스는 무려 19세기 말 과학과 기술이 가장 빠르게 발달하고 있던 시기에 상상했습니다.

세계기후회의, 유엔 기후변화협약 당사국총회
UNFCCC, COP

유엔 기후변화협약 당사국총회를 통상 '세계기후회의'라고 부릅니다. 영어로는 United Nations Framework Convention on Climate Chage, Conference of the Parties입니다. 즉 유엔 기후변화협약(UNFCCC)에 가입한

국가들(Parties)의 회의(Conference)라는 뜻이며, 줄여서 UNFCCC, COP라고 부르고, 맨 뒤에 회차를 붙입니다. 1995년 독일 베를린에서 처음 COP1이 열렸으며, 매년 다른 나라에서 열립니다. 2025년에 열리는 서른 번째 회의 COP30은 브라질 벨렘에서 열립니다. 그동안 열렸던 COP 회의에서 여러 중요한 기후 합의가 도출되거나 보고서가 채택되었는데, 가장 유명하고 중요한 합의로는 교토의정서(COP3, 1997년)와 파리협정(COP21, 2015년)이 있습니다.

UNFCCC는 1992년 리우에서 열린 유엔환경개발회의의 결과로 만들어졌으며, '지구정상회의(Earth Summit)'로도 불립니다. 1980년대를 거치면서 점차 기후, 환경 문제가 국제적으로 중요한 관심사로 떠올라 당시 172개이 참가했습니다. 그러면 어떻게 기후라는 하나의 문제로 거의 전 세계 국가들이 모두 참가한 회의가 꾸려질 수 있었는지 간단히 살펴보겠습니다. 지구데우기, 지구달구기에 대한 과학자들의 경고는 1950년대부터 나왔습니다. 이 책 1막에 등장하는 킬링 박사는 1958년이라는 이른 시기부터 대기 중 이산화탄소 농도를 측정해, 화석연료를 연소할 때 배출되는 이 기체와 지구 평균기온 상승과의 관계를 입증할 수 있게 했습니다. 1972년에는 UN 최초로 환경 회의가 열렸습니다. '유엔 인간환경회의'로 불리는 이 회의는 '하나뿐인 지구'라는 슬로건 하에 최초로 환경 문제를 국제적인 의제로 다루었고, 그 결과의 하나로 유엔환경계획(UNEP: United Nations Environment Program)이 설립되었습니다.

1970년대 초에는 아직 기후 문제가 주요 쟁점이 아니었습니다. 리우 지구정상회의, 교토의정서가 나올 수 있었던 것은 1987년 브룬틀란 보고서(Brundtland Report) 이후 이루어진 노력 덕분입니다. 우리에게 익숙한 '지속가능 발전' 개념도 이때 처음 등장했습니다. 이 보고서의 원제는 ⟨우리 공동의 미래(Our Common Future)⟩인데 흔히 브룬틀란 보고서라 부르는 이유는, 당시 이 일을 주도한 세계환경개발위원회(WCED) 위원 장이 노르웨이 총리 그로 할렘 브룬틀란(Gro Harlem Brundtland)이었기 때문입니다. 이 보고서의 내용이 이후 국제 환경과 개발 논의의 출발점 이 되었고, 1992년 브라질 리우에서 지구정상회의가 개최되는 원동력이 되었습니다.

지구 평균기온 상승폭, 지구 표면 온도

'지구 평균기온 상승폭'은 지구가 얼마나 더워졌는지를 숫자로 보여주는 중요한 지표입니다. 여기서 말하는 '지구 평균기온'은 단순히 오늘 몇 도 인지 한 해의 평균기온이 얼마인지가 아니라, 과거의 기온과 비교해 지 금 지구 전체의 기온이 얼마나 올라갔거나 내려갔는지를 나타내는 값입 니다. 과학자들은 지구 표면 온도, 즉 육지와 바다의 온도를 측정해서 그 값들의 평균을 낸 다음, 산업화가 본격적으로 시작되기 전인 1800년대 후반기(1850~1900년)의 평균 온도와 비교해서 얼마나 차이가 나는지를 계산합니다. 이 차이가 바로 지구가 얼마나 가열되고 있는지 판단할 때 사용하는 '지구 평균기온 상승폭'입니다.

그렇다면 지구 표면 온도는 어떻게 측정할까요? 육지에서는 기상 관측 소, 바다에서는 부표나 선박, 그리고 인공위성 등 다양한 방법을 통해 온 도 데이터를 모읍니다. 지구 전체를 작은 칸(격자)으로 나눈 뒤, 각 칸의 온도를 평균 내고, 위도에 따라 각 칸이 차지하는 면적이 다른 점을 고려 해 가중치를 두어 전체 지구의 평균 온도를 계산합니다. 미국 연방해양 대기청(NOAA) 같은 기관은 이런 방식으로 매년 지구 평균기온 상승폭을 계산해서 발표합니다. 또한 IPCC(기후변화에 관한 정부 간 협의체)는 여러 나라에서 수집한 데이터를 종합해서 분석하고, 지구가 얼마나 더 워졌는지 그리고 앞으로 어떤 변화가 예상되는지를 발표합니다.

IPCC가 2021년에 발표한 기후보고서(《Climate Change 2021: Physical Science Basis》)에 따르면, 2011년부터 2020년까지 10년간 지구 평균기온이 산업화 이전보다 약 1.1도 높아졌다고 합니다. 가장 최근인 2024년 지구 평균기온은 15.1도로 산업화 이전 대비 1.55도 상승해, 기온 관측이 이루어진 175년간 중 가장 더운 해로 기록되었습니다. 지구 평균기온 상승폭은 앞으로 기온이 더 오를 경우 어떤 일이 벌어질지를 예측하고 대비하는 데 아주 중요한 기준이 되며, 이를 정확히 파악하는 것은 기후위기를 과학적으로 이해하고 대응하는 첫걸음입니다.

기후 티핑 포인트, 기후 분기점
Climate Tipping Point

기후 티핑 포인트, 혹은 기후 분기점이란 기후 시스템 내에서 임계점, 즉 특정한 한계선을 넘어설 때 나타나는 급격하고 돌이킬 수 없는 변화 지점을 의미합니다. 이 임계점에서는 온도 상승 등 외부 조건이 일정 수준을 초과하면 갑작스럽게 변화가 촉진되며, 때로는 연쇄적인 파급 효과를 일으킬 수 있습니다. 티핑 포인트는 남북극 빙상, 산악 빙하, 해양 순환, 생태계, 대기 등 지구 전반에 걸쳐 다양한 형태로 나타납니다.

특히 주목할 점은 하나의 요소가 다른 요소를 자극해 연쇄적으로 영향을 주고받을(cascading tipping points) 가능성입니다. 예를 들어, 서남극과 그린란드의 빙상 손실은 해양 순환을 변화시키고, 이는 북극 고위도 지역의 기온을 더욱 상승시켜 영구 동토층 해빙과 북방림 파괴를 유도할 수 있다는 것입니다. 이러한 이유 때문에 기온 상승이나 온실기체 배출량 중심으로 지구달구기 문제를 보는 것에 한계가 있을 수밖에 없습니다. 티핑 포인트 요소들은 단순한 몇 가지 요소로 설명되지 않으며, 복잡한 상호작용을 서로 주고받는 전 지구적인 시스템 안에 놓여 있으므로 보다 종합적이고 다각적인 연구와 대응이 필요합니다.

〈지구온난화 1.5도 특별 보고서〉, 파리협정

지구 평균기온 상승폭을 산업화 이전과 대비해 어느 정도로 억제할 것인가 하는 문제는 지난 수십 년 동안 과학자 그룹과 국제 사회가 논의해 온 주제입니다. 2도는 2010년까지 유엔의 공식 정책에서 채택한 목표였습니다. 군소 도서 국가들과 저지대 국가들은 이에 반발하여 1.5도와 2도의 차이에 대한 문제를 강하게 제기해 왔습니다. 그 결과 2015년 파리협정에 지구 평균기온 상승폭을 2도보다 훨씬 낮게 유지하고 더 나아가 1.5도 이하로 제한하기 위해 노력한다는 내용이 포함되었습니다. 그 후속 조치로 UNFCCC는 IPCC에 이 문제를 조사해 줄 것을 요청했고, IPCC는 다국적 연구진을 구성하여 〈지구온난화 1.5도 특별 보고서〉 작성에 착수했습니다. 그 결과 보고서는 3년 후 2018년 우리나라 인천 송도에서 열린 IPCC 총회에서 채택되었습니다.

이 보고서는 지구 평균기온 상승폭을 1.5도로 제한할 것과 그렇게 하기 위해 이산화탄소 배출량을 얼마나 줄여야 하는지, 줄이기 위한 방안으로 무엇이 있는지 명시하고 있습니다. 2도가 아니라 1.5도 이하로 지구 평균기온 상승폭을 억제할 경우 해수면 상승폭은 2도에 비해 10센티미터 더 낮아져 1000만 명의 거주지를 지킬 수 있습니다. 전 세계에서 물 부족을 겪을 인구도 절반으로 줄일 수 있고, 북극 해빙이 완전히 소멸하는 주기는 100년에 한 번이 됩니다. 2도일 경우에는 북극 해빙이 완전히 녹을 가능성이 10년에 한 번꼴로 10배나 증가합니다. 영구 동토층 200만 제곱킬로미터를 수세기 동안 보존할 수 있으며, 거주지 절반을 잃는 생물종의 비율도 2도에 비해 50퍼센트 이하로 줄일 수 있습니다.

제6막 코스모오뒷세이아

《향연》

플라톤의 대표적인 대화편 《향연》은 기원전 416년 소크라테스를 비롯한 아테네 지식인들이 '에로스', 즉 사랑에 관해 펼친 연설과 대화를 담고 있습니다. 극작가 아가톤의 비극 작품이 비극 경연 대회에서 우승한 것을 축하하는 자리에서 이루어지는 이 대화는 사랑의 본질, 기원, 역할을 논하는 것을 넘어 소크라테스의 앎에 대한 사랑으로까지 이어지는 철학적 탐구 여정이라고 할 수 있습니다. 이 이야기는 소크라테스의 제자 아폴로도로스가 다른 친구에게 소크라테스가 참석한 '향연'에 대해 이야기를 전하는 형식으로 구성되어 있습니다. 하지만 실은 아폴로도로스 자신도 그 향연에 직접 참석한 것이 아니라 친구 아리스토데모스로부터 전해 들었을 뿐입니다. 또한 소크라테스도 예전에 현자 디오티마로부터 전해 들은 이야기를 향연 자리에 참석한 사람들에게 들려줍니다. 이러한 소크라테스와 디오티마를 이 책의 '제6막 코스모오뒷세이아'로 불러내어, 에로스 대신 문명과 기후위기, 인류의 미래에 관해 대화를 나누게 해보았습니다.

《오뒷세이아》

《오뒷세이아》는 구전되어 오던 이야기를 기원전 8~7세기 초 호메로스가 집대성했다고 전해지는 고대 그리스의 대서사시입니다. 트로이 전쟁의 영웅 오뒷세우스가 10년의 기나긴 여정 끝에 고향 이타케로 돌아와 아내, 아들과 재회하고 왕국을 되찾는다는 것이 이야기의 줄거리입니다. 트로이는 현재 튀르키예 서부에 실제로 있었던 고대 도시국가이며 이타케는 그리스 본토 서쪽인 이오니아 해에 위치한 섬입니다. 역사적 논쟁은 있지만 트로이 전쟁은 기원전 13~12세기 약 10년 동안 벌어졌던 전쟁으로 여겨집니다. 《오뒷세이아》는 트로이 전쟁 이후 오뒷세우스라는 한 개인의 귀환과 성장에 초점을 맞추고 있으며, 신화, 모험, 사랑, 복수, 화해 등 인간 삶의 다양한 면모를 담고 있습니다.

제6막에서는, 수천 년 전 그리스인들이 이러한 영웅담에 그들의 꿈과 염원을 담았던 것과 마찬가지로, 수천 년 후 인류도 비슷한 영웅담을 창조해 숭상할 것이라 가정해 보았습니다. 하지만 미래 인류는 현생인류와 같은 호모 사피엔스가 아니라 스스로 인위적 진화를 선택한 '오메가인'으로 설정했습니다. 오메가(Ω)는 그리스어 알파벳의 마지막 문자입니다. 오메가인들 스스로 최후의, 최종적인, 완성된 인류라는 오만함을 담아 이름을 지었다는 의미를 담았습니다.

에필로그

《고도를 기다리며》

사뮈엘 베케트의 희곡 《고도를 기다리며》는 부조리극의 대표작으로, 블라디미르(디디)와 에스트라공(고고)이라는 두 방랑자가 정체불명의 존재 '고도'를 하염없이 기다리는 이야기를 그립니다. 황량한 길가, 앙상한 나무 아래에서 그들은 끊임없이 대화를 나누고, 시간을 때우기 위한 무의미한 말과 행동을 반복합니다. 두 사람은 서로에게 의지하며 고도를 기다리지만, 그들이 왜 고도를 기다리는지, 고도가 누구인지, 언제 올 것인지에 대한 구체적인 정보는 전혀 주어지지 않습니다. 그들은 막연한 희망을 품고 기다릴 뿐입니다. 극이 진행되는 동안 포조와 그의 하인 럭키라는 기이한 인물들이 등장하여 잠시 소란을 일으키지만, 이들의 존재 역시 블라디미르와 에스트라공의 상황을 변화시키지는 못합니다. 매일 소년이 나타나 고도가 오늘은 오지 못하고 내일 올 것이라는 메시지를 전달하며 두 사람에게 희망을 남겨 두고 떠납니다.

《고도를 기다리며》의 구조 중 일부를 가져온 이 책의 에필로그 '증거를 기다리며'는 지구 가열과 기후위기라는 현실을 외면하면서 눈앞에 보이는 증거조차 부정하고, 현대 문명에 대한 반성은커녕 현실을 그대로 유지하려고 하는 우리의 이야기입니다.

그림·기사 출처

25쪽 석탄기 주요 식물상

위키미디어.

33쪽 미친 모자 장수

루이스 캐럴의 《이상한 나라의 앨리스》에는 '미친 모자 장수'라는 인물이 나옵니다. 이 소설이 나온 19세기 말 무렵에는 남성들이 '탑 햇(top hat)'이라는 모자를 쓰고 다녔는데, 그림에서 모자 장수가 쓰고 있는 모자처럼 생겼습니다. 이렇게 모양이 잡힌 모자를 만들려면 양이나 비버, 토끼 같은 동물의 털을 적절히 혼합해 수분, 열, 압력을 가하고 문질러 펠트(felt)라는 직물을 만들어야 합니다. 억센 동물의 털을 부드럽게 만들어 서로 잘 엉기게, 즉 펠팅이 잘 되게 하려면 질산수은을 녹인 물에 담가 처리를 해야 했습니다. 노동자들은 장갑 같은 보호 장구도 없이 피부를 질산수은 용액에 노출시켰고, 휘발성인 질산수은 증기를 고스란히 마셔 수은에 중독되어 사망하기도 했습니다. 수은은 우리 몸의 신경을 마비시킬 수 있는 매우 위험한 중독 물질로, 수은 중독으로 인한 사망률은 35퍼센트에 달합니다. 수은에 중독이 되면 처음에는 피로감과 무기력증, 우울증 같은 증상이 나타나다가 나중에는 몸 떨림, 발음 이상, 운동 신경 마비, 혼수상태 등이 나타납니다. 사망할 때까지 수십 년 동안 이러한 증상으로 고통받고, 단 몇 개월 만에 사망할 수도 있는 위험한 물질을, 당시에는 아무런 지식도 경고도 없이 노동 현장에서 무방비로 사용했습니다. '미친 모자 장수'는 당시 노동자들의 상황을 보여 주는 인물로, 루이스 캐럴의 이야기 속에서도 졸거나 계속 이상한 말을 지껄이는 사람으로 표현됩니다. 수은 중독으로 인한 질환을 '미나마타병'이라고 부르는데, 이는 1950년대 일본의 규슈 서쪽에 위치한 구마모토 현 미나마타나 시에서 일어난 비극적인 사건 때문입니다. 당시 이곳에 있던 공장 '신일본 질소 주식회사'(현 JNC: Japan New Chisso)가 메틸수은을 바다로 방류했고, 주민들이 수은에 중독된 어패류를 먹으면서 집단 중독이 발생했습니다. 2001년 3월까지 공식적으로 확인된 피해자는 2265명이었고, 수만 명이 피해를 입었습니다.

34쪽 1858년 영국 런던에서 발생한 '대악취 사건(The Great Stink)'

이 그림은 런던에서 발간되던 잡지 《펀치 매거진》에 실린 삽화 〈죽음의 노상강도(The Silent Highwayman)〉로, 1858년 여름 런던을 흐르는 템스 강에서 솟아오른 엄청난 악취 사건을 비유한 그림입니다. 런던에서는 19세기 중반부터 수세식 변기가 대중화되기 시작했고, 변기에서 나오는 물은 합법적으로 강으로 흘려 보낼 수 있었습니다. 이러한 생활 오수뿐만 아니라 공장에서 나오는 폐수도 템스 강으로 배출되고 있었고, 결국 템스 강은 악취와 질병의 온상이 되었습니다. 그러나 사람들은 여전히 템스 강에서 생활용수를 취수했고, 당연히 장염과 콜레라에 감염되었습니다. 이러한 질병이 악취가 아니라 오염된 물 때문이라는 사실은 1854년 산과 의사 존 스노(John Snow)가 밝혀냈습니다. 그전까지 런던에서는 매년 수천에서 수만 명이 오염된 물로 인한 질병으로 사망했습니다. 템스 강의 악취와 오염 문제는 1858년 대악취 사건이 일어나기 수년 전부터 런던의 골칫거리였고, 문제가 계속 심각해지자 중앙 정부와 런던

행정관들은 생활 오수와 폐수 방류 지점을 수도권 외곽으로 이동시키는 토목 공사를 실시해 새로운 배수 시스템을 구축해 나갔습니다.

46쪽 지구 대기 중 이산화탄소 농도와 지구 평균기온 변화 그래프

NOAA. https://www.climate.gov/media/13840

49쪽 킬링 곡선

NOAA. Global Monitoring Laboratory. https://gml.noaa.gov/ccgg/trends

68~69쪽 벅민스터 풀러의 세계 에너지 지도

이 그림은 1960년 로버트 W. 막스(Robert W. Marks)가 벅민스터 풀러에 대해 쓴 책(《The Dymaxion World of Buckminster Fuller》)의 146쪽에 나오는 그림을 참고해 다시 그렸습니다. 벅민스터 풀러는 미국의 건축가, 디자이너, 발명가였습니다. 그가 한 모든 일이 지향했던 바를 고려한다면 그는 미래학자 혹은 '우주선 지구호' 설계자라고 불려야 옳을 것입니다. 건축가로서 풀러는 다이맥시온 주택 시리즈와 다이맥시온 자동차, 놀이공원이나 식물원에서 흔히 볼 수 있는 지오데식 돔(Geodesic Dome) 등 혁신적인 구조물들을 디자인하고 만들었고 '에너지 노예'와 같이 현대 문명의 구조와 문제를 정확하게 지적하는 개념어를 만들었습니다.

79쪽 토머스 모어의 《유토피아》(1516)에 실린 그림

위키미디어.

91쪽 〈눈 속의 사냥꾼〉(피터르 브뤼헐, 1565)

위키미디어.

94쪽 중세 영국 영지의 전형적인 모습

《Historical Atlas》(William R. Shepherd. 1911. Henry Holt and Company. P.104)를 참고해 다시 그림.

105쪽 16세기 브라질에서 운영되던 전형적인 대규모 사탕수수 농장과

설탕 생산 공정

〈Brasilise suyker werken(브라질의 설탕 농장)〉(시몬 드 브리, 1682)를 참

고해 다시 그림.

112쪽 〈빌라 디오다티〉(에드워드 핀던, 1833)

위키미디어.

116쪽 〈러다이트들의 지도자, 네드 러드〉(작자 미상, 1812)

123쪽 〈핼리 혜성〉(작자 미상, 1456)

위키미디어.

129쪽 〈새들에게 설교하는 성 프란치스코〉

조토(1297~1299)의 그림을 참고해 다시 그림.

139쪽 〈프랑켄슈타인과 괴물〉(테오도르 폰 홀스트, 1831)

위키미디어.

150쪽 타임머신

H. G. 웰스의 1895년 소설 《타임머신》을 영화화한 〈타임머신〉(1960)에

등장했던 타임머신의 모형을 참고해 다시 그림.

162쪽 전 지구 기후 모델(GCM: Global Climate Model)

미국 해양대기청(NOAA) 웹사이트에 게시된 기후 모델 설명과 그림

을 참고해 다시 그림. https://www.climate.gov/maps-data/climate-da-

ta-primer/predicting-climate/climate-models

178쪽 바이오스피어2

John De Dios, 위키미디어.

186쪽 5가지 핵심 시나리오별 지구 표면 온도 상승 곡선

IPCC 제6차 평가 보고서(2021)의 그림을 참고해 다시 그림.

193쪽 과학자들이 경고하고 있는 9개 지역별 분기점(티핑 포인트)

2019년 11월 27일 영국 일간지 《가디언》의 기사, 〈기후위기: 세계는 이미 티핑 포인트를 넘어섰을지도 몰라(Climate emergency: world 'may have crossed tipping points)〉에 실린 그림을 참고해 다시 그림.

226~227쪽 문명 심포지움

나폴리 소재, 기원전 1세기 폼페이의 모자이크 벽화로 그려진 〈플라톤의 아카데미〉를 참고해 다시 그림.

255쪽 남주원, 〈'알려진 것보다 훨씬 심각'…빙하 시간당 3천만톤씩 사라져〉, 뉴스펭귄, 2024.1.19.

257쪽 〈캐나다 산불이 초래할 또 다른 위기〉, BBC 뉴스 코리아, 2023.8.19.

259쪽 이주영, 〈"현재 대기 중 이산화탄소 농도, 1천400만년 만에 최고 수준"〉, 동아사이언스, 2023.12.8.

감사의 글

20년이 넘는 기간 동안 '녹색아카데미'라는 울타리 없는 울타리 속에서 과학과 문명, 환경과 기후, 에너지 전환과 녹색 문명에 관한 공부를 이어 왔습니다. 그러는 동안 기후위기에 관한 역사, 과학 지식, 논쟁 거리를 좀 더 쉽고 재밌게 읽을 수 있도록 이야기로 만들고 연극이라는 형식에 담아 봐야겠다는, 여러 해에 걸친 구상을 《기후 극장》이란 제목의 청소년 교양서로 꾸려 세상에 내놓습니다. 현재 우리가 마주하고 있는 위기가 단지 '기후'만의 문제가 아니라, 우리 문명의 역사와 구조를 관통하는 근본적인 위기임을 드러내는 이야기들을 이 책에 담았습니다.

제가 이 거대한 주제를 연극이라는 형식으로 풀어 보려 한 이유는, 우리의 현재를 이해하려면 과거와 미래를 동시에 바라볼 수 있는 열린 장이 필요하다고 느꼈기 때문입니다. 인류는 이야기를 통해 세상을 이해하고, 아직 오지 않은 미래를 미리 살아보는 존재입니다. 더욱이 기후위기는 우리가 익숙하게 겪어온 재난과는 차원이 다른 문제입니다. 일상 속에서는 정치, 경제, 사회적 이슈의 형태로 나타나기에 숫자나 설명만으로는 그 실상을 체감하기 어렵기 때문입니다. 그래서 저는 이 위기를 이야기로, 특히 연극이라는 예술 형태로 표현해 보았습니다. 무대라는 공간 위에 기후위기를 둘러싼 여러 가지 주제와 논쟁을 올려놓고 그 실체를 낯설게 바라볼 수 있도록 하는 일종의 '사유 장치'로 연극을 활용하고자 한 것입니다.

연극이라고 해서 반드시 실제 극장의 무대에서만 공연되어야 하는 건 아닙니다. 시장, 학교, 마을회관, 도서관, 지하철역, 골목 어귀, 공원…… 일상의 공간 어디든 무대가 될 수 있고, 누구나 배우가 될 수 있습니다. 여러분 각자가 이 이야기를 자신의 언어로 해석하고 새롭게 구성해 보며, 자신만의 무대로 확장시켜 보세요. 기후위기를 둘러싼 지식과 정보를 더 찾아보고, 그것을 자신이 처한 삶의 맥락과 연결해 새로운 장면으로 바꿔 보는 일, 그것이야말로 지금 우리가 할 수 있는 가장 생생한 공부이며, 연극의 힘이라 생각합니다. 각자가 주인공이 되는 이 열린 무대에서, 함께 고민하고 상상하며 다음 이야기를 이어가 주시기를 바랍니다.

기후위기를 주제로 청소년 교양서 집필을 제안하고 함께 원고를 읽고 소통하면서 신뢰와 응원을 보내 준 최지영 대표님과 편집을 맡아 주신 김은경 님께 깊이 감사드립니다. 저의 초보적인 삽화를 멋지게 본문을 디자인해 준 김동신 님과 표지 디자인을 맡아 준 김서영 님께도 감사의 말씀을 드립니다.

녹색아카데미를 통해 만나온 모든 분들과, 코로나19 팬데믹 이후 온라인 모임으로 바뀌어서도 매일 함께 공부를 이어 가고 있는 책읽기 모임 회원분들께도 감사드립니다. 특히 김재영 선배께 감사를 드립니다. 녹색아카데미에서 운영하고 있는 녹색문명 공부 모임과 새 자연철학 세미나에 참여하면서 그리고 함께 운영을 하면서 제가 학교에서는 배운 적 없는 진짜 공부를 선배로부터 배울 수 있었고, 《기후 극장》에 대해서도 언제나 응원과 지지를 보내 주셔서 큰 힘을 얻었습니다.

누구보다도 장회익 선생님께 감사드립니다. 녹색아카데미에서 장회익 선생님과 꾸준히 공부하면서 현재 기후위기에 대한 문제 의식을 벼릴 수 있었습니다. 현대 인류 문명의 저변에 자리한 철학과 가치, 세계관이 우리 위기의 본질이라는 것을 알게 되었고《기후 극장》에 그 고민을 담아낼 수 있었습니다. 인류는 자신의 지성을 도구로서만이 아니라 비판적으로도 사용할 수 있다는 것, 그럼으로써 스스로를 반성하고 더 넓게 그리고 차원을 높여 통합적인 사고를 할 수 있다는 것이, 치명적인 약점을 가진 인류에게 남은 희망이자 힘이라는 것을 장회익 선생님께 배울 수 있었습니다.

마지막으로, 셰익스피어의 희곡『당신 뜻대로(As You Like It)』에서 '상념에 잠긴 자크(the melancholy Jaque)'의 대사를 변형한 시로 인사를 마무리하겠습니다.《기후 극장》에서 시도하고 있는 또 다른 접근 방식이 우리를 통합적인 사고로 이끌어 주기를 기대하며, 이 연극이 우리 문명을 새로운 시각으로 바라보고 함께 길을 찾는 데 작은 도움이 되기를 기원합니다. 감사합니다.

자연 뜻대로 (As You, the Nature Like It)

온 세상은 하나의 무대,
인류는 모두 지구라는 무대 위의 한낱 배우일 뿐.
45억 년을 이어 온 무대에 마지막으로 나타나
여러 모습으로 등장하고 퇴장하며,
이 이상한 시대극 속에서 각기 다른 장면을 살아가네.

하지만 이 무대는 이제 빠르게 변하고 있네.

하늘의 색은 예전과 같지 않고, 땅은 뜨겁고, 바람은 거세다.

깊이 새겨진 인류의 발자국, 그 흔적은 사라지지 않네.

우리를 덮치는 저 거대한 파도,

이 파도는 어디서부터 시작되었을까?

처음은 개척자,

대서양을 건너 대륙을 열고

향신료, 은과 설탕을 쫓아 배를 띄우고

자연을 지도에 그려 넣던 시대.

숲은 자원이 되고, 땅은 소유가 되었지.

그다음은 상인과 자본가,

기계와 증기를 등에 업고

연기를 토하는 굴뚝 위로

이윤이라는 새로운 신을 세우던 시절.

숫자가 진실이 되고, 속도가 미덕이 되었네.

그다음은 제국과 공장,

욕망은 바다를 넘어 식민지로 번지고

면화와 석탄, 철도와 전선을

한 장의 회계장부에 휘갈기듯 지구에 펼쳐 놓았지.

감사의 글

모든 것을 소유할 수 있다는 오만의 시간.

그다음은 과학과 기술의 찬가,
어떤 문제도 풀 수 있다 자만하며
원자를 쪼개고, 우주로 나아가고,
자연을 정복의 대상으로 여긴
찬란하되 위험한 확신의 시대.

그다음은 성장의 도취,
무한한듯 석유를 퍼내고 자동차는 도시를 삼키고
플라스틱은 바다를 뒤덮으며,
우리는 전기 불빛 속에서 밤을 낮처럼 살게 되었지.
그러나 그림자는 더욱 짙어만 가네.

그다음은 재난과 붕괴의 시대,
빙하가 무너지고, 숲이 타고, 바다는 들끓네.
익숙했던 계절은 낯설어지고
자연의 리듬은 더 이상 예측을 허용하지 않으나
Business As Usual, 우리는 변할 줄을 모르네.

그리고 마지막 장면,
망각, 부인 혹은 깨달음의 기로,
모든 것을 잃고 나서도 부정되는 현실,

손 안의 모래가 다 빠져나가기 전에
우리는 묻는다 —

새로운 이야기를 쓸 수 있을까?
그 이야기 속에서 우리는 어떤 모습으로 살아가고 있을까?

2025년 6월
황승미

기후 극장

연극으로 만나는 우리 공동의 과거와 미래

황승미 글·그림

펴낸날 2025년 6월 18일 초판 1쇄

편집 김은경
본문 디자인 동신사
표지 디자인 스튜디오 폼투필
제작 세걸음

펴낸이 최지영
펴낸곳 에디토리얼
출판신고 2018년2월7일 제2025-000029호
주소 경기도 남양주시 덕송3로27, 6-1903호
투고·문의 editorial@editorialbooks.com
전화 02-996-9430
팩스 0303-3447-9430
홈페이지 www.editorialbooks.com
인스타그램 @editorial.books
페이스북 @editorialbooks

ISBN 979-11-90254-41-0 44900
ISBN 979-11-90254-40-3(세트)